总 主 编　邢广程
执行主编　范恩实　袁　沙

中国与周边国家关系研究丛书

中国社会科学院重大科研规划项目"中国与周边国家关系研究"专项（2020-2024）（项目编号：2020ZDGH016）资助出版

"一带一路"与全球发展
"一带一路"倡议十周年系列访谈文集

薛力 ◎ 著

当代中国出版社
Contemporary China Publishing House

图书在版编目（CIP）数据

"一带一路"与全球发展："一带一路"倡议十周年系列访谈文集/薛力著. -- 北京：当代中国出版社，2024.10. -- （中国与周边国家关系研究丛书/邢广程总主编）. -- ISBN 978-7-5154-1426-3

Ⅰ.F125-53

中国国家版本馆 CIP 数据核字第 202464TH39 号

出 版 人　王　茵
责任编辑　乔镜蕚
责任校对　贾云华　康　莹
印刷监制　刘艳平
封面设计　宋　涛　鲁　娟
出版发行　当代中国出版社
地　　址　北京市地安门西大街旌勇里 8 号
网　　址　http://www.ddzg.net
邮政编码　100009
编 辑 部　（010）66572154
市 场 部　（010）66572281　66572157
印　　刷　中国电影出版社印刷厂
开　　本　710 毫米 ×1000 毫米　1/16
印　　张　21.75 印张　2 插页　326 千字
版　　次　2024 年 10 月第 1 版
印　　次　2024 年 10 月第 1 次印刷
定　　价　98.00 元

版权所有，翻版必究；如有印装质量问题，请拨打（010）66572159 联系出版部调换。

谨以此书献给王逸舟教授

目　录

导　　读……………………………………………………………（1）

第一部分　"一带一路"倡议与全球发展

1.1　"一带一路"倡议与新发展合作：张蕴岭 …………………（19）

1.2　"一带一路"倡议与中国外交新高地：王逸舟 ………………（26）

1.3　"一带一路"倡议与国际格局：杨洁勉 ………………………（34）

1.4　"一带一路"倡议与全球治理：黄仁伟 ………………………（43）

1.5　"一带一路"倡议与中国主场全球化：王义桅 ………………（56）

1.6　"一带一路"倡议与新发展格局：翟东升 ……………………（64）

1.7　"一带一路"倡议与长治久安：翟崑 …………………………（76）

1.8　"一带一路"倡议与国际方略：时殷弘 ………………………（87）

1.9　"一带一路"倡议与国际关系：赵磊 …………………………（93）

1.10　"一带一路"倡议与中国智库全球化：王辉耀 ……………（101）

第二部分　"一带一路"倡议与区域发展

2.1　"一带一路"倡议与中亚五国：于洪君 ……………………（111）

2.2　"一带一路"倡议与俄语国家：邢广程 ……………………（119）

2.3 "一带一路"倡议与对中亚关系：潘志平 ……………………（127）
2.4 "一带一路"倡议与海岛东南亚：李开盛 ……………………（134）
2.5 "一带一路"倡议与中南半岛：卢光盛 ……………………（142）
2.6 "一带一路"倡议与南亚：林民旺 ……………………………（148）
2.7 "一带一路"倡议与中巴经济走廊：唐孟生 …………………（154）
2.8 "一带一路"倡议与非洲：李安山 ……………………………（165）
2.9 "一带一路"倡议与欧盟：冯仲平 ……………………………（184）
2.10 一带一路"倡议与中东欧：刘作奎 …………………………（191）
2.11 "一带一路"倡议与拉美：江时学 …………………………（200）
2.12 "一带一路"倡议与南太平洋岛国：徐秀军 ………………（210）

第三部分 "一带一路"倡议与对外经济文化

3.1 "一带一路"倡议与全球经济联通：陈文玲 …………………（223）
3.2 "一带一路"倡议与外经贸：霍建国 …………………………（236）
3.3 "一带一路"倡议与亚欧经济合作：胡必亮 …………………（247）
3.4 "一带一路"倡议与海外项目建设：王博 ……………………（256）
3.5 "一带一路"倡议与国企走出去：廖军 ………………………（264）
3.6 "一带一路"倡议与中白工业园：胡政 ………………………（271）
3.7 "一带一路"倡议与海外园区批量建设：吴广云 ……………（289）
3.8 "一带一路"倡议与埃塞俄比亚东方工业园区：刘正华 ……（295）
3.9 "一带一路"倡议与西哈努克港经济特区：钱文华 …………（308）
3.10 "一带一路"倡议与国际话语权构建：王文 ………………（320）
3.11 "一带一路"倡议与文明共存：陈凌 ………………………（329）

导　读

我思考与研究"一带一路"已经10年了，写作了大量相关文章，包括学术论文、深度战略评论、时事评论、学术访谈、内部报告，等等。此外，我也策划过与"一带一路"相关的国际会议。这些文章与会议论文中的一部分已结集出版，形成《世经政丛书之"一带一路"系列》。该系列已经出版五本。2024年，我与当代中国出版社合作，计划推出《"一带一路"与当代世界》丛书，本书是第一部。本系列访谈，从2024年上半年策划开始，就得到王茵副总编辑的大力支持。她曾经建议我在去年出版这个文集。这对我是一大激励，也坚定了我做好这个系列访谈的决心。但操作起来，发现工作量巨大，为此不得不推迟多篇我非常重视的学术论文的写作。这些论文有些已经完成了初稿，有些写完了大部分，有些有了写作思路。访谈对象数量近40个，其中相当一部分人不在北京，虽然参与这个工作的有10多位团队成员，但他们的作用，主要是把我录下来的访谈录音整理成文稿，由我对每一篇进行审读，审读中我依据既往的相关研究积累与访谈中的实际情况进行了修正与补充，并让团队成员核对与增补一些细节，然后由我确定初稿。接下来的环节是，将初稿提供给受访者进行修改审定，然后反馈给我。我再对他们的反馈稿进行审读与文字润色，最后形成定稿。而且有些受访者还有详细版与简化版两种版本，两者都需要我把关。

这些访谈成果的发表是在多个媒体上陆续进行的。2023年10月中旬第三届"一带一路"国际合作高峰论坛期间发表了一些。会后又陆续发表了一些。包括在不同的杂志与学术期刊。到目前为止，已经发表了33篇，我将之分成三类，写出每个访谈的核心观点便利读者阅读，并在文后标注原先的发表媒体与日期，再写出全书的导读。因此，到现在才完成系列访谈文集的整理。

需要说明的是，这个文集中的访谈对象，都是中国国内政界、学术界与企业界比较具有代表性的人士。"一带一路"倡议提出 10 年，成效让世界瞩目，目前正在依据"高标准、可持续、惠民生"的新要求推进。但无疑也存在一些挑战。在倡议提出十周年之际，进行评估与总结，是必要的。这是个系统工程，需要在国家统筹安排下，用一定时间来完成这个工作。我坚信这项工作的重要性与必要性。但一个学者的时间与能力有限，我给自己设定的任务是：做两个系列访谈，窃望对"一带一路"的下一步推进，尽绵薄之力。其中一个系列的访谈对象是中国人士，其成果体现在本文集。把这些访谈写成学术论文，则是下一步工作。另外一个系列的访谈对象是外国人，都是熟悉中国的精英人士，包括政府高级官员、高级外交官、代表性中国问题专家、大企业管理人员，等等。他们的认知与看法，对于"一带一路"的高质量、可持续推进，也有不可替代的价值。目前已经完成了若干个访谈，其成果也将陆续以不同方式发挥作用。

◇◇一　背景与致谢

几年前，我曾经做过一个"'一带一路'倡议五周年评估全球访谈"，依据统一的问题提纲，对全球不同国家 30 多个熟悉中国的精英（主要是所在国具有代表性的中国问题学者，此外也有与前外交官、前政府官员、媒体高管、企业高管）进行一对一的学术访谈。这些访谈旨在通过海外人士的视角来分析"一带一路"，这对于中外受众了解与理解"一带一路"具有不可替代的作用。访谈的相关成果在 FT 中文网、《中国评论》、中国国家外文局西班牙语杂志《China Hoy（今日中国）》与英文频道 China Focus（中国聚焦）发表后，在海内外产生一定的影响，并被一些研究"一带一路"问题的学者应用于相关学术成果中（如中国社科院亚太与全球战略研究院李向阳研究员就在其专著《"一带一路"的经济学分析》一书中，用 5 页篇幅概述了该系列访谈中 16 位访谈者的观点）。我也把这个系列访谈中的一部分，写成了学术论文《东亚国家如何看待"一带一路":基于对东亚八国精英的访谈》,发表于《东南亚研究》2019年第5期。

2023年是"一带一路"倡议提出的十周年。作为研究"一带一路"十年的学者,我渴望对"一带一路"的落实与研究做一个初步评估,希望既能展示"一带一路"的成就与面临的挑战,也能够就其下一步共建提供一些建议。为此,我联系了中国30多位与"一带一路"研究相关的代表性学者、官员与企业高管,对他们进行一对一的访谈。我依据统一的问题提纲进行提问,并在对方回答问题时进行程度不等的追问,以便对方更为清晰地展示对特定问题与细节的看法。访谈时间少则1个小时,多则3个小时。访谈录音交给我的研究助理们,在他们整理成文字稿后,我再逐一进行审阅。在审阅的过程中,我有时还要与受访者联系若干次以便确定一些细节。我审阅后的修正稿提交给受访者,他们会进行程度不等的修改,最后给我反馈稿。我再对反馈稿进行细微的文字润色与调整,最终完成定稿。这些定稿经过媒体编辑后发表。这些媒体包括:《中国社会科学报》《中国社会科学网》《光明网》《澎湃新闻》《中国评论》《克拉玛依学刊》《丝路瞭望》等;感谢这些媒体的编辑:毕雁、张黎明、李想、蒋正翔、朱郑勇、周建闽、罗祥喜、于启立、高雪华。

非常感谢接受我访谈的30多位学者、官员与企业高管。他们都是相关领域的成功人士,愿意拨冗接受访谈,是该系列访谈得以完成的关键环节。他们贡献的智慧与洞见,大大深化了我对"一带一路"的认知。可以说,他们的见解基本上代表了中国目前对于"一带一路"内涵的认知与研究水平。我坚信读者也将从中受益匪浅。其中有些受访者是通过一些中间人联系到的,我在这里理应说声谢谢。他们是潘圆圆、崔晓敏、罗艳、王成安、唐孟生、谭秀英。

把访谈录音整理成为一份高质量的文字稿,是一项比较耗神的工作,参与这一步骤的有:中国社会科学院大学的李少康、席寒婷、张少文、张靖昆、郑舒文、冷佳轩,中国社科院世经政所的杨美姣,北京大学的杜赫,中国政法大学的许晓艺,辽宁大学的尹如玉,重庆社科院的苗蓓蕾。他们中的若干位,特别是席寒婷,在我后期确定给编辑部的定稿、编辑本文集的过程中,提供了进一步的帮助。没有他们的帮助,我不可能在短时间内完成这么多访谈文本的整理与定稿。整理出一份录音稿，通常需要两天以上的时间（有的初稿字数达两万字以上）。毕竟，许多访谈要赶在2023年10月中旬召开的第三届"一带一路"国际合作高峰论坛前后发表。

当代中国出版社的王茵副总编辑与我合作多年，其间出版了我的大部分著作。她的干练与支持是本书能出版的一大原因。而本书责任编辑乔镜蕾博士的精心编辑，则保证了本书能以现在的标准面世。

感谢我的工作单位中国社会科学院世界经济与政治研究所的同事与领导对本项目的支持，假如我是一个没有单位的人，这个系列是不可能完成的。特别是前所长张宇燕教授，从"一带一路"五周年评估全球访谈开始，就给予了多方位的支持。

最后是家人特别是妻子姚咏梅女士的理解与支持。到了我这个年纪，"放慢工作节奏、作息上早睡早起"是必要的，我也在践行中。但在本系列访谈进行的过程中，为了赶进度，有时候不得不长时间工作，连轴转或者熬夜的"症状"不时"复发"。这对她的生活与休息，不可避免造成了一些影响。她都给予了充分的包容与坚定的支持。对此，我将铭感。

"一带一路"倡议的共建方经历过调整，实施方式经历了从"大写意"到"工笔画"的调整，"高质量共建'一带一路'"被越来越多地强调，集中表现为2021年后中国提出"高标准、可持续、惠民生"以及全球发展倡议、全球安全倡议与全球文明倡议三大全球性倡议。

人类命运共同体是新时代中国外交的总目标，它包括政治、安全、经济、文化与生态五个领域。"伙伴外交"与"一带一路"倡议则是实现这个总目标的两大抓手。其中，"伙伴外交"侧重政治与安全领域，以及针对发达国家的外交；"一带一路"侧重经济与文化，以及针对发展中国家的外交。生态领域则是两者共同关注的领域。显然，"一带一路"的内涵有个充实发展的过程，当下已不再仅仅是经济外交的顶层设计。从实施的效果看，"一带一路"可能是中国提出的对世界影响最大的国际公共产品。它产生的影响是全球性的，这在基础设施领域非常明显，不但推动了共建国家的基础设施建设，也撬动发达国家重视在发展中国家的基础设施建设。有的发达国家与中国开展"一带一路"合作;有的发达国家采取观望态度;有的发达国家推出多个相应计划,与中国竞争。这在整体上是一件好事,证明了"一带一路"的内在合理性。发展中国家的基础设施投资缺口巨大,需要各国共同参与。因此,中国强调"一带一路"的公共产品特性,对发达国家加大参与力度的举动表示欢迎,但反对其打压与污名化"一带一路"的做法。签署共建"一带一路"合作文件的国家有150余个,但从区域角度看,亚洲、非洲与中东欧国家参与"一带一路"的程度较深,对这些地区共建国的经济与文化、对华关系等的影响也更为明显。

基于上述原因,我把这个文集分为三个部分:"一带一路"倡议与全球发展、"一带一路"倡议与区域发展、"一带一路"倡议与对外经济文化。

◇◇二 "一带一路"倡议与全球发展

中国推出"一带一路"倡议的一大目的,就是在发展自身的同时,推动共建国家的发展,从而实现推动全球发展。本部分受访学者从不同视角探讨了与全球发展相关的话题,涉及国际格局、全球治理、新发展合作、中国外交、全球化、智库作用等多个方面,这些权威学者的解读,有助于受众在全球层面理解"一带一路"倡议的内涵与作用。

中国社会科学院学部委员、山东大学国际问题研究院院长张蕴岭教授在访谈中给我印象最深的有以下两点。第一,他强调中国是海陆复合型国家,需要"陆海连接"。"一带一路"既联通内陆,又联通海上,不仅关系中国的陆海连接,也关系重新构造世界的竞争优势。通过陆海连接,中国的地缘和发展优势得以发挥,东边通过海洋联通世界,西边陆地延伸接通亚洲、欧洲。从区位看,没有一个国家具备中国这样的陆海大连接优势。英国与美国崛起为世界领导国的经历,给学者们留下一个强烈的印象:大型海岛国家比德国、法国、俄罗斯等大陆型国家更容易成功。中国历史上也长期存在"塞防论"与"海防论"之争。中国在1840年以来的经历,更给人一种印象:地理位置不利于中国成为世界大国。张教授则基于其自身思考,提出了不同的观点。这是一种具有重要价值的思考，对于政策与学术研究都具有启发价值。第二，"一带一路"建设是一种新型发展合作模式。它倡导各国共同参与和投入，中国发展成功的经验在合作中也会得到传播。重要的是，"一带一路"倡议在推进过程中赋予东道国参与的主角色，发挥当地的自主能动性作用，注重当地经济、社会与环境的平衡关系和可持续发展。如此一来，"一带一路"倡议就具有可持续性。

北京大学博雅特聘教授、南京大学区域与国别研究院院长王逸舟教授长期潜心研究中国外交，并出版了《创造性介入：中国外交新高地》等多部著作。他在接受访谈时提到，"一带一路"是习近平诸多宏伟蓝图的重要部分，这一倡议对西方主导的世界秩序产生巨大的冲击。"一带一路"的成效体现在，它不仅是中国向全世界提供的公共产品，还使得全世界许多国家形成了"打架买武器找美国，发展搞建设找中国"的思维模式。但是，中国是"大国俱乐部"中的新人，对手是一帮精明的成年人，中国参与和处理国际事务的手法和经验有限，成熟度和精细度不够。为此，中国有必要强化反思与评估机制，以便不断改进外交效果。重要的是，让"一带一路"倡议走得更远更好，让全球发展倡议、全球安全倡议、全球文明倡议真正能够落实。

上海国际问题研究院前院长杨洁勉研究员的看法是，自"一带一路"倡议提出以来，中国外交从"韬光养晦"转变为"积极有为"，更加讲究战略思维、顶层设计，在敢于斗争的前提下也变得善于斗争。"一带一路"面临的主要挑战来自美西方，而世界也已经从经济合作占主流的阶段转为泛安全化的阶段。为此，下一步共建"一带一路"，有必要进一步完善战略思维和顶层设计——有阶段重点和分期目标——实现提质升级。"一带一路"的第二个十年应该奉行"调整、巩固、充实、提高"的八字方针。

复旦大学"一带一路"与全球治理研究院常务副院长黄仁伟教授在研究"一带一路"的过程中，带领团队成员进行了大量的项目调研，写作了一系列研究报告。近些年，他比较强调地缘经济的作用。他在访谈中提到，党的二十大后"和平与发展"的内涵应该被理解为"安全与发展"，因为"一带一路"共建不仅面临地缘政治挑战，同时也面临安全挑战。"地缘政治是大安全，企业安保是小安全。"为此，有必要采取"板块化建设"等四类措施。在他看来,可考虑建立"一带一路"部级协调机构,乃至于成立"一带一路"部,这样将强化"一带一路"的协调与推进。

中国人民大学习近平新时代中国特色社会主义思想研究院副院长、国际关系学院王义桅教授不仅出版多部"一带一路"相关著作,而且其中不少被翻译为不同语种在全球发行。他曾经提出,要从50年未有之变局、500年未有之变局、5000年未有之变局三个维度理解"一带一路",他称之为"三五效应"。在两个多小时的访谈中,他比较详细地展示了其对"一带一路"的研究体会。他对"一带一路"表示高度肯定,认为该倡议改变了过去改革开放和全球化的逻辑,极大地改变了中国人的世界观,中国外交中的地方外交也被激活。中国因而从跟随者变成了引领者,现在整个世界似乎分裂成为"一带一路"体系和美国的"G7+"体系。同时,他也多次谈到"一带一路"面临的挑战,表示中国不能被西方的高标准带偏了,要因地制宜、循序渐进地共建"一带一路"。"一带一路"的相关项目应该分为战略性、示范性与商业性三类进行运作,并且在推进过程要当地化、本土化。

国家发展改革委"一带一路"建设促进中心主任翟东升认为,"一带一路"是世纪工程和世界工程,十年来取得五方面的物质成果与两方面的精神成果。基于两大原因,他认为"一带一路"与马歇尔计划截然不同。"一带一路"倡议可被理解为"政府搭台、企业唱戏",建设过程要由市场机制主导,政府应适当调控,但应主要通过指导行业组织来调控。对于第三方市场合作,他提到了一些成功案例,但认为对于第三方合作,中国应该持这种心态"有一个导向即可,不可寄望太高"。

北京大学区域与国别研究院副院长、北京大学国际关系学院翟崑教授非常强调学者做研究既要"上天"又要"落地"。他的研究体会是:中国治理天下一直奉行"长治久安模式",而"一带一路"正是习近平主席统筹内外的抓手。因此,中国的大国对外战略新模式"可能"呼之欲出。对于下一阶段推进"一带一路",他给出的两点建议是"唯变所适"和"微观化"。他建议做一个"抱团出海2.0版"(国企带着民企出海)。通过比较政府智库与高校两段工作经历,他认为从长远看,政策研究将是高校智库的天下。

中国人民大学国际关系学院时殷弘教授长期研究国际战略，是中国国际关系学界在该领域具有代表性的学者。其"要提防战略透支"的观点在学术界引起了一定的反响，有些国际关系学术刊物为此组织专题研究。他在访谈中表示，习近平主席2018年8月关于"工笔画"的讲话是迄今为止关于"一带一路"的最重要指示。他建议对十年来共建"一带一路"的效果进行总体评估，特别是注意是否获利。

中央党校国际战略研究院副院长赵磊教授在访谈中提到，中国推出"一带一路"与习近平总书记的履职经历有密切关系。"一带一路"是观察中国的放大镜与显微镜。赵教授常说"有思路才会有丝路"，意思是共建"一带一路"离不开智力支撑。为此他特意提到，"一带一路"倡议推动了国家安全学与区域国别学两大一级学科的建设，主张建立"一带一路"研究院和"一带一路"学；要有高质量的公开报告，甚至是中外联合研究的报告。

全球化智库（CCG）理事长王辉耀博士全身心投入智库的运作，把"中国与全球化"智库打造成代表性的民间智库。他是全球化的坚定信仰者与推动者。在他看来，"一带一路"倡议提升了中国的国际地位，是新时代中国的全球化新主张，也有助于防止中国陷入"金德尔伯格陷阱"。他分析了中国提出"一带一路"倡议的四个动因，并就下一步推进"一带一路"提出了八点建议。这些建议的共同点是都围绕着将"一带一路"进一步机制化，如成立秘书处、国际指导委员会、"一带一路"银行等。

◇◇三 "一带一路"倡议与区域发展

与中国签署共建"一带一路"合作文件的国家最多时达152个，这些国家遍布五大洲。但不同区域参与共建的广度、深度存在明显差异，有些国家加入后又退出，有的国家则准备加入。这些都是正常的。本部分受访者研究的对象国不同，在回答笔者提问的过程中，他们一方面纵论"一带一路"的整体效果等宏观问题，另一方面就自身特别关注的区域或者国别参与共建"一带一路"

的具体情况做了深入的剖析，展示了专业人士的洞见。

中联部原副部长、中国前驻乌兹别克斯坦大使于洪君为人谦和、勤于思考、笔耕不辍，这些特质在我接触过的中高级政府官员中都属突出。他认为，"一带一路"展示了中国的新型国际合作观，即开放、包容、不排除与第三方合作。"一带一路"的合作共建过程，实质上是不同治理模式、不同发展理念、不同文明形态间相互交流、相互融合的过程。中亚地区五个国家的内外政策和利益诉求并不完全一致，中国有必要因国施策。中俄合作没有禁区但有底线，他不认为中俄已经成为事实上的盟友。"一带一路"的风险与挑战表现在政治、经济、生态、人文、安保等各个方面，下一步，中国要针对上述情况做阶段性反思和针对性整改。

中国社会科学院学部委员、中国边疆研究所所长邢广程认为，新时代中国外交的大轮廓已经基本显露，"一带一路"平台是中国外交的一大抓手，希望以此来重塑本国外交政策版图。对于其重点关注的俄语国家，邢广程认为这些国家在"一带一路"合作的态度、合作方式和规模方面存在区别。俄罗斯与西方关系破裂后实行东转战略，因此会提高与"一带一路"的深度对接程度。共建"一带一路"应该做到具备可操作性，同时给发达国家经济体预留出空间。

新疆社会科学院中亚研究所原所长潘志平研究员在纵论全球政治的基础上，重点分析了中亚在"一带一路"建设中的角色。他提出的观点让我印象尤其深刻的有：中国应该效法土耳其与俄罗斯，在中亚每个国家办两二所正规大学；就新疆的定位，他认为枢纽区的定位比核心区更合适和可操作；中欧班列在这两年做得非常好，已经成为一种品牌，现在连越南、老挝都想走中欧班列；关于中吉乌铁路，他认为可以探讨中塔乌铁路的可行性，中国可以从两条线路中选一条修建。现在的中吉乌公路联运已经可以满足三国间过境运输需要。

上海国际问题研究院副院长李开盛研究员很关注中国的周边国家，他曾经在韩国与菲律宾当过访问学者，对两国的文化与政治特征有自己的看法，如两国政党制、民众对总统满意度存在的显著区别及其原因。政治上的两极化是韩国的特点。菲律宾人有崇尚权威的传统，这使得美国式的政治制度无法在菲律宾发挥类似的作用。在访谈中，他认为："一带一路"对中国外交有"以小国带大国"的效果；在评价"一带一路"项目时，要关注"沉默的大多数"；对"一带一路"的主要挑战是可持续性问题，为此要吸引其他参与者，特别是强化第三方合作。

云南大学国际关系研究院院长卢光盛教授认为，"一带一路"倡议展示了中国在日益走近世界舞台中央过程中的综合性考量，"一带一路"提高了中国在全世界的影响力，与沿线国家的合作取得了重要进展；东南亚方向是"一带一路"合作最顺利的方向之一，基础设施方面成效突出；云南有三个定位，核心是以昆明为出发点，构建一条不同于西部陆海新通道的"面向印度洋的陆海大通道"；在国际关系研究与区域国别研究中，云南大学形成了自身特色，不求做"全能冠军"，而求做"单项冠军"，这突出表现在缅甸研究方面。

复旦大学国际问题研究院研究员林民旺教授重点关注南亚，特别是印度问题。他认为，"一带一路"具有必然性；十年来，中国在南亚的影响力上升快，其原因是中国真心帮助南亚国家发展，这突出表现在道路、电力等方面；但南亚国家具有的家族政治特点需要中国妥善应对；中国与印度的合作既要务实，又要避免因帮助印度而损害中国自身长远利益。

北京大学巴基斯坦研究中心主任唐孟生教授是研究巴基斯坦与中巴经济走廊的权威学者。他提到，"一带一路"已经从先行先试项目，转变为高质量发展的示范工程；中巴关系的重心是构建"1+4"经济合作布局，并已取得明显效果："一带一路"相关项目缓解了巴基斯坦能源短缺状况，帮助巴基斯坦改善了主要交通网络；瓜达尔港建设取得重大进展，产能合作不断推进。"一带一路"为巴基斯坦解决大概236000个就业岗位。他建议，下一步应该推行"先园后产"和"以产兴园"并举模式；突出"运营园区"的意识；产业园区建设应以打造成功的产业园区为目标，形成示范效应和溢出效应。

北京大学国际关系学院李安山教授是研究非洲问题的代表性学者，他长期研究非洲华人华侨问题与中非关系。他认为，中国提出"一带一路"倡议是基于整体思考，非洲在"一带一路"建设中有五个方面的重要性和十大优势；"一带一路"推出后，中国国家形象在非洲总体上改观的同时，中国人对非洲的了解也不断增加;中国助力"一带一路"发展的举措一定要和非洲本土的实际需求挂钩,不要对对方的产业等方面构成威胁;中非是朋友关系,不要过于计较,要把非洲放到国际大盘子里进行考虑。

中国社会科学院欧洲研究所所长冯仲平研究员是研究欧洲问题的代表性学者,他认为:"一带一路"在中欧关系中的作用是加强欧亚互联互通、贸易与投资;中欧班列符合欧洲国家的利益,因此现在对中欧班列的评价没有变化;欧美一些国家对"一带一路"态度转变的原因在于,其对中国的认知转变了;欧洲对华关系的转折点是欧盟2019年提出对中国的三重定位;欧洲的全球门户计划的目的是与"一带一路"竞争;美国总统拜登在拉拢欧洲方面下了很大功夫;对于下一步推进"一带一路",中国要欢迎任何国家提出的旨在加强互联互通的国际合作方案;文化对于发展经济关系十分重要,中国企业在走出去时要加强与其他国家的人文交流。

中国社会科学院欧洲所副所长(现世界历史所所长)刘作奎研究员致力于中东欧问题的研究。在他看来,中国与中东欧在共建"一带一路"的十年中,从最初到2017年一直高歌猛进,2017年中美经贸摩擦与2022年乌克兰危机使得"一带一路"在中东欧国家的推广遭遇不少挑战,"17+1"变成"14+1"。美国刻意在中东欧塑造"中国威胁论",中国有必要采取针对性措施。2025年是中国与中东欧国家合作的窗口期。中国应重点发展与塞尔维亚、匈牙利和希腊三个国家的关系,下一步的重点是西巴尔干国家。

中国社会科学院研究员、上海大学特聘教授江时学是研究拉美问题的代表性学者。他认为,拉美学者对"一带一路"的正面评价明显多于负面看法,尤其是那些得益于中国投资和中国市场的发展中国家。中国在看到"一带一路"成绩的同时,也要重视其在拉美面临的挑战。中国国企在共建"一带一路"中应该让外国(特别是欧洲国家)更多考虑投资的作用,而不必过于考虑资金属于国企还是民企;中国媒体在报道"一带一路"项目时,要力求完整与准确,避免与事实不符合的夸大与拔高。

中国社会科学院世界经济与政治研究所国际政治理论室主任徐秀军研究员长期研究国际政治经济学与南太平洋,他认为:"一带一路"从行动和理念两个维度给世界带来巨变;"一带一路"为中国的国际形象维持和正本清源提供了更多帮助;国际社会对"一带一路"的认知总体向好,发展中国家评价大都积极正面,持有深化合作的强烈需求和期待;"一带一路"面临的挑战主要是西方的打压遏制以及资金来源;下一步共建"一带一路"的关键是落实"高标准、可持续、惠民生"理念;高校与智库、国企与民企、非政府组织等都要清晰意识到自身的优缺点,以便更好服务于"一带一路"共建。

◇◇四 "一带一路"倡议与对外经济文化

我研究"一带一路"十多年的一大体会是:共建"一带一路"的重点领域是经济与文化,并且主要面向发展中国家。企业则是落实"一带一路"的主要载体。因此,我从原政府官员、政府直属智库研究人员、高校研究者三个层面,探讨"一带一路"如何促进国际经济合作。同时,我还选择代表性国企与民营企业,考察他们参与海外基础设施建设、园区建设与运营的体会。最后,我再请两位研究者从话语权与文化交流的角度探讨如何共建"一带一路"。在我看来,在共建"一带一路"的过程中,文化交流越来越受到重视,但如何画好"工笔画"、建设小而美项目,依然任重道远。

中国国际经济交流中心总经济师、学术委员会副主任陈文玲长期在国务院研究室工作,她经常参与重要政府文件的起草,除内部报告外,还发表了大量的文章与学术论文。在她看来,"一带一路"是人类发展史上具有里程碑意义的事件。东道国整体上对"一带一路"评价积极、高度认同,但也有一些误解、误区。"一带一路"推动了全球互联互通、提高了经济连通性,跨国经济合作与大外交的格局因而得以形成。"一带一路"面临的主要挑战是,美国对华战略围堵日趋强化,中国自身能力和体制机制有待强化。对于下一步共建"一带一路",她建议要在提高国际化、市场化和安全化三方面下功夫。

中国世界贸易组织研究会副会长、商务部研究院原院长霍建国研究员的研究体会是:"一带一路"倡议在基础设施建设和贸易投资领域都取得了长足发展，特别是在西亚与东南亚地区；中国与沿线国家的贸易额已经超过与欧美日一个百分点；陆上贸易大有潜力；发展中国家债务的 60%–70% 来自西方国家的政府与金融机构；"一带一路"面临的挑战主要来自美西方，有些项目被美国搅黄；下一步共建"一带一路"要注意强化环保意识与项目的公开性，贸易投资要增加比例和速度，基础设施建设要量力而行；国企在重大项目和基础设施建设方面发挥更大作用，民企在贸易投资方面发挥更大作用。

北京师范大学"一带一路"学院执行院长胡必亮教授曾在国内外多个经济类机构任职，最后选择转入高校任教。我在编辑文集的过程中，惊悉他突发疾病去世，年仅 62 岁，先在其办公室、后在校内一餐馆听他侃侃而谈的画面犹在眼前，特别是他说到"我喜欢教书"时的神情。他在接受访谈时，不时用数据说话。就所谓的"中国制造债务陷阱"，他的研究结论是：这种说法缺乏数据支撑，世界上绝大多数国家欠中国的债务不超过其债务总额的 20%，由"一带一路"建设所产生的债务占比则更少。他也提到中国对共建"一带一路"国家的投资额大幅度上升，对美国、欧盟、澳大利亚的投资断崖式下降。2022年，中国与共建"一带一路"国家的贸易额为 2.1 万亿美元，接近与发达国家的 2.8 万亿美元。

国机工程集团党委书记、中工国际工程股份有限公司董事长王博接受访谈的时间明显超过了预定时间。他除了让同事精心准备访谈材料，还就许多问题与我进行讨论与分析。作为有代表性的中国海外工程承包企业的掌舵人，他表示：中工国际是"走出去"战略的先行者，也是"一带一路"倡议的实践者和亲历者，已取得一些经验：尼泊尔总理普拉昌达称赞博克拉国际机场为尼泊尔的"国家荣誉工程"；国企和民企之间可以抱团出海，合作共赢，伊拉克九区油气中央处理设施项目就是证明；在哈萨克斯坦碱厂项目上，中工国际与土耳其公司的合作良好，是第三方市场合作标志性项目。他坦诚公司面临一些挑战，如营商环境明显恶化、融资方式深度调整、"两难一低"。此外，他建议政府尽快出台促进对外承包工程行业高质量发展的政策。

中铁建国际投资有限公司董事长廖军长期在海外工作，仅在尼日利亚就工作了 11 年。与他的长时间交谈，话题已经不限于他的公司业务，甚至超出了

"一带一路"，以至于大大强化了我"到尼日利亚看一看"的念头。就国企走出去这个话题，他提到，在基础设施建设方面，"一带一路"倡议不但增加了中国对其他国家的了解，也增加了东道国对中国的了解和信任度。这在非洲具有明显表现，当美西方说中国在非洲制造债务陷阱的时候，非洲国家的人自己会跑出来反驳美国。尼日利亚的铁路基本上都是由中国公司改造与升级，东道国在长期合作中对中国与中国公司产生了明显的信任。他个人也深深体会到非洲与中国的紧密关系，无论是在国家层面，抑或两国精英层面。

中白工业园开发公司前首席执行官、招商局集团有限公司前副总经理胡政曾经在2015—2019年期间主持中白工业园建设。在其任内，中白工业园建设摆脱了此前的停滞状态，进入快速发展期，招商引资也收获明显成效。为此，胡政获得白俄罗斯的总统致谢令。中白工业园的价值通过一些标志性成就得以充分展示：中白经贸战略性合作综合平台；白俄罗斯国际合作的一张闪亮名片；白俄罗斯经济创新改革的试验田；"丝绸之路经济带"的标志性样板；践行"一带一路"的探索试验基地；中国企业海外发展可依托的重要资源。但是，三年疫情与乌克兰危机对中白工业园影响巨大。工业园下一步的发展，面临着股东调整、市场再定位、产品再选择，以及如何让入园企业能切实获得较好的经济收益等挑战。

华立集团墨西哥华富山工业园的常务副总经理吴广云非常熟悉公司的海外工业园业务，他曾经在泰国罗勇工业园工作多年。我对他的访谈聚焦于公司的海外园区，特别是华富山工业园的运营。他表示，海外园区的业务与利润在华立集团中占比并不大，但集团依然重视海外园区的主要原因在于，希望能以园区为平台开展物流等配套服务。目前，集团经营的园区都是赚钱的。集团在经营海外园区方面形成了自己的一套方法，并计划建设三大三小共六个海外园区。目前，有两个园区还没有确定地点，中亚与北非的两个园区已经开启规划，泰国罗勇与墨西哥华富山两个工业园已经运营多年，为公司经营海外园区提供了主要经验，并为园区所在地创造了数千个至数万个就业机会。他表示，希望中国政府加大对海外园区的支持力度，如商务部恢复国家级境外经贸合作区的认定工作。

江苏其元集团副总裁刘正华对"一带一路"与埃塞俄比亚政局都有自己的思考。他从企业角度判断，中国推出"一带一路"倡议是正确的，"走出去"是每个国家经济发展到一定程度的必经之路。其公司已经营东方工业园近17年，工业园位于埃塞俄比亚首都亚的斯亚贝巴附近，在"一带一路"倡议推出后发展速度加快，共创造就业岗位2.5万余个（据笔者几年前的实地调研，中国籍人员仅占1/20，园区内企业代工的鞋子等产品出口欧美）。园区受到了中国商务部部长与埃塞俄比亚政府的共同肯定。园区遇到的挑战包括，与政府缺乏沟通机制、资金池与资金链问题。他建议：中国政府恢复对海外经贸园区的补贴，协助公司拿到园区二期的土地证，允许园区内企业资产用于抵押贷款。

江苏红豆集团董事、柬埔寨西哈努克港特区公司董事钱文华先生不但熟悉本公司的企业文化，也能就"一带一路"的内涵与精神娓娓道来。在他看来，"一带一路"展示了中国与全球一体化的潮流，其初衷是实现中国梦。红豆集团的显著特色是党建引领，中组部为此专门发文号召学习红豆集团"三位一体"的中国特色现代企业制度。这在民企中是独一份。红豆集团2006年开始经营西港经济特区，2013年以后进入快车道，目前已经成为中柬双方共同认可的"一带一路"示范项目。园区有175家企业，中资企业约占60%，此外还有爱尔兰、美国、日本、韩国企业。园区共有近3万名员工，中国籍人员为1000多人。笔者在造访这个园区时，曾到一些车间与管理人员、一线工人交谈，看过产品，也知晓园区如何在山坡上逐步购买土地的扩展历程。

中国人民大学重阳金融研究院执行院长王文曾经是《环球时报》的部门负责人，受托创建并主持研究院，将之办成在海内外具有明显影响力的智库。他走访过100多个国家，经常受邀参会以展示中国声音，对于提升国际话语权的重要性体会尤深。他表示，"一带一路"的提出，标志着中国真正走向了全球性大国外交，其十年来的成就可打85分。各国对"一带一路"倡议的整体评价，以及"一带一路"面临的主要挑战各包括三类。对"一带一路"要持有一种"持久战"的心态。他建议，金融国企在海外应该给民企提供一些金融支持，强调对"一带一路"国家的人才培养，主张智库做更多的国际传播和宣讲工作，并做理论上的深化研究。他也致力于推动做"一带一路"学。

北京大学考古文博学院陈凌教授对"丝绸之路经济带"概念的出台有独特贡献。基于在新疆与中亚多国的考古经历及其成果，他深切感受到只有同时推进人心、文化上的往来，才能让"一带一路"参与方连成一体；西方文化传统上喜欢划分势力范围，中国的文化传统则是"务广德而不务广地"，是多元价值观的体现；包容性强、区域广袤是中华文明持续发展的两大原因；考古挖掘的共同经历与共建"一带一路"，都大大增加了中亚国家对丝绸之路的认知与认同，这一领域大有可为；与经济相比，文化同样能够创造价值，而且其价值更为长远和可持续；古丝绸之路与"一带一路"皆为需要各方共同参与的"交响曲"。

最后，对中国社科院中国边疆研究所各位同仁特别是邢广程所长、范恩实副所长多年来的关照与支持，谨致谢忱。在他们的鼎力支持下，本书有幸受到了以下项目的出版资助：中国社会科学院重大科研规划项目"中国与周边国家关系研究"专项（2020-2024）（项目编号：2020ZDGH016）。

薛力

2024 年 4 月 20—25 日

2024 年 10 月 14 日增补

于北京东坝社科嘉园家中

第一部分
"一带一路"倡议与全球发展

  中国推出"一带一路"倡议的一大目的，就是在发展自身的同时，推动共建国家的发展，从而推动全球发展。本部分受访学者从不同视角探讨了与全球发展相关的话题，涉及国际格局、全球治理、新发展合作、中国外交、全球化、智库作用等多个方面。这些权威学者的解读，对于受众在全球层面理解"一带一路"倡议，当有助益。

1.1 "一带一路"倡议与新发展合作:张蕴岭

【核心观点】"一带一路"已成为一个特殊符号,是中国基于新理念推出的新倡议,是旨在推动世界新发展的长期工程。其本质上是"新型发展合作",旨在把主体和客体融合成为一体,以实现共同发展。新时代中国外交要为"一带一路"的发展服务。中国作为海陆复合型国家需要"陆海连接",通过陆海连接,中国的地缘和发展优势得以发挥,即东边通过海洋联通世界、西边陆地延伸接通亚洲与欧洲。这是中国的独有优势。在谈论国家形象时要注意三点:要具体分析;避免把项目问题与国家形象直接挂钩;不能完全把个人形象、媒体舆论和国家形象直接等同起来。不能把什么都归为"一带一路",要设立项目规范、制定项目标准,把正常经贸活动与"一带一路"倡议下的项目区别开来。要借助"一带一路"倡议十周年的契机,对其进行全面总结;同时规划未来,发布总结"一带一路"十年和面向未来的文件。

访谈对象:张蕴岭,现任中国社会科学院研究员、学部委员、山东大学讲席教授、山东大学国际问题研究院院长、东北亚学院学术咨询委员会主任委员

访谈人员:薛力,中国社会科学院世界经济与政治研究所研究员

访谈时间:2023年7月31日上午

访谈地点:山东威海国际海景城

录音稿整理:张少文,中国社会科学院大学国际政治经济学院国际关系专业博士生

录音稿校对:薛力研究员

本文经受访者审定

◇◇ 1　中国推出"一带一路"倡议的原因是什么？

"一带一路"倡议是一个大思路，我认为可以从国内和国际两个视角来看。

从国内来说，中国推出"一带一路"倡议，自然有自身发展的考虑。从经济发展的角度，我认为主要是基于自身发展转型的需要。中国改革开放到了一定阶段，按照一般经济规律，必须进行转型。中国产业，包括大量制造业的主要基础是外资，而外资转移非我国能够控制。也就是说，本国的产业转移需要考虑转移什么、怎么转移、为了什么目标，最根本的是往产业链上游提升。但是，中国以外资为主的制造业基础不具备规划转移的条件，因此确定了通过与当地国家共商共建的产能合作路线。产业往哪转移？中国的制造业规模非常庞大，包括东南亚、印度在内的外部国家或地区均不具备此等规模的接纳能力。中国制造业承接了发达国家的产业转移，大都是劳动密集型、污染严重、高耗能的产业环节，结果带来了大量的资源消耗和环境污染。因此，走传统的产业转移道路也走不通。加之国际和国内的环保意识普遍上升，一般国家和地区看到中国的环境情况也不愿意接受产业转移。基于此，我们对外扩大开放，要发挥自身的优势，即特殊优势。优势在哪？答案是承包工程。因此，通过"一带一路"倡议，推动基础设施建设，开展与当地的产能合作，既可以拉动当地经济发展，又可以为中国提供拓展的市场空间，这是一个双赢的思路。

从国际的角度，"一带一路"倡议具有更宏大的考虑。通过推进"一带一路"建设，将推动世界大发展格局的转变。"一带一路"倡议是从陆上与海上构建与发展相联系的大通道：一是打通欧亚大陆的连接；二是推动陆海连接。在早期历史中，世界最发达的国家是内陆国家和内陆地区。但是，世界地理大发现后，西方利用海洋实现快速发展，几乎所有的发达国家和地区都是沿海国家，较之海洋的便利性，原有的陆地优势不复存在，内陆地区衰落。如今，打通陆地大通道不仅可行，而且具有更为重要的意义。陆地交通网络的构建，把大批内陆地区连接起来，形成互联互通的新发展带。从运输的角度来说，陆地运输的容量、速度要比海上大得多。已开通运营的中欧班列证明，无论是时间，还是成本，陆地运输都比海上运输更具优势。如果铁路系统进一步改善，实现陆海连接、铁路公路运输联网，未来的陆地运输有望成为主要的运输形式。这将带来巨大的综合变革，具有重构世界发展格局的意义。

中国是海陆复合型国家，需要"陆海连接"。"一带一路"既联通内陆，又联通海上，不仅关系到中国的陆海连接，也关系到重新构造世界的竞争优势。通过陆海连接，中国的地缘和发展优势得以发挥，东边通过海洋联通世界，西边陆地延伸接通亚洲、欧洲。从区位看，没有一个国家具备中国这样的陆海大连接优势。

"一带一路"是向世界发出的倡议。因此，"一带一路"倡导共商、共建、共享，不是中国自己做。"一带一路"本质上是"新型发展合作"。原来的发展合作主要是发达国家向不发达国家提供援助。这类援助有作用，但是不能解决许多发展问题，主要是单向性强，过程中缺乏和当地的发展实现对接，许多援助的效果并不理想。"一带一路"秉持共商、共建、共享原则，主体和客体融合一体，实现共同发展，可以克服旧型发展合作模式的弊端。

同时，"一带一路"这一新型发展合作模式与联合国2030年可持续发展议程对接，后者的目标包括消灭贫困、改善落后地区发展条件等内容。这与"一带一路"的初衷相符合。2021年，中国向联合国大会提出全球发展倡议，把"一带一路"倡议与推动全球发展更为紧密地联系起来。

◇◇ 2　您对"一带一路"倡议十周年的整体评价是什么？

"一带一路"已成为一个特殊符号。100多个国家和国际组织已签署"一带一路"建设合作协议，所涉及的合作项目和领域越来越多，其影响体现在经济社会发展的方方面面。作为新型发展合作的方式，"一带一路"已经被国际社会认可，具有一定的普遍性意义和世界性价值。

"一带一路"建设作为一种新型发展合作模式，倡导各国共同参与和投入。在合作过程中，中国的发展成功经验也会得到传播。重要的是，"一带一路"倡议在推进过程中赋予东道国参与的主角色，发挥当地的自主能动性作用，注重当地经济、社会与环境的平衡关系和可持续发展。如此一来，"一带一路"倡议就具有可持续性。尽管一些发达国家不接受"一带一路"，也存在多种倡议的竞争，但不影响中国提出的"一带一路"倡议的价值。"一带一路"倡议不谋求独霸，也不排斥其他倡议。在竞争中不断总结经验，有助于把事情办得更好。

◇◇ 3　对象国对"一带一路"倡议有何评价？

总的来说，"一带一路"受到发展中国家，或者说"全球南方"国家的欢迎。中国推动的合作项目是有助于当地发展的，大多数项目都很成功，拉动了当地经济发展，增加了就业，改善了当地的发展条件。中国作为一个大型经济体，拥有提供资金的能力、开展大工程建设的能力，以及良好的国家信誉。当地能够从"一带一路"倡议中获取资金，当地参与者也从相关项目中学习中国的先进技术和管理经验，甚至成为本国发展的中坚力量。所以，东道国及有关地区对于"一带一路"框架下的项目、政策总体上比较欢迎。尽管目前存在一些批评和诟病，但不得不承认，在拉动东道国经济发展和维持世界经济总体发展方面，"一带一路"倡议项目起到了举足轻重的作用。

◇◇ 4　"一带一路"倡议推出后，中国的外交有了哪些举措？

"一带一路"是中国基于新理念推出的新倡议，外交要为"一带一路"的发展服务。因此，中国外交部门积极发挥外交作用，疏通国家间的关系，让国际社会更加了解和接受"一带一路"倡议。通过外交做好他国政府的工作，与他国政府开展合作，共同推进"一带一路"的落地。迄今为止中国（与152个国家和32个国际组织）成功签署了200余份共建"一带一路"合作文件。中国外交努力做国际组织的工作，让国际组织积极参与，从而理解和支持中国的行为和理念。应该说，中国外交部门在推动他国更好地理解和接受中国提出的"一带一路"倡议和相关理念，以及塑造良好的国际环境等方面，作出了不懈的努力，取得了很大的成效。

◇◇ 5 "一带一路"倡议推出后，中国的国家形象有什么变化？

对于这个问题，我们需要做一些分类，从不同的视角来认识。"一带一路"倡议着眼于全球发展，主要为"全球南方"国家提供新的发展环境。因此，它受到绝大多数发展中国家欢迎，提升了中国的国家形象。出于战略竞争和具体利益的考虑，美国及一些发达国家不接受"一带一路"倡议，不仅不参与、不支持，还提出了相对应的方案。它们认为，中国提出"一带一路"倡议是意图改变现有的"国际规则"，排挤和取代发达国家的传统利益，不符合它们的价值观标准。因此，它们将"一带一路"倡议认定为一种零和博弈，甚至把中国的行为说成是"新殖民主义"。不过，发达国家的许多企业、组织并没有完全拒绝"一带一路"倡议，有些也参与"一带一路"的项目建设。

中国一直强调"一带一路"属于开放性框架，这包含两层意思：一是谁都可以参与其中，后来又提出第三方合作，两方共同在第三方市场开展经济合作；二是如果一国政府不接受"一带一路"，该国的企业仍可参与，例如，日本政府一直不接受"一带一路"，但日本企业可以参与进来。在谈论国家形象时要注意三点：其一，不能一概而论，要具体分析；其二，要避免把项目问题与国家形象直接挂钩；其三，不能完全把个人形象、媒体舆论和国家形象直接等同起来。

◇◇ 6 "一带一路"倡议与人类命运共同体、伙伴外交、全球治理等外交概念有何关系?

"一带一路"倡议与人类命运共同体、伙伴外交、全球治理等一系列外交理念融会贯通,但其主要聚焦于发展领域,强调全球发展,为"全球南方"国家提供新的合作发展理念,强调新型发展合作和共同参与。从这个意义上说,"一带一路"倡议是在实践命运共同体、全球发展、全球治理等倡议。

"一带一路"重点是推动经济发展。"一带一路"倡议可以为中国企业走出去提供平台与机会,但不仅限于此。共建"一带一路"主要是通过新型发展合作,实现共利和共享。推动新型发展合作,其中一个很重要的内容是改善当地综合发展环境,包括基础设施、能力建设等。中国发展的一个重要经验是"要想富,先修路",这个经验可以用到"一带一路"建设,即大力帮助改善当地基础设施。从大格局看,"一带一路"将会推动陆路联通、陆海连接,重绘欧亚大陆联通地图。

◇◇ 7 "一带一路"共建过程中面临的主要挑战有哪些?

"一带一路"十年来取得了巨大的成就,但还是需要提高认识。到现在为止,无论国内还是国际社会,都有人误认为"一带一路"是中国大战略。其实,"一带一路"倡议源于中国、属于世界。中国无法凭借一己之力挽救世界,只有中国做也无法做到可持续。发展是一个世界性问题,是一个艰巨且长期的过程,中国只能承担其中的很小一部分。不能过度提高国际社会不切实际的期盼,不切实际也会产生负面效果。

"一带一路"倡议没有设置边界,但具体合作有范围,不能把什么都归为"一带一路"。要设立项目规范、制定项目标准。我去国外调研发现,由于一些项目边界不清晰,把在当地做的事都说成是"一带一路",特别是一些有问题的做法,如腐败问题、烂尾工程等。这造成了不好的影响。可行的做法是,把正常经贸活动与"一带一路"倡议下的项目区别开来。与东道国签署的合作协议,要明确哪些是"一带一路"投资的项目,对其进行严格的论证、验收和评估,严格把控项目标准,这样可以维护"一带一路"的良好信誉。

"一带一路"合作对象主要是发展中国家,建设要与当地的需要、能力和发展水平相适应,避免在欠发达的国家搞投资过大的项目。对经济不发达国家,首先要建的主要是公路与普通铁路,对高速公路与高速铁路的建设要慎之又慎。合作时的合同时间也要适度,可以分段进行,分段确定执行,避免把经济建设问题政治化。"一带一路"建设项目要综合考虑政治和社会因素,重视政局稳定和政局、政策变动的影响。

"一带一路"是中国提出的、旨在推动世界新发展的长期工程。要借助"一带一路"倡议十周年的契机,对其进行全面总结,同时规划未来。要发布一个总结十年和面向未来的文件。

(本文以《"一带一路"与国际战略——访中国社科院学部委员、山东大学国际问题研究院院长张蕴岭》为题,发表于《中国社会科学报》,2023年10月17日)

1.2 "一带一路"倡议与中国外交新高地：王逸舟

【核心观点】"一带一路"倡议是习近平主席诸多宏伟蓝图中的一个重要部分，实施后效果显著，受益者与落后国家的评价比较好。西方国家，特别是美国，有嫉妒与恨意，因为共建"一带一路"变成了"打架买武器找美国，发展搞建设找中国"。党的十八大以来，中国外交进取态势变得非常明显。当前的中国很像"大国俱乐部"中的新人。中国构建全球伙伴关系网络不同于西方的军事盟友网络，它不是要求一块出兵，而是互利共赢的、更广义的。新时代中国外交需意识到，反思机制、评估机制、纠错机制是外交长远能力建设的一部分。

访谈对象：王逸舟，北京大学博雅特聘教授、南京大学区域与国别研究院院长

访谈人员：薛力

访谈时间：2023年7月22日

访谈地点：北京大学国际关系学院

录音稿整理：席寒婷，中国社会科学院大学国际政治经济学院国际关系专业博士生

录音稿校对：薛力

本文经受访者审定

◇◇ 1　在您看来，中国提出"一带一路"倡议的原因是什么？

"一带一路"的推出一定要看到中国发展新阶段的背景，这个背景就是跟前一代外交（主要是邓小平时代的外交）相区别。邓小平时代外交的主要特点是韬光养晦，解决温饱和恢复国内基础建设的活力。邓小平时期的中国，重点不是走出去，而是引进来。

接下来是从1978年到党的十八大前后。到了21世纪特别是"入世"后，中国与之前大不相同。第一，中国经济发展已进入小康型。第二，中国开始对国际社会有了更深的了解，关注的是怎么跟世界经济和科技的各种前沿接轨。党的十八大以前已经在酝酿中国跟世界更多互动的氛围。从内部背景看，"一带一路"的提出有一个水到渠成、瓜熟蒂落的过程，它和改革开放积攒的红利，跟前期的各项重大改革，有很密切的联系。

从外部背景来看，20世纪末和21世纪初是世界和平红利的年代。冷战结束，国际环境相对有利，大国对抗相对缓解，中国和美国经过"入世"后的磨合有很多重大合作。江泽民在哈佛的演讲谈到了新安全观、新发展观。党的十六大以来虽然没有明显不同以往的大战略，但延续了邓小平和江泽民的和平发展、继续改革开放，国家实力有了很大的积累，国内基础设施建设开始猛进。

"一带一路"倡议开始时是单纯的经济合作倡议，旨在促进中国同中亚、东南亚的双多边关系。现在成了全球性的倡议，发展为全球发展倡议、全球安全倡议、全球文明倡议。下一步说不定还有全球生态倡议、全球高边疆倡议。以习近平为代表的新一代领导人均出生在1949年以后，生在红旗下、长在改革开放年代。当前中国拥有遍布世界的船队和港口码头，越来越多的联合国会费和国际组织捐款，越来越多的商务杠杆和综合能力。

习近平提出的"一带一路"倡议，是他诸多宏伟蓝图中的一个重要部分，这带有一定的必然性。新时代的中国外交从韬光养晦转向奋发有为、积极进取的姿态，这是一个值得肯定的趋势——中华民族开始大踏步地走向世界，新一代的中国精英有更大的全球抱负。

◇◇ 2 您对共建"一带一路"十年的整体评价是什么？

它确实获得了相当的进展，引起了世界的高度关注。"一带一路"倡议是当今世界经济的一大新品牌。哪怕很多人不喜欢，但都听过并谈论"一带一路"。美国前副总统彭斯有句特别嫉妒和带有恨意的话，他说"一带一路"是中国人的皮带，把世界很多国家绑向不归路（2018年11月17日，彭斯在亚太经合组织工商领导人峰会上发表演讲，其中提到这句话，原文是："We do not offer constricting belt or a one-way road."）。

"一带一路"倡议对西方主导的秩序产生巨大的冲击。原来大多数国家的公共产品、方案、资金、技术都是美西方"二战"以后提供的，现在中国人开始发力了，变成了"打架买武器找美国人，发展搞建设找中国"，这确实反映出"一带一路"的成效，它向全世界提供了中国特色的某种公共产品。现在，美国的后院拉美有大概2/3的国家，已经把中国变成它们最大的贸易伙伴。在世界各地，非洲、拉美、东南亚，甚至很多欧洲国家也是如此。

深圳过去有句口号叫"以港立市"，它早先通过搞特区，依据海港、城市发展起来。现在的"以港立市"有了新特点：这个港跟世界各大港展开合作，要在全球的港口联盟中进行大规模的投资建设，以便让深圳发展更快。这就是"一带一路"的带动。"入世"前，中国的全球五百强非常少，基本上都是以美国为主。现在的中国，五百强企业最多。这些"新地标"的出现跟中国大规模向世界进发有关。这些年来，中国国家电网集团全资管理菲律宾电网，在巴西、俄罗斯、西南欧的葡萄牙都有国网集团。过去，中国人祖祖辈辈习惯了在国内休养生息。现在，中国突然开始向全球各地进发。中国人开始用更大的格局去看待世界和中国的关系。

◇◇ 3 东道国对"一带一路"倡议的评价如何?

评价复杂多样。有的特别欢迎,特别是一些直接受益的发展中国家和一些相对落后的地区。习近平主席曾在讲话中说:"中国主张多予少取、先予后取、只予不取",也说过"在正常的国家间经济合作中,予和取应该维持大致的平衡"。他用这个例子来说"取"和"予"要结合起来。"取"是到世界各地拿我们所需要的、但是国内不足够或没有的东西,"予"就是我们给一些他们需要的东西。他说,先予后取,多予少取,取予平衡,这样我们就能够在国外站住脚并发力。他说的取和予的平衡,现在讲是新的全球发展观,以前叫"一带一路"也就有这个构想。中国人的眼界、气势,中国人向世界进发的格局,在这代已经形成。

我现在有点担心我们对成就讲得太满了,影响了对不足的反思和纠偏。"一带一路"已经在全球造成了一种气势,但这个气势还是初级阶段,并不完美,需要改进与完善。

◇◇ 4 "一带一路"倡议推出后,中国的外交政策发生了哪些主要变化?

党的十八大以来,我们的外交进取态势变得非常明显。最近这10多年主场外交很多,甚至借外交舞台走出去的各种地方特色都特别多。然后是倡议,在国际组织、联合国等国际舞台上,中国发声的音量、频率大为增加。它就是一种气势,外交人想要更多发力。伴随这么大的气势,就有很多积极的举措,比如最近沙特与伊朗的和解。

现在这么多的外交特使到世界各地去,从这些特使身上也反映出这一代外交人的进取心和雄心。当前的中国很像"大国俱乐部"中的新人,对手是一帮精明的成年人，中国看上去个头很大，跑得也很快，但参与和处理国际事务的手法和经验有限，成熟度和精细度不够。但是不管怎么说，这个新人进去了，中国开始变成一个世界舞台上很活跃的角色，我觉得这是新时代外交的一个重要成就。过去，外交是很神秘的事物，现在公众明显对外交有更多兴趣了，外交学习明显增多了。这不光是外交官、决策部门的变化，也是整个民族的一个新特征。

◇◇ 5　"一带一路"倡议推出后，中国的国家形象有什么变化？

外界对"一带一路"的评价众说纷纭，需要细细梳理。很多受益方的评价是积极的，尤其那些缺钱、缺技术、缺项目的地方。

抵触方就是传统的西方大国，他们是现有国际体系的既得利益者，他们是不满的。陈乐民先生说，中国加入世贸组织谈判持续十几年的原因是，很多主导国担心中国人进来后会挤占他们的份额，所以会用种种方式明里暗里设限，让你别那么容易把他们原先安宁富庶的生活打乱了。这种情况下出现了很多犹豫不决的国家。美国人不同，他是担心自己霸主地位的宝座被掀翻。

这是两头，特别欢迎的和特别反对并持批判态度的。

很大一部分是可能受益、也可能受损的中间地带国家。我们现在注意两头比较多，国内注意好的、贸易经济红利的比较多，外部注意西方国家恶意诋毁的比较多。很多国家处于中间地带，我们不应过度看两极。一方面，中间地带的很多国家愿意看到在经济上、贸易上与中国人展开合作；另一方面，他们担心背后的政治安全目的，比如中国会不会把贸易武器化。他们对"一带一路"存在着复杂的心情和多元的判断，其中包括疑虑，这方面我们要细查。

通常大国对中小国家容易忽略轻视，对相比自己强或更狠的国家比较敏感，因而外交上处置起来可能面对想不到的局面。中国是一个很大的国家，而且被公认是发展很快的大国，需要留意绝大多数国家的反应，而不仅仅看到少数不友好国家的态度。我曾经去东南亚国家讲中国外交，当地很多人不太理解什么叫"强起来"。我们讲"强起来"不是要拳头强起来,而是想要更加尊重自己、更加有自信、更加想要实现民族复兴伟业。外界则是从其他方面看待"强起来",尤其西方文化中间,强就是霸权。巨人嘴中说出强起来,比你小的国家会发抖。

◇◇ 6 中国新时代的外交概念,包括"一带一路"倡议、人类命运共同体、伙伴外交、全球治理等有何关系?

现在,中国外交上大词比较多,反映了新的气势。可以大体上梳理这些概念,比方说战略伙伴关系。战略伙伴关系开始时更多是双边概念,像中俄战略伙伴关系,后来发展成为全球战略伙伴关系网络。这个网络跟西方的军事盟友网络不一样,它不是要求一块出兵,而是互利共赢的,是更广义的。

◇◇ 7 "一带一路"共建过程中,主要遇到哪些挑战?

我在《外交能力评估》一文中讲到,新时代中国外交需要构建起反思和评估机制。反思和评估就是对已经出台的政策做出认真的、细致的、客观的评价,哪些做得对、做得好,哪些可能出了新的问题或漏洞,哪些是我们过去的短板,需要把它补上,诸如此类。

目前,"一带一路"倡议在全球151个国家和几十个国际组织铺开。我们也要看到新冠疫情这类超预期因素,看到合作国家存在的内乱、政变、国家破产等外部状况,以及脆弱国家、失败国家的各种不确定、不稳定因素。情况是需要被评估的:"一带一路"在经历了快速进展之后,哪些地方要收缩战线,哪些地方要继续推进,如何跟当地的国情、政治安全形势、人文环境对接。做好这个评估,下一步我们的企业、地方、公众在走出去的时候,就会有更加稳妥有效的安排、更加细致周全的保障。

现在的问题是，中国的评估机制没有建立起来。能够找出一些（零碎的外交评估），但是总的来看，评估机制不太成熟。从发达国家的经验来看，外交评估很大一部分是复杂多维的动态纠错过程，不管是通过议会质询，或者智库媒体的批评，还是通过部门内部的定期评价总结。比如，日本有一个定期发布的政府白皮书（ODA《开发合作白皮书》），能够查到具体项目、实施情况、金额多少、谁负责。我们也有过白皮书，是不定期的，很长时间发一个，研究人员从这个白皮书上找不出完整材料。

说到底，我们政府缺少评估的意愿。做这个评估实际上很难，但是从我们作为纳税人，或者作为研究者来说，这特别重要。现在经常讲海外污蔑我们搞债务危机和陷阱。你问一问这些想去研究的个体（与学者），要对中国在"一带一路"建设的很多工业园区做无限制的采访，并且在我们的两会、在政协、在智库讨论，可能吗？很难。

外交能力建设是中长期规划，短期内做不到。但是我们至少要把它提出来，用比较可接受的、去敏化的方式说出来。这种反思机制、评估机制、纠错机制是长远能力建设的一部分。我现在做中国外交能力评估课题，是希望经过10—15年的发酵、改进，慢慢成熟起来。后人会意识到，这项研究是有前瞻性的。

◇◇ 8　国企与民企如何在"一带一路"共建中更好发挥互补作用？

对，就是互补。因为现在央企、国企底气足，技术含金量比较高，所以在很多跟国外合作的、含金量比较高的重大项目和领域中间，国企央企是主力，例如国家电网投资运营菲律宾能源网。未来"一带一路"重大项目建设中，大型企业还是领头羊。同时也在发挥民企作用。

总之，我希望突出以下三点：

这一代中国领导人确实有宏图、气势，"一带一路"也确实取得了重大进展。它带有历史必然性；

"一带一路"总体来说是有收效的,是中国新时代的一个很亮眼的名片。但也确实存在很多需要反思的问题。在海外,抑或国内的老百姓、纳税人对此不了解,各种议论都需要认真分析;

我觉得最重要的是,如何让"一带一路"在未来走得更远更好,让全球发展倡议、全球安全倡议、全球文明倡议真正能够落实。打铁还需自身硬,所以改革完善自身体制机制上的问题,是让"一带一路"更好发展的前提。

(本文以《专访王逸舟:我们还需要更多关注"中间地带"》为题,发表于澎湃新闻网,2023年10月17日)

1.3 "一带一路"倡议与国际格局：杨洁勉

【核心观点】中国提出"一带一路"至少基于三点全局性的考虑。十年来，"一带一路"的成绩很大、挑战很多、基础已定、任重道远。外界对"一带一路"的评价可分为三类：赞成、观望、反对。赞成者数量较多，主要是发展中国家的受益者；观望者主要是中小国家，发展中国家与发达国家均有；反对者以美国为代表，是少数。十年来，中国外交从韬光养晦转变为积极有为，更加讲究战略思维、顶层设计，在敢于斗争前提下也善于斗争。中国国家形象总体朝着好的方向发展，得到越来越多国家认同。丝绸之路是一种历史记忆，体现沿线国家和地区文化交流和人民之间的共享。"一带一路"面临的主要挑战来自美西方，以及世界从较多主张经济合作进入安全泛化的阶段。下一步共建"一带一路"，有必要进一步完善战略思维和顶层设计——具备阶段重点和分期目标——实现提质升级。"一带一路"的第二个十年应该奉行"调整、巩固、充实、提高"的八字方针。

访谈对象：杨洁勉，上海国际问题研究院前院长、研究员
访谈人员：薛力
访谈日期：2023 年 8 月 1 日下午
访谈地点：上海国际问题研究院
录音稿整理：李少康，中国社会科学院大学国际政治经济学院国际关系专业博士研究生
录音稿校对：薛力

本文经受访者审定

◇◇ 1 中国提出"一带一路"倡议的原因是什么？

"一带一路"于中国新时代的开始之时提出，也就是中国对外关系从站起来、富起来，到强起来的一个交界点。在这个交界点，必须对中国的对外关系进行总体筹划。"一带一路"是全局的，是中国整体外交战略上非常重要的干线之一。2013年9月和10月，习近平主席先后在哈萨克斯坦和印度尼西亚提出丝绸之路经济带和21世纪海上丝绸之路，主要就从亚洲出发（进行战略规划）。

因此，"一带一路"的提出至少有三点考虑。第一，中国在强起来的过程中如何更好地发挥我们的主观能动性。第二，中国的对外关系面临着美西方在我们东面设置的阻拦。实际上，2012年之前就有一些学者提出了一些设想。第三，经济也是非常重要的一个因素，通过经济实现战略上的目标。"一带一路"是对我国复杂的周边形势的一个破解。

◇◇ 2 您对"一带一路"倡议实施十年的整体评价是什么？

我用十六个字进行概括，"成绩很大、挑战很多、基础已定、任重道远"。

"'一带一路'是世纪工程"，这是习近平主席的原话，而且载入了党章。10年只是一个开头，今后会有很多个10年。"一带一路"的第一个10年是打基础的阶段，也是寻找重点发展对象、国内各界人士沟通辩论、达到初步统一的10年。

"一带一路"刚提出时，有些经济界人士认为，这是要转移中国的剩余产能；还有些人认为，这是要在全世界建立战略支点。这种理解过于庞大。"一带一路"实际上是一个边设计、边进步、边调整的过程。10年以前并没有

"一带一路"这个词。丝绸之路古已有之，但是我们不讲丝绸之路或者新丝绸之路，主要是为了和美国前国务卿希拉里2011年提出的"新丝绸之路计划"进行区别。

"一带一路"在10年中经历了问世、宣传、反复到定型的阶段。"一带一路"英文的名称也是经过2—3年的时间，最后定位为"B&R Initiative"。英文名称的最终敲定是我们在国际上进行概念创新和宣传推广的一个阶段性成果。现在不管是支持的还是反对的，都用"一带一路"了。

◇◇ 3　共建国（东道国、对象国）对"一带一路"倡议有何评价？

"一带一路"的合作对象国现在有150多个，占到了全世界（国家）的3/4左右，这么多国家肯定不能一概而论。

根据对"一带一路"秉持的态度，世界上的国家可分成三大类，第一类是赞成的，而且多少也得利了，主要是发展中国家。

第二类还在观望，这些国家主要是中小国家，既包括发达国家，也有发展中国家。发达国家包括瑞士、卢森堡、北欧的一些国家等。发展中国家受到种种能力问题的限制（例如西部非洲距离远），获利有限。还有一些战乱地区，也不容易获利。

第三类是反对的，以美国为首，美国号称领导40多个国家。我认为大概也就一二十个国家，而且这一二十个国家也有程度上的区别。有些学者对西方的统一性认识不足。西方在根本问题上是统一的，北约能存在70多年就是例证。但是，在不影响它们根本利益和政治价值观的时候，它们跟美国有所不同，如在经济问题上。我们做西方国家的工作，目标期望不要过高。例如，要欧洲放弃对华制裁，解禁对华军售，这些都很难做到。我们也不要期望马克龙能够成为第二个戴高乐，戴高乐有第二次世界大战的特殊背景。

◇◇ 4 "一带一路"倡议提出后,中国外交政策有哪些变化?

主要发生了以下三方面变化:

第一,中国的外交战略从韬光养晦转变为积极有为。在中国已经强大起来、走近世界舞台中央的时候,韬光养晦是不可能的,基本条件不复存在。

第二,中国的外交更加讲究战略思维、顶层设计。"一带一路"是一个平台,主要围绕某几个方面,但是我们的总体外交战略范围更加宏大。以前,我们是区域大国(regional power),现在是全球大国了。但是,我们英文用的是 major country,而不是 global power,因为后者有"列强"的意涵。现在我们是全方位运筹规划,以前主要是经济增长,后来提升为 development(发展)。现在我们讲战略、政治、经济、外交、文化自信等,讲历史观、大局观、角色观等方面。

第三,在敢于斗争前提下,同时也善于斗争,这方面与以前明显不一样了。

◇◇ 5 "一带一路"倡议推出后,中国国家形象有什么变化?

总体是朝着好的方向发展的。

第一,中国在国际上坚持正确的义利观,争取合作共赢,得到越来越多国家认同。1997年亚洲金融危机期间,中国在20世纪60年代以后形象产生一个突变;从2008年国际金融危机到"一带一路";再到"一带一路"十年的发展,中国在国际上的形象经历了不同时期的变化。

我们常把历史前进比作江河东流,以前比较注重"流"的方面,即出了状况怎么解决的问题。现在我们日益注重"源"的方面,讲究世界从哪里来和问题的根源等。

我们坚持历史唯物主义。我们在从整体上提高发展中国家的经济实力，改善人民生活。半杯水是半杯满还是半杯空？爱好批评的人总是讲半杯空的，支持者多讲半杯满的。比如中欧班列，有些学者说回来是空的，这当然是问题，但是，中国到欧洲的线路打通了，列车开出去了就是成绩。又比如，为什么要修中老铁路，似乎没有什么人，也没有什么货。但是当铁路连成线、连成片的时候，它的作用就会凸显出来。

第二，丝绸之路是一种历史记忆，体现沿线国家和地区的文化交流和人民之间的共享。文化交流很重要，我们在讲"一带一路"的时候，也需要讲沿线有关国家给我们带来的好处。其实，我们面临着如何正确对待自己的问题，"一带一路"不是单方面的恩赐，而是双向的或多向的互利。

总的来说，中国的国家形象在趋好。但目前还不够，有进一步改善的较大空间。

◇◇ 6 共建"一带一路"过程中，面临的主要挑战是什么？

挑战很多。第一，美西方的挑战。过去 10 年可以分成前 4 年和后 6 年这两个阶段。相对来说，前 4 年在以美国为首的西方对中国的战略围堵中，西方的一些国家还多少有些"犹抱琵琶半遮面"，还没有跳到前台做美国的马前卒。"一带一路"提出来时，德国、英国都明确表明，他们的发展战略和"一带一路"可以对接。2017 年版《美国国家安全战略》把中国定位为最大的安全威胁、主要的竞争者和挑战者。此后，英国、澳大利亚、加拿大等国和美国异口同声。这个是非常大的转折点。用邓小平的话来说，该来的总归要来的，无非是早一点还是晚一点。我的看法是，他们宁可早一点，希望在中国真正发展强大之前达到遏制中国的战略目的。

第二，世界从较多主张经济合作进入突出安全、安全泛化的阶段。西方现在主要讲政治安全利益，经济已经放在后面。他们力图对中国的经济优势进行战略消耗，迟滞中华民族伟大复兴的进程。

所以，接下来的"一带一路"第二个 10 年，我把它称为调整、巩固、充实、提高的时期，就是原来的"老八字方针"。可以分为两个 5 年，第 11 年到第 15 年，将是一个调整巩固时期。而到了第 15 年的时候，美国已经对我们进行了 10 多年的战略围堵，西方将受到的挫折大概更大。西方只有在利益实实在在受损后才会进行战略调整，而西方几十个国家进行战略调整，起码需要 10 年时间。在第 15 年到第 20 年，是我们积蓄了一定力量以后，进一步发展的阶段。世界上的事情是有周期的，从一个崇高的理想、美好的目标变为切实可行的现实必须有一个过程。

◇◇ 7　您对下一步共建"一带一路"的整体建议是什么？

我的建议有三点。第一点建议，进一步完善战略思维和顶层设计，或者说第二阶段的（战略思维和顶层设计）。过去 10 年，我们相当一部分的规划、设想、部署、政策在逐渐落地。"一带一路"在实施的过程中肯定有不足的地方，如果把前 10 年开局称为 1.0 版本，那么 2.0 版本在战略总结、目标、理论、应变，尤其是应变方面要早想、多想、深想。尽管我们好心好意，但一些国家并不是这样理解。

第二点建议，"一带一路"新的 10 年要有阶段重点和分期目标。应该重点坚持、加强多边主义，巩固和发展合作伙伴关系，还要营造更加有利的地区和全球环境。同时对于发展、安全、文明这三者之间的关系要具体事情具体分析。比如，动乱、动荡地区的叙利亚应该是安全第一；和平地区、和平合作时期，发展应该是第一位的；如果条件比较好，就要提升文化、文明因素的作用。"一带一路"的 2.0 版本要强调习近平总书记提出的全球发展倡议、全球安全倡议、全球文明倡议。三者中，发展倡议的抓手作用更加明显，与"一带一路"关系更密切。"一带一路"在这些方面要做出具体的规划。

第三点建议，提质升级。这里我讲一下三个界别。一是政界，统筹设计，站位要高，视野要远。10 年不可能完成所有目标，要主要抓好我们的基本盘，例如周边和发展中国家，同时稳住欧洲，然后主要对付美国。不要勉强在国际会议或国际组织上通过"一带一路"等决议，重要的是把"一带一路"做得更好、更实。比如在双边关系和多边机构中，把"一带一路"做出几个具有示范性的、有进步的项目。二是经济界，应该在次优（second best）技术的应用方面下功夫。最好的科技、经济不掌握在我们手里，但是如果我们在次优方面做得好，能够为非洲人民等带来福祉的，要去做。第三个界别是学界，要在专门研究、应用研究方面下功夫。学者要走出去，接触实际，了解世界。但首先要了解中国，我有一句话是"要做外国通，先做中国通"。

（薛：中国有个传统是少说多做，就像日本推进的经济伙伴关系协定——EPA，他们并没有高调宣扬，也不寻求联合国决议等，而是实实在在做，通过润物细无声的方式。您觉得这种方式是不是更务实、更好？）

我觉得现在"一带一路"已经为世界所了解，那么我们就可以在具体上多一点突破。总的来说，新的10年我认为有十二个字，即"低政治、中经济、高生态、大思路"。低政治，是指我们在高政治上不要去争，因为已经有旗帜了；中经济，是指经济的中端，比如我们在产业链等方面可以多下功夫；高生态，是指生态环境或者绿色经济（green economy）要抓旗帜，敬畏自然；大思路，是指"一带一路"2.0版本的时候，我们各界都应该想得更远一点，而不仅仅是转移剩余产能的问题。

◇◇ 8 国企与民企如何在共建"一带一路"中更好地合作？

国企发挥主干作用，民企要发挥灵活性。国企总有官僚的一面，还有许多政治任务、社会责任，以及体制内不尽如人意的方面。当然，民企也有资本逐利、不负社会责任等问题，但确实有民企做得比较好的，从非洲、拉丁美洲等我们就可以看到很多例子。

应该加强与民企的对话协调，多听听民企的呼声。比如民企的资金支持问题，以及民企在参与国家主要战略政策方面，也存在相当大的限制。例如，

2023年7月《中共中央国务院关于促进民营经济发展壮大的意见》的31条政策措施，就是要鼓励民企参与。今后我们需要发掘中小企业，不要总是华为、腾讯等。国企是要抓大（放小），民企是抓小（放大），加强关心和管理，以使民营企业更有活力。

◇◇ 9 智库和高校如何参与"一带一路"？

"一带一路"有一个很好的口号，即"共商、共建、共享"。目前智库进行的国际合作很少，这说明首先要提高我们的智库，这中间当然有疫情带来的损失。智库，包括大学，今后在研究的专业性方面可能会碰到很大的问题，因为我们的智库和大学基本上不在一线，不能很好地了解情况。此外，现在的经费、人才都有问题，主要是出不去，田野调查很难展开。

要用好"一带一路"共建国家在我们国内的留学生，他们相对比较了解中国。这些留学生在中国期间也会产生感情，他们回国后可能成为基层和中层领导。这也是智力合作的发展方向。智力合作要大步前移到东道国人才培养方面。随着国内生活水平的日益提高，愿意出国的，特别是去往艰苦地区的人越来越少。

（薛：确实有这个问题，特别是医疗方面表现较为明显。例如我们援助非洲的医疗队，虽然效果非常好，现在也面临派不出中高层次医生的问题。再请教一个问题。一种说法认为，美国存在"旋转门"，智库与官方关系密切。另一种说法认为，中国政府和智库的关系也很密切。您是外交部政策咨询委员会委员。您的感觉呢？）

总归是有作用的，会定期开会，也会提一些建议。不仅是外交部有政策咨询委员会，每个部门都有。美国的旋转门并没有像外界想象的那么好。美国的学者到国务院从政，最多是副厅级，就是助理国务卿（assistant secretary），大学学者直接出任副国务卿的基本没有。

（薛：基辛格算吗？）

基辛格不算，他是大学教授，进入政府部门最先是做总统国家安全助理，后来才做了国务卿。他卸任后想回哈佛大学被拒，但没有旋转回去。

我们这方面做得比较好的是经济界。因为战略与政治研究的门槛不高，大家都能讲一点，"专家"不专了。

（本文主要内容以《专访杨洁勉："一带一路"基础已定，任重道远》为题，2023年10月10日发表于光明网）

1.4 "一带一路"倡议与全球治理：黄仁伟

【核心观点】"一带一路"是中国经济外交的顶层设计。它有三方面的动因，取得了六方面的成就。在境外进行基础设施建设方面，其他国家缺乏中国的能力水平。党的二十大后，"和平与发展"的内涵应该被理解为"安全与发展"。"一带一路"共建面临地缘政治挑战，也面临安全挑战。企业是共建"一带一路"的载体，"地缘政治是大安全，企业安保是小安全"。为此，有必要采取"板块化建设"等四类措施。可考虑建立"一带一路"部级协调机构，以便强化"一带一路"的协调与推进。

访谈对象：黄仁伟，复旦大学一带一路与全球治理研究院常务副院长、特聘教授

访谈人员：薛力

访谈日期：2023 年 8 月 2 日

访谈地点：复旦大学邯郸路校区

录音稿整理：郑舒文，中国社会科学院大学国际政治经济学院本科生

录音稿校对：薛力

本文经受访者审定

◇◇ 1 中国提出"一带一路"倡议的原因是什么？

我认为，在中国国内方面有以下三大原因：

其一，中国已完成基础设施革命。从2000年到2010年左右，大的公路、铁路、桥梁这些已基本实现覆盖。现在要在这个基础上达到在每个村开通沙石公路、每个乡通一般的水泥公路、每个县通高速公路、每个地级市通高速铁路的水平。这导致中国的基础设施建设能力一大部分被闲置。但是，世界还有几十万亿基础设施的市场需求，这需要有人投资建设。美国也需要其自身两三倍GDP的资金来进行基础设施建设，全球的基础设施供应更是远远不足。一个剩余，一个严重不足，两者结合便可解决交通设施这一影响世界经济发展的大问题。这同时也是一个机遇。

其二，就中国西部来说，如果是在封闭状态下搞开发，基本上无法收获效果。新疆、云南、内蒙古对外大多是断头路，到了这些地区就不往外走了，所以西部开发十几年收效不大。如果西部对外通道都能接上，变成对外大通道，西部乃至中国的整个环境才能改观，东部开放将变成全方位开放的新开放格局。

其三，世界经济和中国经济的相关性已经发展到一个新阶段：由一般的吸引外资发展至大规模的对外投资，由一般的商品出口发展至大规模的资源、能源进口，由单向资本流动变成双向流动。双向流动恰恰需要一个外部的新市场。中方原来跟西方国家的市场互动都是单向的，即所需资金从西方来，生产商品到西方去。现在，资金到发展中国家去，商品从发展中国家来，这就是新的世界分工、新的产业体系、新的世界市场的大改组。

客观上来看，以上三个变化构成世界经济和中国经济发展互动的一个新阶段，而"一带一路"恰恰应对了这几大结构性变化。很多人认为"一带一路"具有偶然性，是个别学者或者领导头脑的突发奇想。这种看法是不对的。当时，国内有很多机构从不同角度设计，想办法对接中国西部和外部，把中国的开放升级为双向的。"一带一路"把这些设计合并在了一起，并且借用了一个中国的历史概念——"丝绸之路"。丝绸之路在过去根本不具备这些内容，但它的方向是东西交通、东西连接。所以，通过借用丝绸之路的概念，"一带一路"便披上了一层中华文化的外衣。这个说法很实在，具有很大的偶然性。但是这个概念提出后，在世界上还能站得住脚。

◇◇ 2 您对共建"一带一路"十年的整体评价是什么？

我对"一带一路"比较肯定。

其一，"一带一路"实现从中国周边走向全球。"一带一路"规模巨大，除北美外，实现在全球所有大洲全覆盖。有人批评如此建设"一带一路"超出了中国能力，认为"一带一路"不应走这么远。但事实证明，"一带一路"已经走了这么远。全球152个国家和中方签订共建"一带一路"合作文件，占联合国成员总数的4/5（中国之外192个会员国中的79%）。在西方看来，这是对整个西方体系的挑战，相比于我们最初提出"一带一路"倡议的设想，其实际成效大得多。

其二，"一带一路"远远超越了基础设施和产业链领域，发展形成大物流体系。比如中欧班列，原来根本就不存在。再如中国与东盟的市场对接，促使东盟变成中国的最大贸易伙伴。按照它的人口、市场规模、GDP总量来看，应该都不会成为中国的第一大贸易伙伴。东盟有5亿人口，而欧盟有6亿人口；东盟人均GDP是5000美元，而欧盟人均GDP是3万美元，美国人均GDP是6万美元。但美国和欧盟分别是中国的第二、第三大贸易伙伴，而东盟成为第一。这说明，中国与东盟的相互依存度已经大大超出其他地区。这同样是原来没能想到的。此外，我国对拉丁美洲的投资仅次于东盟。最近4年，中拉双边贸易总额从1000亿美元翻一番到2000亿美元，后又从2000亿美元翻一番至4000亿美元（这是2022年的数字，2023年底将达到5000亿美元）。这样的速度可以说史无前例。由此可证，"一带一路"的内在动力非常强。

其三，"一带一路"正在形成若干板块，如东南亚板块、中亚板块、西亚板块，以及中东欧、中亚、俄罗斯等板块。如果没有"一带一路"，这些板块将很难形成。这是研究地缘政治经济的新内容。美国是地缘政治板块，中国是地缘经济板块。我们用地缘经济破解地缘政治战略，这是美国没能想到的。我们在中东没有驻军，但是我们在中东购买了近2亿吨石油。美国在中东最多时也只购买8000万吨，而我们的购买量是美方的2.5倍。俄罗斯对华出口石油量是3000万吨，在乌克兰危机前只有1000万吨。这就是地缘政治与地缘经济的互换，石油购买转化成了地缘政治。中国的购买力还推动伊朗和沙特走向和解。这是典型的地缘经济超越地缘政治。

东南亚没有追随美国的印太战略。如果我们在东南亚没有投入如此大的经济力量，美国的印太战略就会成形，印度洋和太平洋将实现在中南半岛的结合，美国将以此形成对华包围圈。"一带一路"的地缘经济超越了美国的地缘政治战略，这是一个伟大的创造。

其四，"一带一路"派生出多种形态。互联网、数字丝绸之路、数字经济、5G、全球定位系统都已融入"一带一路"。现在，"一带一路"的数字空间大于基础设施的实体空间。疫情促使健康丝绸之路的形成，推动"一带一路"沿线发展公共卫生。全球气候治理又带动了绿色丝绸之路，我们在"一带一路"项目中首先关停了煤能源项目，并发展太阳能和风能等可再生能源，这是中国的另一种优势。这些"一带一路"倡议中原来没有的新业态发展起来了。

其五，"一带一路"治理规则体系正在形成。西方宣称以规则为基础的世界秩序，我们则要形成以规则为基础的"一带一路"。（规则是非中性的）谁制定规则，制定何种规则，如何构建这些规则，这些是非常复杂的问题。"一带一路"与西方规则体系不同，它形成了一批新的国际组织。金砖组织成员国扩容，上海合作组织扩大到整个西亚，亚投行、新发展银行与"一带一路"相配合。美国正在建构一个新的盟国体系，我们则正在扩展"一带一路"伙伴体系。这是两种国际体系，但又不是两个军事集团对抗的冷战体系。这与当年冷战体系的性质不同，两种体系的竞争方式是不同的。我们现在是以经济合作方式应对军事结盟方式，最后结果绝然不同。

其六，"一带一路"的微观结构已形成，它涉及园区、各种各样的中国企业，以及在交往、文化方面的结合等。时间越长，"一带一路"的微观结构就愈加深入发展。"一带一路"微观结构的发展支撑其宏观结构的发展。宏观战略的微观支撑是"一带一路"的创新。过去，中国企业是以零散的、不成体系的方式走出去的。现在，"一带一路"企业的走出去，主体既有大兵团，也有中小企业，既包括个人行为，也包括国家行为。它们共同编织形成一个大的网络。"一带一路"具有多样化的微观主体，这些主体具有很强的渗透力。中国人在"一带一路"上的活动身影随处可见，多到不可想象。"一带一路"中的许多企业和个人都收获了丰厚成果。

（薛：我也认为"一带一路"主要侧重的是经济和文化，伙伴外交侧重的是安全与政治。）

◇◇ 3 东道国对"一带一路"项目有何评价？

东南亚对"一带一路"给出的正面评价比较多，因为"一带一路"给东南亚国家带来很明显的利益。柬埔寨、老挝的评价基本是正面的。这两个国家本来就对华友好，自身又不具备经济实力，而"一带一路"为其提供了经济好处。越南一直不愿意讲"一带一路"的好话，但它现在也意识到，如果不参与"一带一路"，其发展就会落后于周围邻国。缅甸受内部两派斗争的影响，但实际上也离不开"一带一路"。过去，印度尼西亚对中国不太信任。现在雅万高铁开通后，它在政治上对中国的态度明显好转。两国就雅万高铁延长至泗水项目达成一致，从万隆至泗水段的高铁将要续建。我问过印度尼西亚，这个后半段是不是交给日本来建？他们表示，过去想承包给日本，现在准备由中日公开竞标。中国在雅加达—万隆段已取得显著的社会效益，不可能再修一段与已有技术标准不同的高铁，而且日本的基建效率无法同中国相比。印度尼西亚不能公开说万隆至泗水段仍承包给中国，就说让中日竞标。

在同中国关于亚洲高铁和高速公路的项目竞争中，日本的失败已成定局。

它在越南、印度、泰国的高铁及地铁项目都没建成。日本在下一阶段的亚洲基础设施建设上无法与中国竞争。安倍推出的 1100 亿美元亚洲基础设施建设计划一直没能落实，日本的这个例子是欧洲和北美推出全球基础设施计划的前车之鉴。他们成事不足败事有余，自己做不成也不让你做成，主要通过非政府组织来破坏中国"一带一路"的形象，影响当地民众舆论，并制造当地在野党上台后的政策反复变化。在单纯的经济竞争方面，无论是资金、技术、人力资源、产业生产能力、效率、周期还是成本，他们都无法与中国相比，竞争不过中国。

◇◇ 4　"一带一路"倡议推出后，中国的外交政策发生了哪些变化？

应该说，党的十八大以后的中国外交逐渐以"奋发有为"为主调，"韬光养晦"实际已变为"量力而行"。"量力而行"就是在"奋发有为"的前提下，做你能够做到的事情，而不是做你做不到的事情。"奋发有为"，是要打破西方对中国的总体遏制、封锁，打破在中国周边构建的包围圈等问题。中国面对这些问题不可一再退让，否则将没有回旋空间。但同时，做事情需与能力、环境相匹配。条件不足的情况下不能强行去做。"奋发有为"和"量力而行"相辅相成。"韬光养晦"本身就并非绝对，其历史背景是苏东剧变后的特定国际环境。当时我们处于一个非常脆弱的状态，任何对抗都是鸡蛋碰石头，必输无疑。彼时的中国经济总量、财政收入、外汇储备、技术水平都落后西方 20 年，乃至 40 年。而且当时苏联刚刚解体，美国打完海湾战争，国际格局是美国绝对单极，整个世界一边倒，中美力量对比差距太大。实际上，党的十八大后的中国外交政策也并非立即转变。

2013 年"一带一路"倡议推出，中国把"一带一路"提到总体外交布局的高度。后来中国提出，"一带一路"是新开放格局。对外开放是个经济概念，"一带一路"是经济外交的顶层设计。经济外交和对外开放有所不同。总体来看，"一带一路"是一个全局性的、全方位的对外环境塑造和能力建设。"奋发有为"是主体，没有"奋发有为"就没有"一带一路"。"一带一路"同时又与人类命运共同体形成对接。"一带一路"是实践平台，"人类命运共同体"是指导理念。没有"一带一路"的实践，人类命运共同体就是空的；没有人类命运共同体的理念指导，"一带一路"则失去方向，所以二者必须结合起来，相互对应。与人类命运共同体相结合后，"一带一路"就不是中国"独唱"，一定要让全球100多个国家都能借助"一带一路"得到提高和发展。"一带一路"和"人类命运共同体"被写进了国家宪法和党章的两大文件。"一带一路"和人类命运共同体的对接在逻辑上是自洽的，"中国发展是世界的机遇，世界发展是中国的机遇"，二者被进一步联系起来。

对"和平与发展""战略机遇期"等顶层概念需要重新研究。和40年前相比，"和平与发展"的内涵已发生重大变化，但这个概念不能放弃。否则，国际社会将对中国的国家形象和战略意图产生误判，引发其他国家的强烈怀疑。

首先，"和平"的概念已改变。原来邓小平讲述的"和平"是世界大战打不起来。但现在，即便大战不爆发，世界也可能是非和平的。因为战争形态已然改变，无人机、网络、AI，甚至一场金融战都可能形成巨大打击，造成的损失堪比一场战争。和平的概念已非原来的世界大战打不起来，我们要准备应对多种形式的战争形态。无论是"二战"，抑或冷战中的朝鲜战争、越南战争，乃至海湾战争，这些战争形态都与现在的战争形态不同。

其次，"发展"的概念已改变。邓小平谈论的"发展"是南北矛盾，是发展中国家和发达国家的关系。如今，发展中国家本身就已分化为若干层次，新兴经济体、发展中的中等国家和发展中的中小国家已经不是一个利益结构，出现了南北矛盾之内的南南矛盾和南南差异。这些发展中国家的群体间差别很大。为什么有一部分发展中国家会倒向西方呢？因为他们认为，发展中的大国已经不再代表他们，二者已拉开很大的距离。同时，发达国家内部也出现了南北矛盾。欧盟内部的南欧与北欧的财富结构不同，两个群体间呈现出矛盾。最发达国家内部也出现穷富的极化，它们自身也存在严重的发展问题。当今世界，"发展"本身已出现多层次的结构矛盾，不能再用简单的南北矛盾来演绎。

"和平与发展"的各自内涵发生深刻变化，"和平"和"发展"的关系是安全与发展的关系，没有安全就没有发展。发展不是简单的经济增长，它也包括军事领域、文化领域的发展。没有这两个领域的发展，经济发展将不可持续。对"发展"，特别是在世界范围内的发展要重新定义。

中国正在向世界大国、世界强国的方向转变，我们的"发展"必须放在世界范围来判断。我们要重新评估"和平"与"发展"，但不能放弃"和平"与"发展"。世界上，包括我们国内，仍有很多人尚未认识到和平与发展的复杂性。如果现在放弃"和平与发展"，世界会有很多人认为中国不要和平，不要发展。现在应该把"和平与发展"理解成"安全与发展"，习近平主席提出的三大全球性倡议——全球发展倡议、全球安全倡议、全球文明倡议，为"和平与发展"概念重新作了定义。

◇◇ 5 "一带一路"倡议推出后，中国的国家形象有什么变化？

这个变化比较复杂。"一带一路"推出后，无论对我们友好还是不友好的国家，世界大部分国家都认为，中国已具备创建另一个世界体系的能力或者意图。这对发展中国家来说，既是战略机遇，同时也是挑战。某些发展中国家担心，跟随"一带一路"可能将成为中国的政治附庸，失去自身主权。

西方国家一致认为，中国在挑战现存国际体系，但是对于这个挑战的程度看法不一。有人认为这个挑战已带来严重威胁，还有人认为这仅仅是个挑战，还不构成威胁。西方国家认为，发展中国家跟着中国走是历史不正确。中国的一部分知识分子也认同这种言论，认为"一带一路"建设是通过丧失自由而带来发展，是没有人权的发展。还有人认为，这是新殖民主义、债务陷阱、地缘政治的战略意图等。如果反问他们，发达国家做的那一套给发展中国家带来什么？他们无法回答。

巴基斯坦多年来的电力问题一直没能解决，是中国帮助巴基斯坦发展水电、太阳能、风能与核能。现在他们的电力多到用不完，从去年开始可以出口了，这不是巨大的发展吗？瓜达尔港开发区的企业有三四百家，产品从当地出口到欧洲、中亚、中东。海尔园区有2万多名巴基斯坦工人，中亚、中东的海尔家电都是从巴基斯坦进口的。巴基斯坦正成为中东和中亚的新制造业基地。孟加拉的纺织业更是在中国带动下发展起来了，现在是中国进口孟加拉制造的服装。孟加拉服装业有传统手工业的基础，而且人口众多，劳动力低廉。缅甸也有劳动力成本优势，浙江雅戈尔服装就在瑞丽生产。疫情后很多服装企业都搬到吉林珲春，用朝鲜工人比用缅甸工人成本更低，同时素质更高。

◇◇ 6　"一带一路"共建过程中主要遇到哪些挑战？

我们在共建"一带一路"过程中遇到的最大困难是金融问题。国企和央企非常依赖中央政策银行（或者商业银行）的贷款。这带来很大风险。无论经济效益如何，政策银行都得兜底，贷款可能成为坏账。这不是企业自身的投资，基本没有国际资金。外部资金和中国内部资金在"一带一路"上没能融合起来。民企很难获得政策银行贷款，而且民企的国内资金也很难向外转移。所以，民企既拿不到贷款，又无法把自己的钱转移出去，结果在当地走进死胡同。我们的企业不能在当地上市，无法得到当地市场的融资。另外，我们的保险业也跟不上，很少有意愿在"一带一路"上做担保的。美国的花旗银行给在上海的美国企业提供贷款，大都会、友邦、人寿保险都给美国企业提供保险。如果我们有1000个企业在某个国家投资，中国某个保险公司为其提供保险，这些企业拿出1%（的资金进行）投保。企业一旦亏损，保险公司为其提供80%的补偿。如此一来，企业和保险公司都不亏钱。中国国企拿到的贷款有国家隐性担保在里面，对商业保险并不看重。整体来看，除了承担政策性功能的国家开发银行和进出口银行，整个金融系统与"一带一路"的良性互动尚未展开。此外，上海证券交易所同"一带一路"其他国家的证交所已组成"一带一路"证交所联盟。上海证交所对他们进行参股投资，购买他们的股份，准备让在沿线国家投资的"一带一路"中资企业在当地上市。这类活动和人民币国际化、去美元化的趋势正在结合。我们的金融系统需要构建起一个庞大的统筹机构。

困难之二，规则问题。规则问题就是"一带一路"按照什么规则来运作，是现行的西方规则，还是中国的国内市场规则，抑或是"一带一路"共建国家的当地规则。我认为，应该是这三种规则相结合。不同的时空范围和不同领域内的规则侧重点不同，但必须是合作相关方都能接受并可操作的规则。一个典型的案例是亚投行。亚投行的规则是以世界银行规则为主，同时融入一些中国规则。

困难之三，对沿线国家的国情了解不够。我们习惯于同各国在外交层面打交道，但对这些国家的社会各层面缺乏了解，如政党和议会、企业文化、宗教教义等。对国情不了解就会形成微观层面的障碍，需要花费大量时间，培养大量人才。人才要双向培养，既要抓紧培养中国的国别研究专家，又要抓紧培养当地人才，让他们到中国来学习中国知识。要建立企业的多元人才结构。我们的区域国别研究刚刚起步，从本科培养到博士毕业要10年时间，这期间"一带一路"将发生不可预测的变化，也可能出现很大的漏洞，一大批企业可能出问题，而且越发展，问题越大。随着"一带一路"经济规模越来越大，和当地的接触面越来越大，摩擦也会越来越多。摩擦一旦质变，爆发的就是危机（这需要系统性的未雨绸缪）。

困难之四，已出现的以及可能爆发的地缘政治危机。例如，"一带一路"的中欧通道，需经过乌克兰、白俄罗斯、波兰、波罗的海等冲突（或靠近冲突的）地区。一旦敌方把"一带一路"的货运或基础设施作为攻击目标，中国如何回应将是未知数。再如，一些恐怖组织屡屡威胁海外中企，但中方始终没动用军事力量或安保力量来保护中企及人员的生命财产安全。大到大国博弈，小到当地的武装冲突以致恐怖组织，都存在一整套的安全问题。海外利益保护，不是仅仅保护某个人或某个企业，而是已经升级到军事冲突的层面。如果必要，某些国家可能会把当地的中国企业一网打尽，我们很难挡得住。我们现在基本是没有任何准备，只是等着挨打。如果应对，就变成向海外派军队了。这个问题在理论上很难突破，在实践中更难解决。我们应考虑由退伍兵组成安保公司，将其派往海外支点国家和企业基地，让他们和当地军警结合起来。我们出钱出枪，当地出人出法律，我们派人去监督。地缘政治是大安全，企业安保是小安全。

◇◇ 7　您对下一步推进"一带一路"有何整体建议？

第一，板块化建设。"一带一路"建设问题不能在全球范围内一次性解决，一定要根据不同板块的特点逐块解决。板块化就是把"一带一路"分成若干个板块，比如东南亚板块、中亚板块、中东板块、中东欧板块等。不同的板块面临的机遇和风险不同，但每一个板块内的发展水平相近，对中国的态度基本相似。对不同的板块制定具体的"一带一路"区域策略，并和区域策略相配套。

第二，适当收缩，放弃部分项目。对于风险大、周期长、效益差的项目，宁可停掉，要集中力量做好一批项目。某些特别重大的项目、停不了的项目，就要与共建国家商谈出个好结果，把风险降到最低。

第三，努力建设欧亚大通道。我们有望与欧盟合作建设欧亚大通道。它们主张修建里海、高加索到咸海、黑海的中线，目的是绕过俄罗斯，为欧盟东扩开道。我们则要保住俄罗斯这条通道，因为中欧班列的80%都走这条通道。美国妄图切断欧盟和中国、俄罗斯之间的所有通道。我们要提醒欧盟，不能让欧亚通道变成第二个北溪二号。中欧大通道是中欧经贸的生命线。

第四，解决金融和民生等问题。只有把金融问题解决好，中资企业才能在"一带一路"建设中如鱼得水。应为企业多提供金融、保险、科技、人才等发展条件。少搞大规模的峰会、论坛，多做民心相通的实事，让中资企业和当地居民获得"双赢"，让当地文化和中国文化在共建"一带一路"国家中百花齐放。

◇◇ 8　国企与民企如何在"一带一路"共建中发挥互补作用？

国有企业是以大项目、骨干项目为主；民企以中小型项目、民生项目、小而美的项目为主。这是基本分工。但是，这不等于民营企业做不了大项目。

◇◇ 9 如何在"一带一路"共建中更好发挥中国非政府组织的作用？

现在国际上听不到中国非政府组织的声音。我们现在提倡做小而美的项目，没有非政府组织就发不出声音。我们在东南亚、拉丁美洲、非洲就遇到了这个问题。

◇◇ 10 智库与高校如何参与"一带一路"共建？

其一，应去"一带一路"建设一线了解具体情况。这样可以了解到国内媒体没有报道的事实。

其二，邀请走出去的中国企业去大学、智库传授经验。央企、民企都参加过我们举办的论坛，大学教授应去企业总部发现问题、总结经验（复旦大学一带一路与全球治理研究院在这方面做了一些尝试，效果挺好）。

建立"一带一路"部级协调机构。相关政府部门发改委、商务部、外交部之间存在沟通不畅的问题。"一带一路"的范围之大、情况之复杂、矛盾之激烈，仅靠国家发展和改革委员会区域开放司（原西部司）难以充分协调。建议成立一个部级单位，将国家发展改革委、商务部、外交部同"一带一路"相关的司局并入其中，把中国银行、建设银行、国开行等相关部门也并入。至少区域开放司的权力要扩大，把商务部和外交部的两个相关司并入，让三个主体部的相关部门构成一个工作机构，对"一带一路"相关问题进行整体操作。

（薛：你是说，如果不能成立一个专门的"一带一路"部级单位，就成立一个部级协调机构，这是第一。第二，如果能够成立一个副部级的单位或者其他单位，这是比较可行的。）

三个部的相关业务部门要在一起工作，而不能只是碰头。现在给人的印象是,"一带一路"主要是国家发展改革委的事,别的部门不愿意派人来。而且发改委是国务院里最大的部,相关事情都要听它的。国经中心作为研究机构的氛围还要强化。

(薛:谢谢您接受我的访谈。您多年参与决策咨询,个人觉得,"实地调研""理论思考"是您做研究的两大特色。您的团队经常接受部委委托做专题研究,许多政策建议也被采纳。您今天谈的许多观点,包括我在内的受众都受益良多,相信对决策部门也会有所启发。)

(本文以《"一带一路"与地缘挑战——访复旦大学一带一路与全球治理研究院常务副院长黄仁伟教授》为题,发表于《克拉玛依学刊》2024年第4期)

1.5 "一带一路"倡议与中国主场全球化：王义桅

【核心观点】"一带一路"倡议激活丝绸之路的共同历史记忆，改变了过去改革开放和全球化的逻辑，极大地改变了中国人的世界观。它对国内一体化的引领效应非常明显。中国外交中的地方外交被激活。中国因而从跟随者变成了引领者，现在整个世界似乎分裂成了"一带一路"体系和美国的"G7+"体系。中国不能被西方的高标准带偏了，要实事求是、因地制宜、循序渐进。"一带一路"项目应该分为战略性、示范性与商业性三类进行运作。其推进过程要当地化、本土化，并构建命运共同体。

访谈对象：王义桅，中国人民大学习近平新时代中国特色社会主义思想研究院副院长、国际关系学院教授

访谈人员：薛力

访谈时间：2023年6月24日

访谈地点：北京太姥山国际商务宾馆一层餐厅

录音稿整理：席寒婷，中国社会科学院大学国际政治经济学院国际关系专业博士生

录音稿校对：薛力

本文经受访者审定

◇◇ 1 中国提出"一带一路"倡议的原因是什么？

第一，全球化在转型。第二，中国经济模式需要调整。第三，领导人因素。这三个因素促成"一带一路"倡议的推出。

在华盛顿共识指引的全球化里，中国崛起遭遇瓶颈，所以必须要拓展新的方向。改革开放以来，中国积累大量贸易顺差和外汇储备，通过回流美国资本市场，购买美国国债，实现中美双循环。2008年金融危机爆发时，中国产品1/4卖到美国，1/4卖到欧洲。美国和欧洲遭受金融危机和债务危机冲击后，购买力下降，导致中国产能严重过剩。

现在的挑战是超级全球化已经不存在了，全球化正在转型。因此，中国要实现伟大复兴就必须要有新的思路，拓展新的市场。所谓的产量过剩就证明，现有全球化吸纳不了中国市场增量。奥巴马提出重返亚太，我们也提出西进战略。

"一带一路"和习近平主席个性有关。2012年习近平主席提出中国梦，很多人有误解。中华民族伟大复兴的中国梦目标是什么？以什么为参照系？与其他国家梦，尤其是美国梦是什么关系？中国梦升级为世界梦，所以习近平主席同时提出了"一带一路"和人类命运共同体。2011年《中国的和平发展》白皮书中，最先提出"命运共同体"概念和愿景，将抽象的和谐世界转化为中国和世界关系的新愿景。党的十八大报告提出了人类命运共同体理念，党的十九大报告中它成为中国特色大国外交总目标。

这说明，文化自信是"四个自信"最根本性的支撑。中国特色是因为文化自信，没有5000多年连续不断的中华文明，哪来什么中国特色？文化自信是总书记在福建武夷山朱熹园考察时说的，在2023年6月的文化传承发展座谈会上进一步强调，"第二个结合"是第二次思想解放。

◇◇ 2 您对共建"一带一路"十年的整体评价是什么？

从某种程度上说，这是中国历史上第一次主动规划世界，很不容易。"一带一路"十年能引起这样大的效应，这在人类历史上也少见。因此也有一个学习的过程，"一带一路"建设取得的一切成就、风险、问题都应该在大背景下认识。

"一带一路"倡议激活丝绸之路共同历史记忆，激活古老文明共同复兴的前景，改变了海洋决定大陆命运、东方从属于西方的历史。这是第一次由发展中国家提出全球化的设想，倡导人的现代化、人的全球化，超越了异化的现代化、资本的全球化。不同文明都感觉到一个新的时代来临了，都在找跟丝绸之路的关系、跟中国的关系，以便与中国战略对接、梦梦与共。直到今天，西方人都无法批评"一带一路"倡议的基本原则——不追求单独规划世界，而是共商共建共享。

在国内，"一带一路"改变了过去改革开放和全球化的逻辑，对国内一体化的引领效应非常明显。"一带一路"把东部发达地区带动欠发达地区的西部大开发思维方式彻底改变了，整个中国在开放。比如，郑州与卢森堡建设空中丝绸之路，可谓"不靠海、不沿边，开放靠蓝天"。所以，产生国内一体化、区域一体化和全球化的三重作用。

"一带一路"极大地改变了中国人的世界观。"一带一路"造就全球合作大势，彻底改变了近代以来的"睁眼看世界"其实是看发达世界的局面，而是看整个世界——当然世界也睁眼看中国，同时改变了国际接轨的思维，倡导主场全球化。各地方都在找到新的优势，与世界紧密相连。与此同时，"一带一路"给中国人的衣食住行带来巨大好处。

"一带一路"带来学科分类，对区域国别学上升为国家一级学科产生巨大推动作用。北京语言大学成了小联合国，新疆大学成为双一流大学。从个体层面来讲，我的书能翻译成各种文字，我能去这么多国家宣讲"一带一路"，都是"一带一路"倡议带来的。

◇◇ 3 "一带一路"推出后，中国的外交政策发生了哪些变化？

中国外交中的地方外交被激活——而不只是地方外事，外交内容和形式更加丰富，中国人外交理念发生变化。

"一带一路"激活地方外交。比如说，非对称性外交：郑州和卢森堡的"空中丝绸之路"，实现一个城市对一个国家的非典型外交，这在传统外交中是不可能的，因为这是不对等的。外交变化还有从原来说的政府搭台，企业唱戏，现在是地方政府、企业都在搭台，大家一起唱戏，形式多样，手段灵活。外交形式变成命运共同体外交。"一带一路"还改变我们原来的外交总体布局，即"大国是关键、周边是首要、发展中国家是基础、多边是重要舞台"。"一带一路"按照全球区域划定，按照节点、网格状布局，不是按照原来的针对具体国家的大小亲疏。这是很重要的外交形式变化、外交战略谋局变化、外交理念变化，是以我为主的开放，现在外界都是来学习中国的改革开放经验。"一带一路"大大推进了中国的主场外交。

"一带一路"把历史文化激活了，大家都在找共同的历史文化和历史记忆，突然都在找古代郑和到了哪、张骞到了哪，不是超越你的我的，而是探寻我们的。这是民心相通。中国在外交理念上突破了近代以来以西方中心的外交理念，变成以文化为纽带的、以民心相通为核心，平等的、包容性的外交。这种外交，不是古代的万国来朝，也不是近代西方的地缘政治，是一种新外交。

◇◇ 4 "一带一路"倡议推出后，中国的国家形象有什么变化？

我觉得第一个变化是，中国从跟随者变成了引领者。无论喜欢与否，"一带一路"现在已经成为各国绕不开的议题。在全球互联互通伙伴理念引领下，我们的外交不再是按照意识形态来划线，而是团结一切认同中国独立自主外交、一切敢于跟霸权斗争、一切认同丝绸之路精神的国家，编织互联互通伙伴网络。

第二个变化，树立正确的义利观，改变以经济建设为中心的外交思维。以前用线性进化的思维，我们是落后的，人家是先进的。现在用丝绸之路的概念，是一个网格状的，每个地区都有中心，它是文化中心，也是物流、产业、交通运输的中心。在外交研究上，外交概念发生改变。外交以前以双边外交为主、多边外交为辅，现在外交是一对多了；外交思维方式从点到线、从面到片，逐步形成区域合作格局，推进新型全球化和新型全球治理。

第三个变化，"一带一路"不仅激活了中国外交，在某种程度上也激活了全球区域性外交，分布式外交越来越流行。大家争先恐后成为全球互联互通的区域性中心。它是横向的互联互通，改变了过去全球化的中心—边缘体系。在非洲，这种激励效应非常明显，他们意识到后起国家可以弯道超车，改变自身命运。

◇◇ 5　您对下一步推进共建"一带一路"的整体建议是什么？

这个世界仍然受制于殖民体系、霸权体系。许多国家政治上独立，经济上并没有独立。"一带一路"就要破历史遗留的中心—边缘体系，所以遇到地区霸权、前宗主国和全球霸权的抵制。现在，整个世界似乎分裂成了"一带一路"体系和美国的"G7+"体系，滑向新冷战。

思维方式要调整。"一带一路"面对的问题是，全球化的底层逻辑变了。如果在既定的全球化和世界体系里做文章，恐难走远。中国在变，世界也在变，规则也在变。第一届"一带一路"国际合作高峰论坛的主题是大写意，第二届的主题是工笔画——高质量。现在看，不能被西方的高标准带偏了——美欧版"一带一路"就是打高标准牌，我们要实事求是、因地制宜、循序渐进。

以前"一带一路"建设强调一国一策，但这个国家的政策跟那个国家不一样，就会产生不公平竞争了。一个地域得有个相对的规则，在这个基础上再集中一个全球的规则，得逐步找到一个共同的标准或者做法，推行重要示范区、示范性案例。

◇◇ 6　高校与智库如何参与"一带一路"研究？

"一带一路"是什么学问？它既是历史，又是现实，还是未来。所以按照原来学科体系的分类，"一带一路"无法归在某一个学科。现在是各说各的，搞国际关系的人说"一带一路"是新外交，搞文化的说是新丝路，搞经济的说是新改革开放，都有失偏颇。

对"一带一路"的研究不仅要跨学科，还要超越学科思维方式。我们的思维方式、学科研究理念，某种程度上应该从人类文明新形态的角度来理解。现在不是中西、体用思维。但是，不研究西方那套东西也破不了旧体系，不研究历史文化也破不了旧体系，比如，不研究东印度公司，印度洋就没办法治理。东印度公司治理结构一直到今天还没黄。它档案很多，汗牛充栋。中国要好好地研究。现在做硕士论文、博士论文，选题较为重复、跟风，包括本科生，如果以历史政治学做解密档案研究，就是扎实地对"一带一路"研究作贡献。因为今天破的是这个体系，老帝国的智慧还是要借助的，借助的目的是时代的超越。与发达国家、前宗主国开发第三方市场，呼唤我们联合研究。化敌为友、智库先行。

◇◇ 7　非政府组织如何在"一带一路"共建中更好发挥作用？

国内的非政府组织不太发达，或者说需要规范，在国际上要大力发展。现在中国的青年失业率是 20.7%。我觉得，中国能不能到国外去搞非政府组织。我们的蓝天救援队在尼泊尔地震期间参与救援，做得非常好，给中国人树立了正面形象。

　　以前讲外交是内政的延续，现在内政和外交越来越密不可分。"一带一路"建设要统筹中华民族伟大复兴战略全局和百年未有之大变局。人类社会正从工业文明走向数字、生态文明，成为你中有我、我中有你的命运共同体。外交的涵义也要升级换代。

　　我们现在短板很多。首先是，外交能力不够，外交体制要改革，要推进治理能力与治理体系现代化。其次，外交官国际化本土化机制要创新，数量与质量、待遇与水准都要同步加强。

◇◇ 8　"一带一路"建设常常是"政府搭台、国企唱戏"。民营企业怎么办？

　　这是个悖论，民营企业当然按照市场行为更重视效益，但是没有政府担保，明显它又不放心。发展中国家还是喜欢国有企业，因为这是政府行为，有担保。民企派过去，万一破产，老总跑了怎么办？国有企业如果负责人跑了，东西还在那里，资本在那里。发达国家推崇 PPP 模式，发展中国家推崇 EPC 模式，还是国有企业为主体。我们的民营企业现在遇到的问题是，做 PPP 项目，民营企业融资还是受到很多障碍，国有企业在担保、创新、风险等各个方面有政策保障，竞争中性原则待落实。当然也看行业，数字化企业还是民企为主，从数字基础设施、数字政府到数字丝绸之路，需要民企与国企配合、软件和硬件配合，不仅要遵守国际规则、市场原则，还要遵守当地的法律、遵循当地习俗。总之，要当地化、本土化，构建命运共同体。

◇◇ 9　共建"一带一路"的账该怎么算？

　　可以根据项目分为几大类。第一类是战略性项目，战略项目不以赚钱为目标，要靠国有企业干，比如说中巴经济走廊这种具有重要战略性的项目，事关战略通道的陆海联通。第二类是示范性项目，像雅万高铁，示范项目也不是立马赚钱，就像你先免费尝，吃好了可能再买，先占有市场，奠定标准。第三类是商业性项目，它分为两大类，有的商业项目短平快，有的是做局，或是为了未来的标准制定的。从商业运行的项目来讲，赚钱的偏多。但是，现在媒体对不赚钱的老是炒作。闷声发大财的企业自己不会说。

举个例子，亚吉铁路被一些人看作是典型的"失败"案例。但我经过调查发现，中铁建等企业的钱早赚回去了。很多人不理解这个机制，它有自己的方式来获得国内的优惠贷款。企业家很聪明，不赚钱跑到那里干什么？经贸合作园区就是让世界分享中国式现代化经验，而不是盲目效仿西方。只要达到这个效果，很多别的方面已经回报了。比如，本来是准备跟法国合作的项目，结果因为与中国合作的经贸区很成功，就跟中国签了经贸区开发协议，这个好处怎么算？

（本文以《专访王义桅：克服全球化悖论："一带一路"助推全球发展与繁荣》为题，2023年10月13日发表于光明网）

1.6 "一带一路"倡议与新发展格局：翟东升

【核心内容】 共建"一带一路"是世纪工程和世界工程。10年来实现了良好开局，取得了沉甸甸的、实打实的成果，可以分为物质方面五类成果，精神方面两大成果："一带一路"已成为全球最大国际公共产品，并推出了丝路精神。"一带一路"有理念、有精神、有原则、有目标。"一带一路"的理论体系源自丝路精神，体现了中华传统文化，以及中国改革开放以来的发展经验，是习近平经济思想和外交思想的集大成者。"一带一路"沿线国家、相关国家与共建国家等说法内涵不太一样，其使用的环境不同，很难统一规定而只用一种说法。"一带一路"与马歇尔计划的时机背景截然不同，而且马歇尔计划有门槛和边界，是不平等合作。"一带一路"倡议可以理解为"政府搭台、企业唱戏"，其建设要由市场机制主导，政府应适当调控，但主要通过指导行业组织来调控，以避免中国企业恶性竞争。2019年国家发展改革委发布《第三方市场合作指南和案例》，第三方合作也应遵循市场的规律，不要寄望太高、想得太容易，有一个导向即可。

访谈对象：翟东升，国家发展和改革委员会"一带一路"建设促进中心主任

中心访谈人员：薛力

访谈时间：2023年7月28日

访谈地点：北京新华大厦

录音稿整理：杨美姣，中国社科院世经政所博士后

录音稿校对：薛力

本文经受访者审定

◇◇ 1　中国推进共建"一带一路"的动因是什么？

这个问题总书记在讲话中多次提到过。

第一，"一带一路"的提出与国内外形势变化直接相关。2008 年国际经济危机重创全球经济，全球经济复苏乏力，中国的产能过剩也非常严重。世界治理体系越来越不适合以中国为代表的发展中国家和新兴国家发展的需要。中国的经济体量 2010 年成为世界第二，但我们的话语权还是那么小。

到现在来说，这 10 年走下来形势已经发生了巨大的变化，尤其是中美博弈在特朗普总统上台之后发生了变化，形势急转直下。最初，美西方对"一带一路"并不在意、不重视。后来，随着"一带一路"国际合作大规模展开，包括首届"一带一路"国际合作高峰论坛的召开，"一带一路"引起了西方的警觉，进而反对、指责乃至围堵阻挠。

第二，总书记在党的十九大报告里提出，"一带一路"是我们对外开放的重要举措。现在提升到了一个更加突出的位置。

（薛：总书记还说过"一带一路"是经济外交的顶层设计。）

确实说过。实际上这是无形的东西，会影响到别的方面。比如沙伊和解，就是在中国的斡旋下形成的。美国在中东搞的是政治外交，咱们做的可以叫经济外交，以经济为手段促进政治外交的发展，以及外交事业的发展。

第三，"一带一路"是我们推进全球治理体系变革的主动作为。最显著的例子是亚投行的设立。作为世行和亚行的补充，它不仅为"一带一路"服务，而且要做最高标准的多边金融机构。目前，其运营效果不错。

第四，"一带一路"是构建人类命运共同体的合作实践平台。共建"一带一路"中的重大基础设施互联互通、许多民生项目建设、人文交流合作，都是人类命运与共、"美美与共"的生动实践。

◇◇ 2 您对"一带一路"十年的总体评价是什么?

这是一个世纪工程,也是世界工程。十年来,"一带一路"实现了良好的开局,正处于"青少年"时期。它取得了沉甸甸的、实打实的成果,可以分为物质和精神两个方面。

物质方面:第一,促进了全球的互联互通的水平,这是最显著的一个成就。从基础设施"硬联通",到标准规则"软联通",再到人文交流"心联通",正在形成全方位互联互通局面。

经贸投资方面上了一个大台阶,提高了世界经贸投资的潜力。"一带一路"相关国家的经贸投资在该国的占比在提升,说明"一带一路"在刺激经贸投资方面发挥了作用。虽然整体上,对外非金融类投资方面的主体还是在发达国家。贸易和工程承包也上升很快。

开拓了对外开放发展的新空间。我们大大强化了绿色"一带一路",还有数字"一带一路"、健康丝路。还有,要把"一带一路"建成创新之路,这方面中国科学院和科技部都有规划和实际行动,如我们的"北斗"卫星系统建成后主动对外开放,这些都是创新方面的合作。

(薛:插一句,鲁班工坊这几年做得不错,是谁牵头的?)

鲁班工坊是天津市的一个创新,打开了对外合作的新空间。

第四,使沿线国家获得了很多民生福祉,经济福利大大增强。这主要表现为支持面向民生项目的建设,小而美的项目,包括减贫、农业的合作,致力于改善当地基层民众的生产生活条件。这个之前也有,但现在形成了一定体系。

(薛:一个技术问题,我们现在到底是用"一带一路"沿线国家的说法,还是用"一带一路"相关国家,抑或"一带一路"共建国家的说法呢?有统一的规定吗?)

统计数据的时候,还是用64个国家。原因是,共建"一带一路"国家的数量(随着共建"一带一路"合作文件的不断签署)一直在增长,没法(做有统计学意义的)比较。到底是用沿线国家,还是用相关国家,或者共建国家,这要看具体场合,很难规定出一个标准。统计经贸投资等数据时用的是 64 个国家。统计签署合作文件国家的数量时,用的是"共建('一带一路')国家"的说法。有时候也用"共建'一带一路'相关国家"的说法。这些说法内涵不太一样,标准也不太高,但没有更好的办法之前,只能先这么用。

第五,"一带一路"不仅对世界,对中国也大有意义,提升了我们对外开放的层次水平,尤其是全方位对外开放,比如地域的开放,西部沿边地区正在变成开放的前沿;中欧班列、西部陆海新通道,都是这几年发展起来的。另外,也促进了我们进口商品和对外投资等,相关国家也很欢迎。

精神方面,一方面,"一带一路"已经成为一个全球最大的国际公共产品,大部分国家对此都认同,说明"一带一路"确实为世界作了贡献;另一方面,经过十年的发展完善,"一带一路"建设的理论体系框架基本形成。

(薛:能具体说说理论体系吗?)

提出丝路精神,就是"和平合作、开放包容、互学互鉴、互利共赢","共商共建共享"的原则。2021 年总书记在第三次"一带一路"建设座谈会提出了共建"一带一路"的新目标:高标准、可持续、惠民生;秉持的理念:开放、绿色、廉洁,再之后提出"新三通"(硬联通、软联通与心联通),要求把基础设施"硬联通"作为重要方向,把规则标准"软联通"作为重要支撑,把同共建国家人民"心联通"作为重要基础,推动共建"一带一路"高质量发展。

总之,"一带一路"有理念、有精神、有原则、有目标。"一带一路"的理论体系源自丝路精神,体现了中华传统文化,以及中国改革开放以来的发展经验,是习近平经济思想和外交思想的集大成者。

◇◇ 3 东道国对"一带一路"倡议的整体评价是什么?

整体评价还是不错的,共建国家基本上都很赞同。所以,能取得那么多的成就。这些前面已经提到。

但也有个别国家,期望过高,把"一带一路"理解偏了,把"一带一路"倡议理解成了一个中国的"对外投资计划+对外援助计划"。另外一些国家受美西方的蛊惑,对"一带一路"表示不满,实际上出现了选边站,当然这都是极少数。

还有一些国家,一直持反对态度,如美国、日本等。

(薛:这些发达国家高高在上,习惯了俯视别人。现在与中国平起平坐,心理不适应。这可能要经过一两代人以后,心理上才会慢慢接受。)

有可能,但也不一定。不要太在意这些国家的看法,要保持战略定力。别人反对的可能恰恰印证了我们是对的。更重要的是,要认真地和那些共建国家相向而行。

有一个地方我们有必要关注,那就是,不是与国外签了(合作文件)就万事大吉了,要注重抓落实。因为对方既然与我们签了合作文件,就是抱有很大的合作期望的。

◇◇ 4 "一带一路"倡议推出后,中国外交政策有哪些变化?

经济外交刚才谈到了,助力了我们外交事业的发展。广大发展中国家是我们外交的基础,这个基础在共建"一带一路"的过程中变得更加牢固了。周边是外交工作的首要,周边国家也是我们共建"一带一路"的重点区域。现在需要更加聚焦周边。

(薛:周边是首要,这是中国外交布局的一部分,因此成为共建"一带一路"的重点区域,这好理解。可你说现在要更加聚焦周边,这是为什么呢?)

因为这与我们构建新发展格局工作一脉相承。

(薛:你所说的周边国家应该不包括东边,主要是指西南北三个方向。)

对。类似中老铁路、中吉乌铁路(等线路)项目应该多开工、早开工。

(薛:中老铁路开通后,效果出乎意料地好,货运很快就满载运行了,客运量上得也很快。这可能倒逼泰国增加积极性，建设中泰高铁，即泰国境内从廊开到呵叻再到曼谷这一段。）

是的，泰国境内段现在还没打通。

（薛：关于中泰铁路，我做过些研究，有个小疑惑。泛亚铁路南线包括东线、中线与西线三条线路。中线走的是中国—老挝—泰国，是最合理的。而且泰国同意不用其现有的窄轨铁路，而采用国际通行的标准轨铁路，并且采用中国的铁路技术来修建。但泰国强调，与日本承建的清迈到曼谷的高铁相比，中泰铁路的贷款利率太高，不是"友好利率"，要求中国降低利率。泰国方面拖延中泰铁路建设有许多原因，但利率问题显然是一个，以至于到现在为止，倾向于自己修建。但由于资金等原因，仅仅动工修建曼谷到呵叻的一小段。日本的贷款利率低有其特定原因，很少有国家能比得上。承建中泰铁路的中国企业当然要讲究投资回报，不可能亏本承建，这也是国资委的考核要求。我的困惑是，对于这样的战略性项目，能不能由国家设立一个基金，把这个利率缺口给覆盖掉？）

具体原因我不太清楚。我的感觉是，不是你给它解决了（利率）问题就能解决（掉所有与修建中泰铁路相关的）所有问题。就像吹风一样，风越大，对方反而把棉袄裹得更紧。来点暖风，对方可能把棉袄脱掉。这种跨边界合作，我的体会是，中方不要过于积极，以免引起对方怀疑你的动机。我不主动，让对方主动，意识到与中国合作修建相关项目的好处，中国就比较好办了。

（薛：这我完全同意。问题是，泰国方面现在可能会说：我有积极性，想建了，但没钱，你能否比照日本的利率？或者比照中国给印度尼西亚雅万高铁的贷款，给我同样的利率？）

就利率问题，我感觉没那么简单，这里面有盘根错节的因素，要综合考虑，等时机成熟了再操作。

◇◇ 5　"一带一路"倡议推出后，中国的国家形象有哪些变化？

有很大的变化，"一带一路"倡议强化了中国的大国形象，中国能够在国际事务中发挥更大的作用，中国的影响力、感召力得到了彰显。"一带一路"建设在这些方面非常明显。它是中国提出的一大国际公共产品。美西方国家提出过许多，但中国这是第一次，而且获得150多个国家的支持与拥护。

（薛：西方国家经常说，"一带一路"是中国版的马歇尔计划。我听一些中国学者说，马歇尔计划在政治上确实有对抗苏联的一面，但在经济上是完全成功的，因而认为没有必要完全否定"一带一路"与马歇尔计划有相似性的一面。也就是说，中国可以坦然地说，"一带一路"跟马歇尔计划在经济方面有点类似，但是不搞冷战那种政治对抗。这样讲会不会比完全否定二者的关联性更好？

我感觉这是截然不同的两码事。马歇尔计划和"一带一路"产生的背景差别很大。马歇尔计划是冷战背景下美国对欧洲的经济援助计划。"二战"后欧洲有求于美国，美国则想借机推行自己的美元，而美国面对的欧洲是一个破败的烂摊子。因此，双方之间的合作是不平等的。而"一带一路"是一个相互的、双向的（平等）合作。

第二个来说，马歇尔计划有门槛和边界，包括地理范围、时间期限、对象条件等。当然，它提供了西欧国家战后重建所需要的资金和技术，这是有意义的。"一带一路"不一样，没有门槛，只要有意愿，谁都可以参加，也没有地理范围与时间期限。

（薛：我算了一下，马歇尔计划前后执行了4年，美国累计投入了大约120亿美元。）

◇◇ 6 推进"一带一路"倡议面临的主要挑战是什么？

有内外两方面。外部挑战包括政治挑战与经济挑战。政治方面，主要是复杂的国际形势和地缘政治的影响，美国推动的与中国"脱钩断链"，影响到地区的产业分工、影响到中国的对外贸易、影响到我们与东道国的共同利益，甚至中国人员财产的安全。

（薛：对中欧班列影响大吗？）

疫情和乌克兰危机对中欧班列的影响还是比较大的。原来每年达到了1.5万列。西方如果禁运的话，中欧班列的货物运输就不能经过俄罗斯，而且货源（特别是来自欧洲的货源）也受到影响。而中欧班列大部分都要经过俄罗斯。

（薛：幸运的是，经过中欧班列运输的货物在中国外贸中占比不大，才几个百分点。）

中国货物贸易绝大部分还是靠海运。海运虽然时间长，但数量大，价格便宜。但是，对于一些货值比较大，或者时间性要求比较高的产品来说，需要走中欧班列或者空运，这部分受影响比较大。

经济挑战方面，由于疫情的影响，很多国家经济低迷，发展中国家更是如此。这一方面影响到新项目的上马，另一方面导致原有项目的债务风险。经济方面这个影响很大的，有一定的风险。

内部挑战方面，对我们国内的影响也很大。现在风险更大，对我们企业生产、经营、投资提出了更高的要求，要求我们的企业更加慎重。

（薛：我们现在是否应该做到：该缓的缓下来，该收的收一点。摊子也再变小一些？）

对。这些都是比较现实的。所以，这几年（对外）贷款规模似乎也在收缩。

◇◇ 7　在共建"一带一路"过程中，国企和民企如何实现合作互补？

"一带一路"建设还是要由市场机制来主导，按商业规则办事，靠企业自己推动。而不是（政府出面）说你（国企）干这个，他（民企）干那个。当然，政府有一个适当调控的问题，但这主要通过指导行业组织来调控，以避免（中国企业）在外边恶性竞争。

恶性经营在经营中很难避免，需要（适当的）内部调节、各得其所。但不能规定说，你干这个，我干那个，这不允许。另外，也需要政府的适当指导，不能你（在当地）干（了好多）的事情，政府（一点）都不知道。

有些项目金额比较大，国企中标之后愿意分包给谁就会分包出去。有的民企比较能干，也有自己的长处，自然就会承接一些分包项目。

还有一些情况，一些领域、地域风险比较大。国企不敢进，民营企业有冒险精神，有自己独到的做法，就可以去做，如在阿富汗、利比亚这些地方。

（薛：我们中国人全世界求发财。）

对，政府应该给中国企业创造一个很好的环境，帮助它们解决问题。可一旦出现极端的恶性竞争，也有必要采取手段来加以管控。

第三方合作也得遵循市场的规律。我自己能干，为什么非要给你分一杯羹呢？你自己能干的事，也不会给我分一杯羹啊。只有我确实需要你帮忙，或者是我自己干，风险比较大，你有你的独门绝技，咱们各自发挥自己的长处，这种情况下才有必要（合作）。企业不大可能仅仅为了响应政府号召，而把自己千辛万苦争取到的项目让其他国家企业分享。没有人会那么傻。

当然可以把国外企业拉入一起做。一方面，对方比较熟悉当地的文化、语言等；另一方面，中资企业也可以化解一些对抗力量。企业会依据情况来确定是否寻找合作伙伴。当然，如果对方漫天要价，自己根本赚不到钱，自然就没法合作。

（薛：你们知道一些比较成功的第三方合作案例吗？）

国家发改委曾经在网上发布过第三方市场合作成果的好些案例，2019年国家发改委发布的《第三方市场合作指南和案例》，第三方市场合作分为产品服务类、工程合作类、投资合作类、产融结合类、战略合作类五大模式。

其中比较成功的案例如下。

产品服务类：莫桑比克马普托大桥项目由中国交建承建，德国 GUAFF 公司为其提供监理咨询服务，参与项目的设计咨询、施工监督及质量安全控制工作。项目使当地原来2—3小时的渡海时间缩短至10分钟左右，同时创造了超过2000个就业岗位，有效改善了当地交通和就业状况。

工程合作类：埃塞俄比亚吉布三水电站项目中，东方电气获得设备供应订单，一家意大利公司承担土建工作。项目使埃塞俄比亚全国发电装机容量翻倍，缓解了当地电力短缺情况，同时通过培训为当地电力人才培养作出了重要贡献。

投资合作类：中石油、丝路基金和俄罗斯诺瓦泰克公司、法国道达尔公司共同投资建设俄罗斯亚马尔液化天然气项目，2018年前三条生产线已实现投产。项目为人类在北极圈内建设超级液化天然气（LNG）工厂提供了参考范本，同时有力地带动了项目所在地区船运、保险、金融等相关产业发展，推动了北极东北航道使用，为亚太和欧洲乃至世界物流带来了便利。

产融结合类：在加纳特马港扩建项目中，中国银行通过银团贷款的方式与世界银行下属的国际金融公司开展合作。对于国际金融公司而言，中国银行的加入为银团筹组提供了有力支撑；对于项目股东而言，直接高效的融资方式有效降低了项目融资成本，推动了项目顺利实施。

战略合作类：中远海运与法国达飞轮船等企业共同组建"海洋联盟"，共同投船、共享舱位，显著降低了联盟航线覆盖的东西干线运输成本，同时推动了航运市场的健康发展。

我想说的是，对第三方市场合作绝对不要形式化，不能为了讨好发达国家而合作。我们倡导企业依据自身的长远发展需要开展第三方市场合作，但肯定不能以牺牲自己的利益进行这种合作。我们引导、开导中资企业，要充分考虑跟其他国家合作的好处，包括实现风险共担、投融资多元化，等等。这方面有些企业（一时）认识不到，我们（政府部门）可以（适当）引导他们。

（薛：我几年前在伦敦访谈了英国财政部"一带一路"特使范智廉，他原先是汇丰银行董事会主席。他提到，纽约证券交易所可能不愿意接受中国某些企业上市，这些企业就可以到伦敦证券交易所来上市。英国在商业方面始终具有全球视野，伦敦金融城与英国的法律框架都是为促进国际贸易和投资而设计，伦敦一直在为国际项目吸引全球投资方面扮演着主要角色。这是否意味着，中国企业的海外投资，特别是在英联邦国家投资，可以从英国获得一些帮助？）

没问题。专业化服务如融资评估等，我们这方面用美西方（公司提供的服务）已经很多。因为我们自己在这方面（暂时）还不行。他们在这方面已经赚了大钱。

但是，你要求这些公司与你一起到阿富汗、伊朗这些地方去，它们不敢，觉得风险太大。因为这些国家对它们恨之入骨，带它们去还不如不带。

第三方市场合作，不要想得太容易。你希望它去的地方，它考虑到自身的风险和收益，不愿意去。等到你整得挺好了，不需要它了，它反而想加入。这是什么道理？所以说，对于第三方市场合作，不要寄望太高，有一个导向就可以了。

◇◇ 8 非政府组织如何参与"一带一路"共建？

非政府组织自身的能力问题，目前中国有几个非政府组织真正有能力独立走出去开展工作？应该说还比较少。如果非政府组织在国内都很弱，又怎么能希望在国外发挥很大的作用呢？一个很大的问题是，非政府组织怎么来培育、扩大？这也是个很重要的课题。智库也可以发挥非政府组织的作用。

为了促进"一带一路"建设，促进对外国际合作，应该借鉴西方发达国家的做法，培育壮大能够走出去的非政府组织。这能够为我们企业走出去营造良好的环境和民意基础。在这种前提下，政府的一些援助项目、一些事，就可以委托它们来做。

◇◇ 9 可不可以说，在共建"一带一路"的过程中，我们原来搞的是"一国一策"，现在慢慢转向了"分类施策"？

这个趋向并不明显。"一国一策""一企一策"，是比较理想化的想法。政府在一些事务（如推进项目的过程中与东道国的政策协调）要为企业提供必要的帮助。

（薛："一带一路"倡议可以理解为"政府搭台、企业唱戏"吗？）

可以这么认为。但是，即使是西方政府，对于本国企业也是大力支持的，特别是一些重大投资项目。

（本文主要内容以《"一带一路"与新发展格局——专访国家发改委"一带一路"建设促进中心主任翟东升》为题，发表于《丝路瞭望》2023年第12期）

1.7 "一带一路"倡议与长治久安：翟崑

【核心观点】：中国治理天下一直奉行"长治久安模式"。"一带一路"倡议是习近平主席统筹内外的抓手，是物质性与精神性的公共产品。中国的大国对外战略新模式因此"可能"呼之欲出。东南亚国家对"一带一路"的评价是多元的。对"一带一路"的最大挑战是美国把"一带一路"安全化，这明显影响到许多国家参与的积极性。下一步建议："唯变所适"和"微观化"：适当降低"一带一路"的目标，提出"一带一路"项目的标准；放宽"一带一路"建设评价标准，以便"一带一路"建设获得更大成就；从更微观的点切入，帮助中国企业了解中国和东道国的相关政策。做一个"抱团出海2.0版"，其核心是国企带着民企一起出海。高校做政策研究具有比较优势，未来高校智库将有更大作为。

访谈对象：翟崑，北京大学区域与国别研究院副院长、北京大学国际关系学院教授

访谈人员：薛力

访谈时间：2023年8月18日下午

访谈地点：北京大学区域与国别研究院

录音稿整理：尹如玉，辽宁大学中国开放经济研究院副研究员

录音稿校对：薛力

本文经受访者审定

◇◇ 1　中国提出"一带一路"倡议的原因是什么？

我将中国人几千年来治理天下的历史经验概括为一个模式——"长治久安模式"。中国国家领导层关注的永恒根本问题就是实现国家的长治久安。这个问题关系内外两个大局，我们主要是研究外部大局。我先后做东南亚、大洋洲研究，后来扩展到亚太和全球战略研究。2014 年我来北大后，做研究的问题意识出发点，仍然是国家如何长治久安。除了继续在国际大局方面拓展深入外，也越来越向国内大局拓展，关于"长治久安模式"的想法也更加清晰。

做国际关系研究好像有一个特点：不懂国内形势就无法做好国际研究。进入北大以后，视野更加宽阔，因为能够大量接触到国内的情况。结合国际关系视角，我明白了中国历史上的天下治理。若要实现长治久安，就要解决两大问题，一个是内忧、一个是外患。如何解决内忧外患？就要统筹内外。我们国家发展到现在，一直在做的就是统筹国内外两个大局。不论是春秋时齐桓公提出"尊王攘夷"的口号，唐代统治的内外与轻重之变，还是北宋"强干弱枝"的国策、晚清的海防与陆防之争，都可以视为围绕处理内忧外患展开的不同战略思考。从古至今，每届领导人不一定会明确提出对长治久安的关注，但观其具体作为，都可以总结出这样的历史规律来。可以做个简单的框架模型，把内忧和外患各加一个强度，做成二维四象限分类，包括四类情境，即内忧外患都弱，内忧外患都强，内忧弱而外患强，内忧强而外患弱。但大体上内忧外患总是衔接在一起的，而且，在某些时期，国家的内忧外患可能同时加剧，很少有哪一项强、哪一项弱的情况。所以说，国家必须得有战略设计和政策工具箱去统筹内外，以期达到内外的相对平衡。

我认为，习近平主席统筹内外的抓手就是"一带一路"。中国所处的时期不同，领导人所要解决的问题也不一样。对习近平主席来说，他要实现的核心目标可能就是中华民族的伟大复兴。"一带一路"作为国家战略，有个不断成长、水涨船高的过程。"一带一路"的概念是 2013 年秋季在哈萨克斯坦和印度尼西亚分别提出来的,"一带"是陆上"一带","一路"是海上"一路",最初并没有整合在一起。但很快,"一带"和"一路"就在政策层面实现了整合。2013年10月24—25日召开了中央周边工作座谈会,随后出版的《人民日报》报道中就提出了"一带一路",这意味着当时的"一带一路"是服务周边经济合作的手段。随着党的十八届三中全会提出全面深化改革,及之后的中央经济会议、中央外事工作会议等一系列会议,在党的十九大报告、国家"十四五"规划,以及党章中通过之后,"一带一路"的地位越来越高。

现在,"一带一路"越来越成为统筹内外的抓手。"一带一路"在2019年左右达到一个发展高峰。2020年以后,由于各方面的原因,发展速度有所放缓。这也比较容易解释。首先,作为一个国家级的国际性合作倡议,在国家的大力推动下,总会有一个蓬勃发展期。而且,"一带一路"做得确实不错,因为基础设施建设非常有助于全球发展,但实操起来很难。但是,美国认为"一带一路"将对其全球秩序构成威胁和挑战,因此开始反对和抵制。加之其后又连受疫情、国际冲突影响,"一带一路"确实面临很大的挑战。对此,习近平主席进而提出"一带一路"要做好五大统筹,即国内与国际、发展与安全、合作与斗争、存量与增量、全面与重点的统筹。到2023年10月召开第三次"一带一路"国际合作高峰论坛时,"一带一路"进入疫情之后的新发展阶段。总之,"一带一路"作为统筹内外以维持国家长治久安的主要平台、载体和手段,其发展是个波动的过程。

概括起来,"一带一路"发展的主要动力,可能就是国家领导人对长治久安的追求;"一带一路"就是一代代中国领导人探索长治久安模式的历史的当代体现。从这个角度看,"一带一路"这十年的发展非常有意义。从一个学者的角度来说,十年的时段也比较长,足以用来做较为长线的回顾梳理和总结提炼。

◇◇ 2 您对共建"一带一路"十年的整体评价是什么?

对这个问题我主要从以下角度去理解:

第一,"一带一路"是一次非常有价值的国家层面的探索,可以理解为是一次举国体制的国际表现。举国体制可以体现在体育事业上,也可以体现在国际传播事业上,更可以体现在带动中国和世界共同发展上。习近平主席特别强调他自己提出"一带一路",并动员各方力量共同参与,提出"共商、共建、共享"原则,并且亲自部署。

第二,"一带一路"有一套完整的体系。它体现了人类命运共同体的思想,并建设成了完整的"一带一路化"的政策框架体系。其中,具体操作的指导体系是五通,即政策沟通、设施联通、贸易畅通、资金融通、民心相通。"一带一路"的国内支持体系目前已比较完整,各部委、地方、企业形成了良好联动。

第三,"一带一路"具有重大的学术研究意义。这十年间,我沉浸式地参与和研究"一带一路",一方面参与"一带一路"实践,另一方面对"一带一路"的发展进行应用研究和学术研究。"一带一路"倡议在学术上所回答的核心问题便是:中国采取何种发展方式才更加有效?或者说,我国的长治久安模式在新时代有什么新的体现?更具体而言,中国是如何提出"一带一路"这样一个通过统筹内外以实现长治久安的重大倡议的?在实践中,如何根据不同形势特点去调整政策、动员国内外力量、出台具体措施,应用不同策略手段?从某种程度上说,"一带一路"倡议孕育并创造了多种合作模式,这也是个特别值得研究的问题。

(薛:我觉得对接这种方式也挺好,包括与哈萨克斯坦的"光明之路"对接也都可以。中国社科院中国边疆所所长邢广程研究员说过,不要认为"一带一路"就是中国的,"一带一路"只是一个倡议,只要大家能把互联互通做好,从广义上来说就都是"一带一路"。请问您如何看待这一说法?)

亚投行行长金立群也表达过类似观点。我很赞同把"一带一路"符号化。只要通过中国的倡议,世界各国能做到互联互通就可以了。要淡化中国色彩,强调"一带一路"的公共性,将其更多地表达为全球共享的公共产品。

◇◇ 3　东道国对"一带一路"倡议的评价是什么？

这些国家可分成两类，即使用"一带一路"这个概念的国家和不使用这个概念的国家。前者指至少官方层面可以接受"一带一路"的国家，有151个，因为意大利（可能会）宣布退出（2023年12月，中意两国的"一带一路备忘录"到期后没有续签，这意味着意大利退出——薛注）；后者是指完全不使用"一带一路"这个词的国家。我觉得这样的分类对"一带一路"比较有利，这样也便于统计到底多少国家参与到"一带一路"建设当中。151个国家，占了全球国家数量的3/4。

"一带一路"项目目前没有统一的官方标准，这给项目的具体实施造成一定困难。一方面是，西方会批评我们缺乏透明度，另一方面是，不清楚哪些才是真正的"一带一路"项目。例如，柬埔寨有学者就问中国学者，你们中国现在什么项目都打着"一带一路"的名头，我们到底该相信哪个、不该相信哪个？所以，"一带一路"的项目可能还需要进一步具体明确，从而给外方识别项目带来更大便利。

◇◇ 4　"一带一路"倡议推出后，中国的外交政策发生了哪些变化？

第一，中国外交政策有了总体抓手。2015年王毅外长在两会期间答记者问时说，当年外交工作的关键词是一个重点、两条主线：一个重点就是"一带一路"，这是一个很新的提法；两条主线是和平与发展。在2013—2015年"一带一路"倡议的初期，只要习近平主席出国访问，中国肯定会同外国签署跟"一带一路"有关的项目和协议。

第二，中国作为国际公共产品提供者角色的确立。中国外交政策的一个新变化是，在"一带一路"建设过程中，要为全球提供公共产品。这是中国给自己国际定位的新角色，不仅提供物质性的公共产品，还提供观念性的公共产品。物质性公共产品，即促进全球互联互通和经济增长；观念性公共产品，比如公共知识产品。随着中国国际地位的提升，观念性公共产品的提供尤显重要。我分别在《经济日报》（理论版）、《公共外交季刊》等报刊发表文章论及此观点。

我认为，首先得提出属于"一带一路"的独有知识或者专有知识，比如五通；其次，就是"一带一路"倡议的共有知识。比如，众所周知，"一带一路"强调全球互联互通、建设更加立体的互联互通网络，等等。另外，人类命运共同体三大倡议（全球发展倡议、全球安全倡议、全球文明倡议），均已初步具备全球公共知识产品的雏形。"一带一路"的衍生知识体系，都可视为习近平主席从全球层面提出的、对当今重大问题的认识和看法，并付诸实践而产生的。

当前国内外对这些概念的认识和看法，主要还停留在理念和政策语言层面，仅仅做了一些初步的学术化工作。为什么要做这种战略问题学术化的工作呢？我想，这就像崛起过程当中的英国和美国创造全球性的共有知识一样。他们创造了自由、民主等概念，从而形成政策和学术上的一致，并且进入了世界各国的教科书，让这些概念成为了人类共同价值。"一带一路"将互联互通这一概念和实践发扬光大，也有可能成为全球共有知识，进入全世界的教科书。把这样的概念总结出来再写进教材，这才是大国的标配。习近平主席提出三大倡议的思想很明确，我判断他还会不断提出新的、进一步体系化、具有可操作性的全球思想。因为，全球倡议在发展、安全和文明之外，还可以有一些次级倡议，比如说跨境数据流动、人工智能治理、网络安全，等等。

我想具体说一下全球互联互通这个概念。2016年，我们在北大成立了全球互联互通研究中心，主要致力于为"一带一路"倡议"安心立命"。也就是说，要抓住"一带一路"的核心问题，并在此基础上进行学术化。"全球互联互通"这个概念提的比较早，那时"一带一路"还处于早期在"沿线"范围发展的阶段，大概有60多个国家参与。所以当时有一种说法是，"一带一路"是个地区性的合作倡议。但我那时感觉到，"一带一路"可能不只是一个区域性倡议，而应该是个全球性的倡议，即会进一步开放扩大，在全球范围吸引更多的国家加入。到了2019年第二届"一带一路"国际合作高峰论坛时，习近平主席就在开幕演讲中提出了全球互联互通伙伴关系，这是"一带一路"国际合作高峰论坛咨询委员会（包括林毅夫老师等）提出的建议。这个建议与我的想法一致。由此来看，全球互联互通这个概念，在未来是很有发展前途的。

◇◇ 5　"一带一路"倡议推出后，中国的国家形象有什么变化？

中国作为全球公共产品提供者的形象更加突出。中国最近提出，我们是世界和平的建设者、全球发展的贡献者、国际秩序的维护者、公共产品的提供者。我觉得这是"一带一路"推出后的最大变化。但是这些身份也会受到冲击，如果自身能力不行，再加上外部冲击，我们能提供公共产品的空间就受限了。不过，我们公共产品的提供者的形象已经打造出来了。

（薛：这是我们的自我评估。以你最熟悉的东南亚为例，十年时间里，中国的国家形象在这些国家有什么变化？）

给我比较深层次的感觉是，中国的大国对外战略新模式"可能"呼之欲出。东南亚国家对"一带一路"的评价多元，但总体上比较认可。这跟"一带一路"所反映的国家发展模式有关。东南亚国家的发展模式具有一定的"输入性"特征，即东南亚国家主要是看中国和美国如何发展，在引领什么，支持什么，然后学习、引入，并吸引中美两国的投入。疫情暴发之前，"一带一路"在东南亚国家发展得不错，东南亚国家对"一带一路"背后所体现的中国发展模式很有兴趣。而那时美国在东南亚的影响力确实相对下降，没有跟上中国的节奏。例如，习近平主席在联合国宣布成立南南学院，该学院后来在北大建立，其很多学员来自非洲。这些学员中，不少人是政府的司局级干部，水平很高，可以用英文攻读博士。他们来到南南学院上课，表示希望不要给他们讲西方经济学，他们想学的是中国的改革开放模式。我跟一些东南亚国家的精英谈南南学院的事，问他们是否愿意到南南学院来学习，他们表示非常感兴趣。另外，东南亚国家对中国的发展模式也有审慎的一面。比如在疫情期间，东南亚国家特别关注中国如何平衡抗疫、经济发展和对外关系，在看中国模式到底行不行。疫情之后，东南亚国家不仅欢迎来自中国的产业转移，（特别是）新能源、数字经济方面的投资和技术，也关注中国式现代化和中企新的出海模式。

◇◇ 6 "一带一路"共建过程中主要遇到哪些挑战？

最大的挑战是美国因素。美国把"一带一路"建设安全化了。一方面，是美国有意为之；另一方面，是"一带一路"本身确实具有安全属性。很多做国际关系研究的学者早已清醒地认识到，"一带一路"不可能只是简单的发展问题。我最早在北大国际战略研究院的《中国国际战略评论》的文章中提出，"一带一路"要两翼齐飞，就是指发展和安全这两个翅膀。我们的海外项目和海外利益保护，本质上都是安全问题，必须得通过安全合作为"一带一路"保驾护航。中国把"一带一路"定性为"倡议"，而不是"战略"，强调发展，淡化安全，就是担心其他国家会往地缘政治、军事安全方面去联想。而美国则刻意把"一带一路"安全化，对"一带一路"合作国家施压，不要跟中国合作，甚至在联合国等国际组织中"找茬"。美国把"一带一路"安全化还有一个原因，就是美西方已经过了搞基础设施建设、推进全球互联互通的阶段了，已不太具备这方面的能力。让他们倒回去做这些，并不符合他们的发展趋势。而在当前的全球经济背景下，新一波全球互联互通的主要动力来自中国。这是中国的竞争优势，也是我们的核心竞争力之一，美国在这方面无法与中国竞争。美国最擅长操弄安全议题，所以从根本上把"一带一路"安全化，直接把"一带一路"的性质改了，在根本上阻碍"一带一路"发展，压迫"一带一路"国家对华实施限制性措施和壁垒。因此，我认为，安全化问题是"一带一路"项目建设过程中最大的挑战，导致很多国家不愿、不敢、不易跟中国合作。但是，也有一些国家看得很明白，仍然积极与中国合作。比如，近年来，印度尼西亚的佐科总统多次访华，将其"全球海洋支点"战略与"一带一路"对接，并且希望中国支持印度尼西亚新首都建设。

◇◇ 7　您对下一步推进"一带一路"建设的整体建议是什么？

"一带一路"有很宏大的一面，也有很微观的一面，我个人对未来"一带一路"的建设，强调两个概念："唯变所适"和"微观化"。唯变所适，就是根据具体情境进行调整。有必要明确哪些项目是"一带一路"项目，这要同外国朋友说清楚。第二，放宽"一带一路"建设评价标准，给"一带一路"建设找到更大成就。现在，我们在谈论对"一带一路"的整体认识时，评价指标需要有所调整。因为现在情况变了，前些年"一带一路"突飞猛进，应接不暇的项目使"一带一路"项目存量大增。现在做增量很困难，所以不能再以增量来评价"一带一路"的成就。微观化，也就是习近平主席强调的，要在"大写意"之后画"工笔画"的含义所在，要做深做细做实，强调小而美。要帮助我国企业了解"一带一路"的相关政策。我国很多民企并不了解相关出海政策。所以，政府部门应把"一带一路"实施以来，针对东南亚国家的各种政策都整理出来，包括部委和地方的政策。这样的话，我们就可以帮助企业直观地看出对东南亚国家的政策持续性，还有政策的频率、密度以及覆盖分布等情况，进而可以总结出哪里政策密度大，哪里政策密度小。密度大则需要我们去考察落实情况，密度小则需要我们多加投入。

◇◇ 8　高校与智库如何参与"一带一路"建设？

高校与智库将成为"一带一路"建设中提供思路和智慧的主力军。
"一带一路"倡议可以分成"说的"和"做的"两个部分。让高校与智库去交流、去说这个事，是很重要、也很有意义的。有些时候是行胜于言，有些时候则是言胜于行。说与做要搭配好，这得根据具体情景来。有的时候要多做少说、多做不说，但有时就得反过来。在说的方面，高校智库可以发挥很大作用。我是从官方智库出来的，前几年我发现我国高校缺乏智库意识，不太会做智库。但几年过去，这种情况有了很大变化。高校智库风生水起，进入一些排名榜单的高校智库也越来越多。长期看，高校智库应该会有很大发展，原因有二。第一，高校相对来说能够做独立研究。这在北大表现很明显，而且他们将研究用于咨政、学术和社会普及的渠道也畅通广泛。第二，教育部等部委现在的导向很明确，特别强调创造中国自主知识体系，以及学者建言献策。高校智库，尤其是区域国别类的智库会越做越好。因为多数做区域国别的高校老师有相对更多的时间做深入的田野调查，能够扎根在当地进行研究。这样对一个国家的了解就会更接地气，对该国的社情民意更加了解。而且，区域国别学刚被列为交叉门类下一级学科不久，正在快速发展期。高校对区域国别研究和智库发展会更加重视，加大投入，高校智库的发展也会水涨船高。

◇◇ 9　国企与民企如何在"一带一路"共建中更好地发挥互补作用？

建议做好"抱团出海 2.0 版"。2014 年我们就提出过抱团出海，当时的一个背景是，不少央企在海外的竞争非常激烈。同时，我国也重视民企的作用，所以更理想的模式就是国企带着民企一起出海，这就是抱团出海的 2.0 版。目前，"一带一路"建设限于资金和地缘政治因素等，做大型、增量性的"标志性"项目比较难，因此大家更想做深做细、做小而美的民生项目。这就要靠众多出海的中小民企。疫情之后，各国都在调整经济发展模式，普遍重视数字化、低碳化、合规化、民生化等，抱团出海的 2.0 版在实践中应予以关注，并重视这几个化之间的连接互动，从而形成整体协同效应。这给我们企业的启示就是，国企与民企应该携手，才能满足这种多样性的需求。比如，过去可能只需要国企进行基础设施建设就行，但是现在如果做基础设施，肯定要和智慧城市配套、公共卫生配套、低碳发展配套，与具体的应用场景配套，等等。这不是单一企业能做的，而是要在各类企业系统集成的基础上才能完成。

◇◇ 10　非政府组织如何在"一带一路"共建中更好地发挥作用？

中国的非政府组织在"一带一路"建设中发挥了不错的作用，但作用仍然有限，需要大力加强。应鼓励更多的自媒体和社会型企业在"一带一路"共建中更好地发挥作用。现在很多在东南亚创业搞事情的年轻人，都活跃在各类国内外社交媒体上。在我认识的这类有为青年中，有的人在帮助东南亚的农村做前期太阳能技术的调查与应用，并给中资企业和相关机构以咨询建议，然后企业和相关机构再进来开展具体工作。这样一来，整个项目就比较保险，而且能提高效率，也容易合规。再有，我发现这些青年在做海外调研和项目的行动指南手册时，提出了很多非常接地气、具体、实用的建议。这是当前的大趋势。

（薛：非常赞成。李子柒现象就不说了。许多自媒体人在海外深入当地人的生活，拍出他们生活的点点滴滴后在网上发布。这对于中国人了解当地人的风土人情等，都发挥了独特而巨大的作用。还有上海的米哈游公司做的"原神"游戏，推出三年就成为全球下载量最高的游戏项目之一，吸引全世界的玩家参与。因为他们从中看到了自己熟悉的文化符号，加上高质量的制作标准、可以亲身参与的体验感等，都比较吸引人。它已经成为上海市政府力推的项目。）

（本文以《"一带一路"与中国外交——访北京大学区域与国别研究院副院长翟崑教授》为题，发表于《克拉玛依学刊》2024年第5期）

1.8 "一带一路"倡议与国际方略：时殷弘

【核心观点】习近平主席2018年8月关于画"工笔画"的讲话是迄今为止关于"一带一路"的最重要指示，指明了方向。"工笔画"的核心含义，就是要根据实际情况仔细观察、仔细分析、具体规划、具体商议。为了高标准、可持续、惠民生地推进"一带一路"共建，建议对十年来共建"一带一路"成就进行总体评估。

访谈对象：时殷弘，中国人民大学国际关系学院教授、中国人民大学美国研究中心前主任

访谈人员：薛力

访谈时间：2023年7月22日下午

访谈地点：北京市海淀区松子料理店

录音稿整理：李少康，中国社会科学院大学国际政治经济学院国际关系专业博士生

录音稿校对：薛力

本文经受访者审定

◇◇ 1 中国推出"一带一路"的原因是什么？

到党的十九大结束为止，中国对世界的看法非常乐观，觉得中国在很多领

域提出倡议带头，世界很多国家——不仅广大发展中国家，还有某些发达国家——就会跟进。但是，我们究竟多大程度上懂得例如德国、塔吉克斯坦、斯里兰卡等国家和政府？实际上不那么懂，但是由于没有意识到这一点，便觉得那里的问题较简单，不禁想当然地以为我们的经验会在那里适用。

不少国家政府会认为，让人口这么大规模地流动，这么大规模地投资，它们的精英集团、甚至政治权力集团很可能下课。它们要中国的钱，在中国人面前讲得好听，讲话都很客气，甚至在忽悠我们，让我们膨胀。但他们互相之间讲话，或者到华盛顿、布鲁塞尔去讲，可以设想大概很不相同。

总的来说，过去一些年中国很自信，普遍看好国内外形势。这部分出于中国文化的一种老倾向，用原则性的、笼统的大话来取代足够具体、足够阶段性、足够时代性的仔细思考。习近平主席2018年8月提的画"工笔画"，是搞"一带一路"以来的最重要指示。我们2013年的时候对此不大懂，不注意，后来懂了，注意了，甚至高度重视了，因为已有相当的经验，其中包括不少教训。

（薛：您理解的"工笔画"的核心含义是什么？）

"工笔画"的核心含义，就是要根据实际情况仔细观察、仔细分析、具体规划、具体商议。不能做毛躁的事情。这一两年开始，中国政府已经不愿往"一带一路"项目上依旧大投钱。即使投钱，也是暂时主要为清理债务、减少前期投入带来的损失。

（薛：你曾经提到中国外交要避免透支，那么现在强调画"工笔画"的做法是否可以理解为就是为了避免或纠正透支？）

战略透支的例子在古今中外历史上多得很。开始透支时，你根本没有意识到是在透支，而是认为大有机会。等到你可用资源少了，很多事情做不下去了，才知道透支了。透支有一个过程，要随着时间的推移才会意识到。然后你要扭转也要足够的时间，不可能一发现透支就将它大为缓解甚至解决。

汉初以来，我们的文明程度与力量大约有一半时间很值得骄傲，我们对此有很强的记忆。人对自己的成就都会牢记。我们在这两千余年期间不行的时候，对自己的不良经历则倾向于不那么牢记。还有，鸦片战争以来中国人被西方和日本等欺负多多，侮辱多多，变成受害者。以上几个方面的经历，构成了我们的历史记忆，既有伟大历史的记忆，也有受害者的记忆。

◇◇ 2 "一带一路"倡议推出后，中国的外交政策有什么变化？

能感受到一些变化。

第一，我们把更多的注意力、思考力、宣传力等投放在了"一带一路"沿途国家，特别是发展中国家，而没有充分注意到我们与它们之间有远比我们一度设想的更复杂的关系。

第二，周边情况越来越复杂和具有挑战性。"一带一路"推进的周边项目很多，但要看结果。是不是"一带一路"在周边的进行，就有助于改善推进中国的周边关系？好像也不那么简单。如果说改善周边外交，就要把宝主要押在"一带一路"上，那么多半不会成功，因为周边情况越来越复杂和具有挑战性的原因很多。还有，中国的一个基本现实是中国经济十多年来缓慢走低，财政收入逐渐减少，外部环境则面临着美国这么坏的背景，而且美国后面跟着不少盟国和战略伙伴。在这种情况下，哪个最重要？国内经济、金融争取稳中求进。

第三，在战略领域，两个事最优先：台湾问题与处理对美关系，可能还包括东海问题。两个优先不会变，这两项都要花不少钱。另外，这两个优先还引起反弹，如美国与其盟国也增加国防开支和强化备战，也需要我们应对。"一带一路"相对来说排序就比较靠后了。

◇◇ 3 "一带一路"倡议推出后，中国的形象有什么变化？

第一，众多发展中国家拿到中国钱，在我们面前很好。但实际上就它们中间大多数而言，它们内心认为的中国形象，大概除中国变富以外没有很大改善,可能还有些反作用。有些人可能背着中国说中国傻。

第二,在西方国家心中,中国形象严重受损,除了它们的劣根性和严重偏见外。这个东西声势很大,例如,七国集团广岛峰会和北约维尔纽斯峰会的公报认为,中国越来越张扬地建立全球足迹,进行全球投射。

战略是什么?战略就是算账,算成本和效益之比,算能力与目标之比,是不是目标过高,能力跟不上,等等。

所以我认为,一定要宣传、深化和仔细阐述习近平主席 2018 年 8 月关于画"工笔画"的讲话。这是到现在为止关于"一带一路"倡议的最重要指示,指明了方向。"工笔画"的意思是要仔细观察、仔细思考、具体规划、具体实施。

(薛:2021 年不是又提出要"高标准、可持续、惠民生"吗?)

这很对。2018 年到现在已经有 5 年,我们可以根据画"工笔画"的指示看我们改善了多少,还有哪些大的差距。

◇◇ 4 下一步推进共建"一带一路"面临的挑战是什么?

"一带一路"提出了这么多年,也取得了成就,但是整体上有限。要根据画"工笔画"和高标准、可持续、惠民生的指示继续做。同时如前所述,真正广泛和充分地改进和提高都需要相当长时间的切实和妥当的努力。

◇◇ 5 您对下一步共建"一带一路"的整体建议是什么?

给自己一个重新审视、重新讨论和重新规划的机会。

先慢下来进行盘点盘算,用几年时间一个个来盘算,看究竟是否合算,能不能经久,在多大程度上推进了或者干扰了中国的全局任务。

(薛:"一带一路"是一个整体,只算经济账肯定算不过来。算整体账怎么算,用什么模型来算?)

第一,总体看是否获利。当然范围很大,每个地方情况不大一样,但可以以中巴经济走廊作为一个范例来进行评估。评估其是否获得了利益,但实际上现在是风险越来越大。巴基斯坦是中国的"铁哥们",但现在它与美国的关系也越来越好。这要注意。

第二,外交上,我刚才已经讲过了。至少有一条可以确定,如果把"一带一路"当成改善中国周边对外关系、周边外交状况的主要杠杆,那就不会对。即使是与我们友好的发展中国家,对我们也是有选择性的,对我们的一些方面觉得好,对另一些方面则并非如此。如果觉得这里面对它们弊大于利,它们就不要。

◇◇ 6 国企与民企在共建"一带一路"中如何实现优势互补?过去十年在海外推进"一带一路"主要靠国企。

这是过去的情况。过去,国家还有不少钱。假如你是一个刚成立的重要国企,又具有关键性,国家财政会给你许多补贴。但现在中央对国企基本不贴钱了,因为第一,没有那么多钱可贴,第二,天天贴钱,那些经营不善的国企没办法变好。

(薛:那么在海外推进"一带一路"靠民企,强化民企可以吗?)

民企自负盈亏,不太愿意出去。除非大民企为自身长远与安稳的存在,会象征性地投点钱。它们都知道亏本生意不能搞,至少不能大搞,没有利润将难以为继。

◇◇ 7 高校与智库如何参与共建"一带一路"?

一个智库要长期存在,需要进行功能领域研究,比如财政研究、战略研究、战争研究，这样智库才能经久生存。如果智库只为一个项目进行研究，例如"一带一路"、美国的萨德反导系统之类的研究，是不大可能长久维持下去的。

智库只依靠"一带一路"，那么最后难免萎缩或大调整。现在如果智库只依靠"一带一路"筹款，那么私人就会给少或不给了，国家也如此。

（本文以《时殷弘论"一带一路"与中国战略》为题，发表于《中国评论》2023年第10期）

1.9 "一带一路"倡议与国际关系：赵磊

【核心观点】中国推出"一带一路"的原因包括内外两方面，并且与习近平总书记本身的履职经历有密切关系。"一带一路"是观察中国的放大镜与显微镜。因为"一带一路"，中国与世界的距离大大拉近了。"一带一路"有几个特点：有序推进，内外统筹，节奏感强；问题导向；一些标志性项目落地使得中国可以"以例服人"；推动了国家安全学与区域国别学两大一级学科的建设。"一带一路"面临的主要挑战：缺乏软联通和心联通项目；企业走出去的意愿出现了分化；智力支撑不足，"时冷时热"；在中东欧地区遭遇挑战。下一步推进"一带一路"的建议：政府引导、企业主体、智力支持，朝着多边机制化道路走；建立"一带一路"研究院和"一带一路"学；要有高质量的公开报告，甚至是中外联合研究的报告。

访谈对象：赵磊，中央党校国际战略研究院副院长、教授
访谈人员：薛力
访谈时间：2023年8月17日中午
访谈地点：星巴克北京瑞士公寓店
录音稿整理：苗蓓蕾，重庆社会科学院马克思主义研究所助理研究员
录音稿校对：薛力
本文经受访者审定

◇◇ 1 中国推出"一带一路"倡议的原因是什么？

内外都有。从外部来讲，有一个比较大的节点就是 2010 年中国经济总量超过日本，美国提出重返亚太战略。所以，当时有学者提出了西向战略。不是说西向战略就是"一带一路"，但可以看出那时候战略上在思考突围。当时，东部压力更大，所以从西部连接欧亚大陆，找一个战略缓冲。

从国内来讲，一个是要将改革开放的末梢变成新时期对外开放的前沿。因为 34 个省（区市）确实发展程度不一样，落差大的在西部，所以要将末梢变成前沿。为什么在中亚提出？其实讲的是中国西北部省份怎样实行高水平对外开放。过去，对外开放是西部到东南沿海再出去，现在西部可以东西两向，即向大西洋、太平洋同时开放。

还有一个国内原因，跟习近平总书记本身的履职经历有关。他在福建工作 17 年，在浙江工作 5 年，这两个省份恰恰是中国对外开放最典型、最成功的省份。他在福建时就讲过一句话，叫"飞洋过海的艺术"，可以说是"一带一路"的雏形，是习近平 1988 年刚到宁德时讲的。宁德是一个相对落后的地方，他从厦门到宁德看到了反差，所以写了一篇调研报告叫《弱鸟如何先飞——闽东九县调查随感》。文章第二段的题目就叫《飞洋过海的艺术》，其中提到"既飞，当然力图飞洋过海，要向外飞，在国际市场上经风雨，在商品经济中见世面"。

2004 年 8 月 10 日，习近平同志在浙江日报《之江新语》专栏发表的《在更大的空间内实现更大发展》一文中谈到了"地瓜理论"："有人提出一种'地瓜理论'，非常生动形象地描述了'跳出浙江发展浙江'的现象。地瓜的藤蔓向四面八方延伸，为的是汲取更多的阳光、雨露和养分，但它的块茎始终是在根基部，藤蔓的延伸扩张最终为的是块茎能长得更加粗壮硕大。"这两篇文章对理解今天的高水平开放以及"一带一路"很有帮助。

◇◇ 2 您对"一带一路"十周年的整体评价是什么?

"一带一路"是观察中国的放大镜与显微镜。整体评价可以概括为以下几点:

第一,有序推进,内外统筹,节奏感强。从 2013 年提出到现在,几乎每一年都有同"一带一路"相关的大事件,即使是在疫情期间。比如,召开推进"一带一路"建设工作座谈会、举行"一带一路"国际合作高峰论坛、举办中国国际进口博览会、举行"一带一路"国际合作高级别视频会议等。许多人认为"一带一路"变冷了,或者时冷时热。我的观察体会则是,过去十年中,"一带一路"每年都不是冷词,都是个热词。高峰论坛每两年一届,但每年都有博览会,体现出很强的节奏感。几乎每一届高峰论坛前,习近平主席都要参加"一带一路"建设座谈会。

节奏感强还表现在表述上,过去讲五通,发现外国朋友不容易记住,后来在第三次"一带一路"建设座谈会的时候有新的表达叫三个联通:基础设施硬联通、规则标准软联通、同共建国家人民心联通。这个好记,外国人也容易形象地记住硬联通、软联通、心联通。

第二,问题导向。刚开始很多人把"一带一路"简单理解为对外援助。2018 年成立了国家国际发展合作署,相关理念从"对外援助"提升到"发展合作",真正同国际社会对标。国家国际发展合作署的重要职能是:更好服务国家外交总体布局和共建"一带一路"等。

第三,一些标志性项目落地,可以"以例服人"了。目前说服力比较强的案例首先是中欧班列。当然也出现过恶性竞争,但逐渐出现了品牌班列。所有新出现的东西都会有野蛮生长的阶段,但逐渐就会优胜劣汰。现在中欧班列涌现出不少的品牌,"渝新欧""蓉新欧"现在合并为中欧班列(成渝)号。此外,"义新欧""汉新欧""郑新欧""长安号"等也都各有特点。在技术合作方面,国家电网在巴西的美丽山特高压直流输电项目,是世界上输送距离最长的

±800千伏直流输电工程。它将巴西北部的清洁水电源源不断地输送至东南部负荷中心,为巴西打造了一条"电力高速公路"。河北钢铁在塞尔维亚的斯梅代雷沃项目,是成功的产能合作项目。中远海运在希腊的比雷埃夫斯港项目有利于进一步夯实同中东欧国家的关系,务实推进中欧陆海快线。

第四,推动一级学科建设。很多学者要感谢"一带一路"建设,它联通世界,真正打开了国人了解世界的窗口,也打开了世界了解中国的窗口。没有"一带一路",相信很多人不会主动去中东欧?那个时候,中国同很多国家都没有直航。而且"一带一路"推动了好多一级学科建设,比如说国家安全学一级学科、区域国别学一级学科。

◇◇ 3 对象国对"一带一路"倡议的整体评价是什么?

我个人感受还是不错的。疫情前我去意大利、英国、以色列,这些国家的评价都可以。但疫情三年后评价确实出现了分化。

一个很好的评价是我到阿联酋开会的时候,有一个菲律宾的专家说,中国的"一带一路"倡议给世界提供了一种新的选择,是不同于美欧的新选择。美欧方案有很多的严苛要求,附带政治条件,而中国的"一带一路"倡议提供了另外一种选择,就是基础设施带动经贸发展,互联互通取代单向植入。过去国际社会面临的选择只有一个,英语说 optional(可选择的),但是"Only one option isn't optional"(只有一个选择,实非选择)。现在世界至少有两种选择了,这才叫 optional。

另一个例子是,2016 年我到波兰开会,一位波兰前总理也给予高度评价,"一带一路"有效地促进欧洲同亚洲的贸易,原来靠海运,但时间漫长。这一倡议对中东欧国家有益,特别是对不靠近海洋的国家。

"一带一路"到最后回归常态就是市场竞争的问题。政府是引导,企业是主体,要让企业有成就感,企业自身觉得有价值就会去做。要提升中国企业国际化能力,提升中国企业的全球竞争力、塑造力。

◇◇ 4 "一带一路"倡议推出后，中国的外交政策有哪些变化？

人类命运共同体是中国特色大国外交的总目标，"一带一路"是践行人类命运共同体理念的重要实践。中国外交彰显"知行合一"。

过去，我们讲中国外交布局时常说，"大国是关键，周边是首要，发展中国家是基础，多边是重要舞台"。现在这个话讲得少了，因为这十年中国的多边外交前置了。过去都是国与国的、点对点的，现在"一带一路"倡议多是通过机制化的方式推进，中国越来越善于利用多边方式推动国际合作。除了高峰论坛，还有中亚峰会、厦门金砖会晤、杭州 G20、上海亚信峰会等，在多边外交中我们有很大的成就感。过去我们常讲影响力、感召力，很少讲塑造力。今天"一带一路"就体现了中国外交的塑造力。中国项目在国外一个个已经实现了功能化。港口、园区这是点，中欧班列是线，最后带动区域、次区域的联动发展，这是点—线—面，体现了塑造力。

◇◇ 5 推出"一带一路"倡议后，中国的国家形象发生了哪些变化？

过去中国离世界很远，现在中国离世界很近，因为有"一带一路"。从 2000 年到现在 20 多年，唯独"一带一路"这个话语概念讲了 10 年，外国议会要讨论，联合国要讨论，企业家要讨论，各国老百姓要讨论，未来还会讨论。我觉得这就是中国离世界越来越近了，中国的形象更具象了。

2023 年春，我问乘坐中老铁路来北京的老挝小朋友，在他们看来什么是"一带一路"？孩子们回答："一带一路"意味着朋友，他们可以离开家乡来到更大的世界，遇见更多的朋友。

◇◇ 6　"一带一路"十年来碰到的主要挑战是什么？

第一，应该有一个专门研究"一带一路"的学科——"一带一路"学，甚至需要成立国家级的"一带一路"研究院。"一带一路"最需要的是智慧支撑。"一带一路"研究院和"一带一路"学这两个东西始终没有落地，导致"一带一路"的新鲜供给不足。研究"一带一路"就这么几个人，而且还在萎缩，十年前参与这个事情的同志好多都退休了。研究团队少，不稳定，而且后期很多人又不研究了，"新鲜血液"不够。

第二，现在全球环境变差，企业走出去的意愿出现了分化。总体感觉，有不少企业对海外项目变得更加谨慎，往往等"条件成熟"，这样会错过好项目，会错过国际化的窗口期。企业应看到风险，更应看到机遇，水深、浪急、风大的地方有好鱼；好企业都是逼出来的，最差的时代，往往也是最好的时代；在办公室讨论机遇，越讨论越是"一筹莫展"，走在路上反倒是"柳暗花明"。

第三，最难、最缺乏的就是软联通和心联通项目。比如，云南文投在柬埔寨的一个演艺项目《吴哥的微笑》，始终没有升级。它不能算是好项目，但是没有更好的项目前还是要将之完善。原因还是缺企业家精神，企业很容易自我满足，没有再往精深做的动力。"一带一路"不缺产品，缺精品。

第四，"一带一路"还有一个挑战就是"时冷时热"。都是在举办高峰论坛的时候，很多人都搞"一带一路"、蹭热点，一结束后就回归常态，又变冷了。

第五，中东欧地区遭遇挑战，个别国家反水，但是中东欧合作没有散架。很多关键国家、核心国家还是支持"一带一路"。不要老看那些淘气的孩子，要看好孩子、好伙伴。"一带一路"也是交朋友的过程，哪些国家可交，要心中有数、要持续深耕。

◇◇ 7　您对下一步推进共建"一带一路"的建议是什么？

一句话，政府引导、企业主体、智力支持，朝着多边机制化道路走。就企业而言，中国企业和欧美企业相差在哪里？欧美企业在整合全球资源，而不少中国企业走出国门的意愿都不强。他们认为，"国内市场那么大，干吗要出去"？很多企业只做内循环，放弃了外循环，导致自我"脱钩断链"。中国企业不仅要走出去、走进去，更要走上去；不仅要产业化、品牌化，更要国际化。过去45年，中国成功的一大关键是经济上积极融入世界，"一带一路"就是顺应了这个规律。

◇◇ 8　非政府组织如何参与共建"一带一路"？

美国有150万家非政府组织，中国有90万家社会组织或者说民间组织，数量上跟美国几乎是一个量级。但是，我们的非政府组织几乎没有出国门，活动太零散，没有成建制，而美国的非政府组织活跃在全球。

中国企业在海外的竞争对手往往不是西方企业，也不是当地政府，恰恰就是非政府组织。美西方的非政府组织人盯人，点对点，精准发力，而且报告分量很重，有观点、有数据。在这方面，中国非政府组织对中国企业保驾护航的作用发挥不够，因此对研究类、公益类、专业类等社会组织，政府要有一些推动其国际化的引导，传播好中国声音、塑造良好的国际舆论秩序。

◇◇ 9　国企与民企如何在"一带一路"共建中实现优势互补？

简单概括就是：两类企业都要，各有特点，所以我的整体评价就是：国企是主力军，民企是生力军。

◇◇ 10　智库和高校如何参与共建"一带一路"？

过去成立了好多"一带一路"的智库，良莠不齐，甚至很多半路夭折的，当时不少机构成立的目的实际上是要资金、要关注、要项目。这个是不对的。"一带一路"本身值得持续研究，要避免一哄而上、一抢而光、一哄而散。

"一带一路"研究要进行大量的国际调研。怎么样识别这十年中，哪些"一带一路"智库真的发挥了作用，要看有没有权威的调研报告，有没有外国专家援引你的研究报告。过去的中国智库更多的是内参导向，但研究"一带一路"的智库一定要有高质量的公开报告，甚至是中外联合研究的报告。比如说，跟德国人、哈萨克斯坦人、波兰人联合研究。我们讲"一带一路"中欧班列的积极贡献，经常援引世界银行的一份报告。这份报告是疫情之前出的，现在还在引用。中国智库同欧美智库能不能合作研究"一带一路"、联合发布报告？这值得考虑。因为这会改变国际舆论界、学术界对"一带一路"建设的认知。

（本文以《专访赵磊："一带一路"是观察中国的放大镜与显微镜》为题，2023年10月12日发表于光明网）

1.10 "一带一路"倡议与中国智库全球化：王辉耀

【核心内容】"一带一路"倡议是新时代中国的全球化新主张、中国国际地位提升的重要推进器。"一带一路"有助于避免中国陷入"金德尔伯格陷阱"。中国提出"一带一路"倡议的动因有四个，既有利于中国，也满足了东道国的需要。"一带一路"在东盟、东欧以及非洲的一些国家广受好评，但西方国家多持负面评价。主要挑战包括：话语权不足、所谓的"债务陷阱"、"一带一路"缺少统一概念内涵，以及在一些国家和地区被妖魔化。下一步推进"一带一路"的八点建议是："机制化"、设立国际秘书处、建立国际指导委员会、发布"一带一路"年度（五年）计划、加入"巴黎俱乐部"、增加峰会频次、组建发展银行联营体、建立"一带一路"银行。

访谈对象：王辉耀，全球化智库（CCG）理事长
访谈人员：薛力
访谈时间：2023 年 8 月 20 日
访谈地点：北京市汉威大厦全球化智库（CCG）
录音稿整理：杜赫，北京大学国际关系学院外交学系博士研究生
录音稿校对：薛力
本文经受访者审定

◇◇ 1 中国提出"一带一路"倡议的动因是什么？

原因是多方面的。第一，中国在2010年成为全球第二大经济体后想要更积极地参与全球治理，希望能够借"一带一路"为国际社会提供更多的公共产品。同时，"一带一路"的提出也体现了对"改革开放"的呼应和延续，"改革开放"前30年的目标是"引进来"，之后30年的目标就要集中在"走出去"。"一带一路"就是我们"走出去"的典型代表。

第二，"五通"中的核心内容是"互联互通"，也就是强调基础设施的建设，这恰恰是中国擅长的。中国在改革开放后的几十年里，已经在这一领域积累了足够的经验，完全有能力实现"互联互通"的目标。

第三，"一带一路"能提升中国的国际声望。中国在实现发展上的飞跃后，有义务和责任帮助其他发展中国家和欠发达国家，进而为全世界的和平与繁荣作出更大的贡献。

（薛：你刚才提到了中国方面的原因，但如果仅仅对中国有利，"一带一路"很难获得这么多国家和国际组织的积极响应。你认为"一带一路"的哪些特点让它成为在国际上广受欢迎的倡议？）

这与"一带一路"本身的特点很有关系。很多周边国家也都曾提出过类似的倡议，比如俄罗斯的"欧亚联盟"、蒙古的"草原之路"、印度的"香料之路"等，但由于种种原因都未取得成功。"一带一路"恰好是帮它们把这种愿望和诉求反映出来，所以在一开始就能得到响应。另外就是中国自身实力强劲，发展经验充足。中国在脱贫、贸易以及基础设施建设等领域的突出成就，能够让其他国家对"一带一路"倡议充满信心。

第四，共建"一带一路"国家部分是发展中国家，它们认为自己跟中国有着相似的命运和发展路径，因此也愿意相信中国提出的方法。

（薛：到目前为止，你大概走访过多少个国家了？）

差不多100个国家。

◇◇ 2 根据你的感受，这些国家对"一带一路"倡议的整体评价如何？

"一带一路"在东盟、东欧以及非洲的一些国家广受好评，但在国际上也遭遇一些负面评价，这主要来自于西方国家。

◇◇ 3 "一带一路"共建过程中主要遇到哪些挑战？

首先是话语权上的挑战，我们的媒体在国际社会的声音太小、影响力太弱，这就导致西方主流媒体能够左右国际社会对"一带一路"的看法。他们一旦对"一带一路"的某个问题进行了负面报道，很快就会以讹传讹，进而会对整个倡议带来负面影响。

其次是关于"债务陷阱"的问题，其实国际上很多学者都专门研究过这个问题，包括约翰斯·霍普金斯大学的一位教授也通过研究证明了"一带一路"带来"债务陷阱"的说法不成立。

第三是国际社会对"一带一路"的认知五花八门，缺少一个统一的概念。在很多国家和地区也存在着妖魔化"一带一路"的问题。

◇◇ 4 您对下一步推进共建"一带一路"的整体建议是什么？

我有如下八点建议：

第一，"一带一路"要搞"多边化""机制化"。现在跟"一带一路"相关国家和国际组织签的都是双边协议，这就导致如果某个签约国出了问题就会对整个"一带一路"的进程造成影响。建议把"一带一路"打造成一个松散的国际组织或者合作方式，比如（模仿"中国－东盟中心"的模式）建立"一带一路"中心或者"一带一路"协商机制，让"一带一路"国家都能派代表来参与协商。

第二，"一带一路"要有一个国际秘书处，它的作用是提供有关"一带一路"的信息和资源，让其他国家了解"一带一路"的项目与运作机制。

第三，"一带一路"要有一个国际指导委员会。可以邀请一些国家和政府的前任或现任政要，法国前总理拉法兰、德国前总理默克尔都是很好的选择。把他们召集起来组建一个"一带一路"咨询委员会，让他们提建议，这样就能形成一个充分研讨和共商的过程。

第四，在现有基础上发布"一带一路"的年度计划或者"五年规划"，让整个倡议更加透明化。

第五，可以考虑加入"巴黎俱乐部"。现在"一带一路"被诟病最多的就是"债务陷阱"问题，而"巴黎俱乐部"会把所有成员国的对外援助项目都进行登记，将具体的债务信息公开化、透明化、机制化。中国加入"巴黎俱乐部"能让国际社会更了解"一带一路"在相关国家的债务情况，从而避免不实的指控。

第六，"一带一路"峰会的召开频次可以增加，形式可以多样化。疫情前每两年举办一次，现在可以每年都举办一次；举办形式上可以一年在中国，一年在国外，包括瑞士、新加坡、法国都是很好的选择。重要的是通过这个过程让国际社会意识到，"一带一路"并不只是中国的事，而是全世界的事。"一带一路"是全球公共产品。

第七，可以考虑组建一个发展银行联营体，将其他国家和地区的发展银行和我们的同类银行联合起来，共同承担项目。现在发达国家会在气候变化等领域强迫我们作出更大的资金贡献，不把我们看作发展中国家，这让我们非常被动。事实上，我们每年的对外援助量和贷款量是很大的，只是不为人知。我们组建一个联营体就可以联合其他国家和地区的银行进行公开、联合的贷款和投资，比如我们可以联合美国的"重建美好世界"（Build Back Better World，"B3W"）以及欧盟的"全球门户"（EU Global Gateway）共同承担国际义务。

这样我们就能变被动为主动。

（薛：这个主意不错，但可操作吗？现在欧美国家不是存在着"逢中必反"的问题吗？）

可操作。虽然存在"逢中必反"的情况，但他们在气候变化领域是不会反对我们的。现在我们的"一带一路"处在十周年的节点上，需要为"一带一路"的未来设计一个"提升计划"。比如，我们可以搞一个"一带一路"2.0版，刚才我讲的几点建议就可以放进去。我们还有很多地方是可以继续去完善的。比如，每次参加"一带一路"相关会议都会发现，参会的人员基本上都是政客，而不是企业家。"一带一路"峰会应该也是企业家的会，未来召开会议时可以邀请很多中外企业和金融机构来参会，这样才能更好体现"共商、共建、共享"，才能更好地推动"一带一路"倡议。

第八，可以考虑建立一个"一带一路"银行，以便更好地实现和其他发展银行的多边协作。

◇◇ 5 "一带一路"倡议推出后，中国的外交政策发生了哪些变化？

原来我们对全球治理的关注和参与比较少。随着"一带一路"的提出，我们开始全面参与全球治理、提供国际公共产品。"一带一路"是党的十八大之后提出的、面向全世界的新倡议，可以把它看成是新时代中国全球化的新主张，或者是中国国际地位提升的重要推进器。

其次，中美经贸摩擦让国际社会内部的竞争更加激烈，"一带一路"的提出能够起到稳定国际局势、稳定经济局势、团结发展中国家的作用。

第三，"一带一路"能避免"金德尔伯格陷阱"的出现。现如今，美国在国际上开始主动收缩，退出了不少国际组织，避免承担国际责任和义务，这就给"金德尔伯格陷阱"的出现带来了可能。为了避免权力真空的出现，中国作为全球第二大经济体要及时跟上，为国际社会贡献更多的公共产品，"一带一路"就是其中最重要的体现。此外，也可以通过"一带一路"来打造我们的全球领导力,这对中国是非常重要的。

◇◇ 6 "一带一路"倡议推出后,中国的国家形象有什么变化?

"一带一路"刚提出时并没有引起国际社会的广泛关注,甚至有人以为是一部好莱坞电影,但后来大家就慢慢理解和重视了。"一带一路"现在在美国的知名度是很高的,不只是政界和学术界,基本上很多受过教育的人都知道这是中国向全世界提供的一个公共产品。

◇◇ 7 智库应该怎样参与"一带一路"研究?

首先,要建立共识,将各个国家的智库都邀请过来参与"一带一路"的讨论和建设,为我们出谋划策。

其次,"一带一路"智库峰会的召开频次可以增加,让它更加机制化。会议召开的地点可以是在中国,也可以是在国外。

◇◇ 8 国企与民企如何在"一带一路"共建中更好发挥互补作用?

要鼓励更多的民营企业"走出去",民企的"56789"(民营经济贡献了50%以上的税收,60%以上的国内生产总值,70%以上的技术创新成果,80%以上的城镇劳动就业,90%以上的企业数量)已经证明了它在国内的积极作用。现在,我们需要让民企在国际上也能发挥它的长处,在"一带一路"共建中作出更大贡献。巴基斯坦驻华大使跟我聊过,希望有更多的中国民企前往巴基斯坦,带动他们发展。但另一方面,民企在海外的运转需要政府的大力支持。要让民企和国企一样能够享受平等的地位。

可以举办"一带一路"企业家峰会,让民企跟跨国公司结成联营体,在此基础上把海外的华人华侨联系起来。我认为,民营企业、跨国公司和华人华侨是我们"一带一路"的"三大法宝"。

◇◇ 9 您有其他补充么?

刚才我提到了中国要及时填补美国退出后留下的真空地带,这并不意味着要推翻美国。我们要填补的是美国在经济全球治理留下的空间。我们能拿得出手的国际公共产品太少了,所以急需改进"一带一路"的形象,提升我们的公共参与水平,大力推动多边主义。我一直认为"一带一路"要"多边化",不能只把目光放在发展中国家和欠发达国家身上,也要吸引更多的发达国家参与到"一带一路"之中,这样才能最大限度发挥"一带一路"的作用。

另外,我们全球化智库多次给国家建言献策,有时也能解决大问题。比如,美国之前发起举办所谓的"民主峰会",我当时提出,我们也可以开一个"民主峰会",因为所谓的"民主"也是我们社会主义核心价值观中强调的内容,我们对它有着独特的理解和认识,我们也可以召开民主主题会议展示我们对民主的理解,讲述我们的民主实践,与其他国家就民主议题达成新的共识。

(薛:什么原因促成你创办全球化智库?)

这和我个人的经历有关。我大学毕业后就去了商务部工作,后来我又在海外工作过很长时间,经营过跨国公司,也在加拿大的地方政府任职过,在这个过程中积累了很多资源和人脉。到了 90 年代,我响应"改革开放"的号召重新回到国内。2008 年,我被中组部任命为国际人才竞争战略研究专题组组长,负责国家人才规划的工作。在这个过程中,我意识到需要建立一个智库来推动全球化的进程。建立智库的门槛是很高的,既要懂学术、又要懂政府、还要懂经营,而我恰好在这三个领域都有足够的知识和经验。

CCG 成立 15 年来取得了不错的成绩,成为得到国际认可的中国国际化智库,在世界最具权威性的全球智库评价报告美国宾夕法尼亚大学《全球智库报告 2020》中，CCG 位列全球顶级智库百强榜单第六十四位，连续四年跻身世界百强榜单，也是首个进入世界百强的中国社会智库，并在国内外多个权威智库排行榜单评选中均被评为中国社会智库第一。CCG 可以说是我国智库发展的一个独特样例，既是时代的产物、也与我个人经历十分契合，但从打造"百年老店"的视角来看、我们也还有很长的路要走，要不断与时俱进、开拓创新。

（本文主要内容以《专访王辉耀：民营企业、跨国公司和华人华侨是"一带一路"的三大助推器》为题，2023 年 10 月 11 日发表于光明网）

第二部分
"一带一路"倡议与区域发展

  截至目前,与中国签署共建"一带一路"合作文件的国家总计152个。这些国家遍布五大洲,但不同区域参与共建的广度、深度存在明显差异。这是正常的。本部分受访者重点研究的对象国分布于不同地区。在回答笔者提问的过程中,他们在整体纵论"一带一路"的同时,也就自己特别关注的区域,向受众展示了不同地区共建国参与共建"一带一路"的特点与变化。他们所展示的丰富细节,让笔者印象深刻,引得笔者不时进行追问,以便获得更为详细、准确的信息,使得不少访谈时间明显延长。

2.1 "一带一路"倡议与中亚五国：于洪君

【核心观点】"一带一路"展示了中国的新型国际合作观，即开放、包容、不排除与第三方合作，充分调动并发挥了项目东道国的主观能动性，为中国与广大发展中国家间不同行业、不同标准、不同战略的对接提供了前所未有的机会和平台。合作共建的过程实质上是不同治理模式、不同发展理念、不同文明形态相互交流、相互融合的过程。中亚地区五个国家的内外政策和利益诉求并不完全一致。哈萨克斯坦、吉尔吉斯斯坦、塔吉克斯坦对共建"一带一路"倡议的态度更加积极。中俄合作没有禁区，但有底线。不赞成中俄已经成为"事实上的盟友"，两国关系始终建立在不结盟、不对抗、不针对第三方的原则基础之上。"一带一路"的风险与挑战也表现在政治、经济、生态、人文、安保等各个方面。下一步中国要针对上述情况做阶段性反思和针对性整改，以高标准、可持续、惠民生为目标，继续推动共建"一带一路"高质量发展。

访谈对象：于洪君，中共中央对外联络部前原部长、中国前驻乌兹别克斯坦大使、中国人民争取和平与裁军协会副会长、全国政协参政议政人才库特聘专家

访谈人员：薛力

访谈时间：2023年7月5日

访谈地点：北京万寿宾馆

录音稿整理：许晓艺，中国政法大学政治与公共管理学院硕士研究生

录音稿校对：薛力

本文经受访者审定

◇◇ 1 中国提出"一带一路"倡议的动因是什么？

"一带一路"国际合作倡议，目前已被公认为中国向国际社会提供的一件最有价值的公共产品。这件国际公共产品的提出和推广，堪称历史偶然性和时代必然性有机结合并高度统一的典范。

历史偶然性指的是，2013年9—10月，习近平主席利用访问哈萨克斯坦和印度尼西亚，面对中亚和东南亚发表政策性讲话之机，提出了共建"丝绸之路经济带"和"21世纪海上丝绸之路"这两项高屋建瓴、具有强烈时代色彩的重要倡议。当年10月召开的周边外事工作会议，即新中国成立以来召开的首次周边外事工作座谈会，决定将这两项倡议合二为一，统称为"一带一路"。重新激活丝绸之路这盘棋，做好复兴之路大文章，从历史性、全局性、战略性高度出发，推动中国同周边国家乃至整个世界合作发展、共赢发展，震动了国际社会。包括发达国家在内，整个世界可以说始料未及。

时代必然性是说，进入21世纪以来，国际力量对比发生深刻变化，人类社会面临的共同性挑战日益增多，加强全球治理、推动全球治理体系改革已经成为大势所趋。中国经过几十年改革开放，国际影响力和国际地位显著提升，时代呼唤负责任大国在新一轮全球化进程中发挥引领作用，呼唤大国政治家以超乎寻常的胆略和气魄，提出新的全球治理方案，寻求新的互利合作之道。特别是2008年金融危机之后，全球经济增长动力不足，各国合作意愿下降，反全球化思潮甚嚣尘上，世界亟需新的合作模式、新的合作原则、新的合作理念。过去，西方国家操控主导国际合作，习惯于将其价值观、发展模式和意识形态强加于相对弱势的发展中国家，这就导致了不同发展模式、不同治理理念、不同文明形态之间的冲突与隔阂。

正是在这种崭新的历史背景下，中国倡导和推动的"一带一路"国际合作应运而生。这种合作范式顺应了时代发展潮流和历史变革大势，也顺应了国际社会大多数成员的共同诉求期待，因此，这件史无前例的公共产品，具有无可置疑和显而易见的历史必然性。

◇◇ 2 如何评价"一带一路"国际合作这十年的历程？

这十年来，"一带一路"国际合作持续而全面地向前推进，不断朝着高质量、高标准、可持续、惠民生的方向迈进，成果可以说是非常显著。在两次"一带一路"国际合作高峰论坛上，习近平总书记都做过阶段性的总结和概括。国际社会总体上对"一带一路"给予了充分肯定。

大量的数据和事实说明，"一带一路"国际合作不仅直接推动了中国同周边国家，乃至世界上大多数发展中国家的联动发展，还超越了社会制度差异，超越了意识形态分歧，超越了经济发展鸿沟，超越了地缘政治纷争，助推和引领了当今世界不同文明之间的交流和融合。

"一带一路"合作充分调动并发挥了项目东道国的主观能动性，为中国与广大发展中国家间不同行业、不同标准、不同战略的对接提供了前所未有的机会和平台。以企业"走出去"为例，我们与相关国家在合作项目的推进过程中，必须全方位、多领域地与当地实际相结合，包括尊重遵守东道国的风俗习惯、文化传统、管理体制和法律规范。这个过程实质上就是不同治理模式、不同发展理念、不同文明形态间相互交流、相互融合的过程。所以，"一带一路"国际合作的十年，就是推动共同发展不断加速的十年，就是推动不同文明互学互鉴的十年，就是从更大范围内推动构建人类社会命运共同体的十年。

"一带一路"国际合作不是中国同个别国家之间的合作，更不是"走出去"的企业同个别外国企业的"专项合作"。它所实践和代表的，是我们的新型国际合作观，即开放、包容、不排除与第三方合作。一个鲜明的例子就是亚投行，亚投行从诞生起就饱受质疑，到现在成为仅次于世界银行的全球第二大国际多边开发机构。其成员国从 57 个增至 106 个，既包括发达国家，也包括发展中国家。可以说，这个结果超出我们原有的预期，充分说明了我们在这个过程中的努力得到了国际社会的广泛认可。尽管目前亚投行在海外的投资力度不及中资银行，但随着时间和资金不断增加，遵循最高治理标准的亚投行将逐渐体现它独有的优势。

◇◇ 3 中亚国家对"一带一路"倡议的评价如何，有什么异同点？

中亚地区有五个国家，外界可能认为它们彼此之间差别不大，原先都是苏联的加盟共和国，国民多信奉伊斯兰教。实际上，它们的内外政策和利益诉求并不完全一致。

土库曼斯坦作为联合国承认的永久中立国，对参加区域安全和经济组织持相对谨慎态度。十年来，土库曼斯坦向中国出口了大量的天然气，双方与乌哈两国合作建设的中国—中亚天然气管道，A、B、C三条管线最多可以年输800亿立方米。正在铺设的D线完工后，总输气能力将近每年1000亿立方米。仅土库曼斯坦每年就可向中国出口650亿立方米。2023年，土库曼斯坦政府与中国签署共建"一带一路"倡议和"复兴丝绸之路"战略对接的谅解备忘录，两国将在"一带一路"倡议的框架下，继续深化互利合作和文明互鉴，推动构建中土命运共同体。

乌兹别克斯坦是中亚地区的"双内陆国"，但历史文化底蕴丰厚，治国理政思路独特。很长一段时期，该国为维持低债务水平，曾有意与国际资本保持一定距离，有人因此论断该国"封闭""保守"。实际上，自米尔济约耶夫出任总统以来，乌大力推行各项改革，市场开放度和投资自由化力度不断增大。经济发展活力也越来越大。近年来，乌兹别克斯坦积极发展对华友好关系。在两国领导人的战略引领下，双方"一带一路"框架下的各项合作全面推进，两国在经贸、能源、互联互通等领域不断取得重要成果。

哈萨克斯坦、吉尔吉斯斯坦、塔吉克斯坦对共建"一带一路"倡议的态度更加积极。我们仅以哈萨克斯坦为例。作为共建"丝绸之路经济带"的首倡之地，该国十年来不仅积极开展对华经贸、产能、基础设施等领域的合作，而且建设了以奇姆肯特炼厂、阿拉木图光伏电站、札纳塔斯风电场、图尔古孙水电站为代表的一批示范性项目，还在通信、数字技术和可再生能源等新领域取得了实打实、沉甸甸的成果。此外，哈萨克斯坦通过参与共建"一带一路"获得了与亚太国家经济联系的"出海口"，中哈连云港物流合作基地及集装箱码头每日吞吐量超过150万个集装箱，已经成为高效协调远洋航运、深海港口、内河航道、国际班列和物流站的枢纽。

"一带一路"倡议提出这十年，中国与中亚国家的合作持续深化。2023年5月首届中国—中亚峰会在西安举行，习近平主席会晤中亚五国元首并发表主旨演讲，高度肯定了中国同中亚国家推动丝绸之路全面复兴取得的历史成就，并就构建新时代中国—中亚命运共同体，提出了一系列倡议主张，宣布了多项务实举措。相信未来中国与中亚国家将在更大范围、更高层次，推进合作更上一层楼。

◇◇ 4 中国—中亚峰会成功召开后，您如何看待下一步中俄关系的发展？

中俄两国互为重要邻国，双方早就建立了与时俱进的全面战略协作伙伴关系。因此，两国都有人讲过："中俄合作没有禁区。"但中俄关系是有底线的，这个底线就是联合国宪章所确立的宗旨和原则，就是普遍公认的国际法和国际关系基本准则。俄罗斯发展潜力巨大，但目前确实面临着发展迟滞的问题，不仅在基础设施方面，还包括发展理念和管理方式，都受到俄罗斯传统政治思维和苏联政治文化的影响。尽管如此，作为一个转型大国，俄罗斯在地区和国际市场上仍具有巨大影响力，主要体现在粮食和能源两大领域。另外，俄罗斯的战略投送能力和军事打击能力仍不可小觑，其核力量与美国仍不相上下，这些都奠定了俄罗斯作为世界大国的实力基础。

在国际社会权力结构发生深刻变化的背景下，中俄两国领导人决定将两国关系提升为"中俄新时代全面战略协作伙伴关系"。这既是双方的自觉选择，也是历史推动的结果。现在有一种声音,称中俄已经成为"事实上的盟友"。我不认同这种说法。中俄双方始终强调,我们两国关系始终建立在不结盟、不对抗、不针对第三方的原则基础之上。

◇◇ 5 "一带一路"倡议提出后,中国外交政策发生了什么变化?

中国始终奉行独立自主的和平外交。但不言而喻,中国的外交政策始终随着国内外形势的变化而调整。30多年前,我们曾提出坚持"韬光养晦""有所作为",近年又提出了"中国特色大国外交"。这些调整变化,意味着中国要承担更多的国际责任和义务,要更强有力地保护中国的海外利益。

以美国为首的西方国家借题发挥,将中国和平崛起歪曲为"中国威胁",近年矛头直指"一带一路"倡议,诬称我国违背"市场规律",布设"债务陷阱",这值得我们高度警惕。

"一带一路"倡议坚持奉行"共商、共建、共享"的原则,坚持平等协商,坚持尊重各国的自主选择。中国注重保持透明和开放,注重与各国的发展战略相互对接,注重与现有的地区合作机制互为补充。中国站在更高的历史起点上,以构建人类命运共同体为终极目标。可以说,"一带一路"倡议与近年提出的全球发展倡议、全球安全倡议、全球文明倡议一脉相承,都是中国特色大国外交的生动体现和重要抓手,共同彰显着中国特色大国外交致力于和平与发展,谋求合作与共赢的时代担当和优秀属性。

◇◇ 6 "一带一路"倡议提出十年后,中国的国家形象有什么变化?

"一带一路"用十年来的切实发展成果,为中国在国际社会上树立了开放、包容的合作者和建设者形象。国际社会通过"一带一路"合作,找到了超越意识形态分歧，超越社会制度差异，超越地缘利益纷争，超越发展水平鸿沟，共谋发展进步的新方向、新目标。另一方面，"一带一路"也招致了一些不客观、不友好的评价，引发了一些国家对中国的戒心和猜忌。这是由于"一带一路"模式冲击了既有的西方国际合作模式，打破了从前西方国家划定的势力范围和霸权体制。以美国为首的西方国家为对冲"一带一路"，推出了以"重建更美好世界"（B3W）为代表的另类合作计划。对此，我们要冷静观察，沉着应对。要正面回应合作伙伴对"一带一路"的疑虑和责难，相信国际社会自有公论。

◇◇ 7 共建"一带一路"所面临的风险与挑战？下一步我们该如何应对？

任何事物的发展都不是一帆风顺的，"一带一路"倡议是前无古人、涉及全球的重大事项，在这个过程中遇到困难和风险、压力与挑战，在所难免。我们正在经历的百年未有大变局，涉及国际政治关系、世界经济格局、地缘安全架构、文明共存态势，深刻性与复杂性超乎寻常。

因此，"一带一路"的风险与挑战也表现在政治、经济、生态、人文、安保等各个方面，其中既有西方势力恶意炒作破坏中国与东道国的合作，也有因为地区安全局势动荡所引发的意外冲击，还有违法犯罪、恐怖主义、流行性疾病等非传统安全因素造成的损失，以及中国企业"走出去"经验不足、手段不足、能力不足所导致的诸多问题。

下一步我们要针对上述情况做阶段性反思和针对性整改，以高标准、可持续、惠民生为目标，继续推动共建"一带一路"高质量发展。例如：进行资源整合，对目前千军万马走出国门的局面进行有序引导和控制，避免出现鱼龙混杂、泥沙俱下的现象；对当地政策环境做好跟踪研究和预判，涉及政治问题、民生问题和历史文化问题的项目要根据实际情况妥善处理；对项目整体有客观的论证和评价，完善风险评估机制，规避前景不明或效益不彰的项目，强调依法合规经营，按照国际规则行事。

8 智库与高校如何参与共建"一带一路"?

智库就是思想库,某些情况下,也可称作"智囊团",发挥参谋、顾问作用。我国智库发展很快,无论从事国别与区域问题研究的学术型智库,还是直接参与"一带一路"建设的专业型智库,都可以在政府和企业之间穿针引线,搭建桥梁,起到上通下达、出谋划策的作用。智库可有针对性地为相关项目或工程进行可行性研判或评估,提出切实可行的意见建议,但要避免千篇一律、自说自话,陷入学理主义和烦琐考证。国家要大力推进"一带一路"智库的国际交流与合作,尤其要在共建"一带一路"国家开展丰富多彩的智库交流,在大学和研究机构之间推进"一带一路"人力资源培训和职业技术教育合作。这不仅有助于增进沿线国家社会各界对"一带一路"的认识和理解,也有助于我们更好地把握沿线国家的大政方针和社会经济情况,更深入地了解当地的民情民意,为促进"一带一路"高质量发展、造福沿线各国人民,做好政策咨询和对策建议服务。

9 非政府组织如何参与共建"一带一路"?

中国非政府组织的发展还不是很充分,背景与作用千差万别。总体上还处于一个起步阶段,社会认可度不是很高。长远看,鼓励并扶持中国特色非政府组织健康发展或许势在必行。未来要积极鼓励有实力、有影响、敢作为、善作为的中国非政府组织"走出去",作为政府和市场的补充性力量,参与"一带一路"国际合作,助力"一带一路"高质量发展。

(本文以《专访于洪君:"一带一路"是史无前例的公共产品,引领不同文明的交流融合》为题,2023年10月9日发表于光明网)

2.2 "一带一路"倡议与俄语国家：邢广程

【核心内容】中国的外交政策以"一带一路"平台为抓手，以"一带一路"实施线路图为指导，以人类命运共同体为理念，中国外交的大轮廓已经基本显露。中国正在通过"一带一路"来重塑本国外交政策版图。"一带一路"提供了一个完全无害的国家间的合作方式，得到了绝大部分国家的支持，但还要进一步完善。"一带一路"是中国给世界提出的一个思路，实施难度非常大，这十年能取得如此大的成绩已经相当不错。俄语国家对"一带一路"合作的态度、合作方式和规模都有区别。由于与西方关系破裂，俄罗斯的东转战略会提高与"一带一路"深度对接。"一带一路"是一个长期的、各国自愿的过程，建议进一步阐述和细化"共商、共建、共享"原则。"一带一路"应该做到有可操作性，给发达国家经济体预留出空间。现在"一带一路"建设在治理方面存在的最大问题是，不知彼也不知己，学术和企业分离。

访谈对象：邢广程，中国社会科学院学部委员、中国社会科学院中国边疆研究所所长

访谈人员：薛力

访谈时间：2023 年 8 月 18 日中午

访谈地点：北京小云南餐厅菜市场店

录音稿整理：尹如玉，辽宁大学中国开放经济研究院副研究员

录音稿校对：薛力

本文经受访者审定

◇◇ 1 中国提出"一带一路"倡议的原因是什么？

有几个因素：第一，中国自身能量的壮大。过去，我们的方针就是自己闷头做事情，但是随着中国的迅速崛起，美西方提出大国责任论，国际社会需要中国提出具有世界意义的想法。

第二，适应全球化需求。全球化过程导致区域发展不平衡，区域国家之间的发展存在很多问题。无论是基础设施还是规则方面，都有很不通畅的地方。所以我们谈五通，尤其是基础设施联通。另外，因为规则的改变，目前贸易投资出现非便利化状态。此外，还有金融、民心、文化等方面都存在联通需求。如此，我们提了"一带一路"这样一个能够给大家带来好处的方案，有了共商、共建、共享这个"一带一路"原则。

第三，接下来，我们便在"一带一路"这个平台上提出实现人类命运共同体。

实际上，我们是在全球化的大背景下提出了一个解决世界问题的方案。

◇◇ 2 您对共建"一带一路"十年的整体评价是什么？

从"一带一路"发展的这十年来看，中国的这一原创性方案适合世界各国合作共同发展的这种理念，因而得到了绝大部分国家的支持。但还要进一步完善。

在推行"一带一路"的过程中，中国和其他直接参与建设的国家，尤其是发展中国家均有所获利。实际上，"一带一路"间接上也为没有直接参与的国家创造了很好的条件。甚至对"一带一路"有抵触的国家，经济上也有所获利。直接参与"一带一路"建设的国家，经济发展起来之后与其他国家合作开展更顺畅。对于没有直接参与"一带一路"，甚至反对该项倡议的国家，他们在与"一带一路"受益国家的合作中也间接地获利了。所以说,"一带一路"提供了一个完全无害的国家间的合作方式。世界是一个整体,不是你死我活的零和博弈。

◇◇ 3 东道国对"一带一路"项目作何评价?

我去的主要是欧洲和亚洲国家。首先,欧洲绝大部分国家都非常支持"一带一路",包括没有直接参与"一带一路"的发达国家,他们也认为这是一个负责任的方案。对于"16+1"框架内的中东欧国家来说,出现了两极的现象。一极是非常赞同,但在另一极出现了负面的声音。这都是正常的。

其次,亚太地区国家不仅对"一带一路"评价较好,而且已经很好地融入到"一带一路"建设当中。十年时间里,中国和这些国家经济联系更加密切。以东盟国家为例,中国和东盟国家的合作已经成为"一带一路"建设的示范区。中方一共提出了两个命运共同体,其中(最早的)是中国—东盟命运共同体。早在"一带一路"倡议提出之前,中国与东盟国家就已经有了很好的合作机制,比如说贸易投资便利化。中国和东盟国家在"一带一路"框架内的合作范围变得更宽,合作平台变得更高。第二个是中国—中亚命运共同体,而且我们还把新疆作为丝绸之路的核心区。中方后来又提出,中亚是构建上海合作组织命运共同体的核心区域。新疆和中亚加在一起就是双核心区。

除中国—东盟命运共同体和中国—中亚命运共同体之外,我们还提出周边命运共同体和亚洲命运共同体,我们还在特定领域提出人类卫生健康共同体(等)。"一带一路"建设的重点是在欧亚大陆。另外,我们还参与了非洲国家的很多论坛。在非洲国家,只有少数对"一带一路"建设持批评态度,绝大多数国家非常感兴趣,有的国家与"一带一路"进行深度接触。

总的来说,世界上大多数国家认为,"一带一路"倡议是中国给世界提出的一个合作方案。这些国家同时也把"一带一路"与中国的对外政策和国家形象联系在一起。这是在大的国际范围内,对"一带一路"十周年作出的总体评价。

（薛：作为研究俄语国家的权威学者，能否重点谈一下俄语国家对"一带一路"的评价？以俄罗斯为例，该国对"一带一路"的态度经历了哪些变化？）

总体讲，俄语国家对"一带一路"合作的态度、合作方式和规模都有区别。

首先，俄罗斯确实对"一带一路"的态度经历了一个变化的过程。在2013年"一带一路"刚开始的时候，俄罗斯反应不太积极。中俄两国交流在各个层面都有所滞后，出现了一些问题。后来，在我们出台了涉及"一带一路"标准的文件，俄方看到欧盟、东盟是中国"一带一路"合作的主要区域后终于明白，"一带一路"方案很宽阔。所以2013年后，俄罗斯逐渐转变态度，意识到可以成为中国、东亚和西欧发达经济共同体之间的桥梁，所以变得愿意积极参与。目前，中俄双边合作主要以原材料和能源合作为基础。

其次，还有中亚国家。中国和哈萨克斯坦合作非常密切，哈萨克斯坦非常积极。在中亚国家当中，中国和哈萨克斯坦在"一带一路"框架内的合作是最成功的。原因在于，"丝绸之路经济带"的概念是习近平主席在哈萨克斯坦提出的。所以，我们把哈萨克斯坦命名为"丝绸之路经济带"概念提出的首创国，中哈双方在很多领域都有进展。但是这些进展也受到欧亚经济联盟框架的制约，例如贸易便利化的问题。哈萨克斯坦是欧亚经济联盟的成员国，如果中国和哈萨克斯坦推进贸易便利化，那么中国的商品会通过哈萨克斯坦转到欧亚经济联盟其他成员国。但是，欧亚经济联盟其他成员国与中国经济合作并没有那么密切，这就会导致中国的商品难以进入欧亚经济联盟的其他国家，使得"一带一路"倡议在推进与中亚贸易、投资便利化过程中受到制约和限制。

最后，白俄罗斯和中国在"一带一路"对接方面做得比较好。我们在白俄罗斯还有一个很大的园区（中白工业园区）。我们和乌克兰本来也有一些合作，由于俄乌关系不好，中乌很多项目处于停顿状态。战火阻断了中国与欧亚国家的合作，对五通产生直接影响，这些都影响到了"一带一路"的建设。目前，中国与波罗的海三国的合作情况是最糟糕的。这三个国家原来对合作很感兴趣，现在退出或者捣乱干扰。

未来俄罗斯和中亚国家可能会在"一带一路"框架内进行比较务实的合作。由于与西方关系破裂,俄罗斯的东转战略可能会提高俄与"一带一路"进行深度对接的可能性。

◇◇ 4 "一带一路"倡议推出后,中国的外交政策发生了哪些变化?

当前,中国的外交政策以"一带一路"平台为抓手,以"一带一路"实施线路图为指导,以人类命运共同体为理念,中国外交的大轮廓已经基本显露。中国的外交政策既能照顾到全局,又能做到多层次、多向度。这就是"一带一路"倡议对我国外交政策的影响。"一带一路"不仅是中国的外交概念,还是中国外交实践的过程。与此同时,我们还会围绕"一带一路"与试图遏制甚至阻断我们发展的美西方国家展开博弈。总体来讲,中国正在通过"一带一路"来重塑本国的外交政策版图。

◇◇ 5 "一带一路"倡议推出后,中国的国家形象有什么变化?

首先,中国展现出了负责任的大国形象。"一带一路"强调"共商、共建、共享"原则,这与其他大国的崛起方式有很大不同。总体上,"一带一路"倡议对中国形象的塑造有很大好处。

其次,中国的国际影响力会顺着"一带一路"沿路展现出来,中国的国际地位在提高。

◇◇ 6 "一带一路"在共建过程中主要遇到哪些挑战?

"一带一路"作为一个世界性的方案,其发展有一定难度。

第一,"一带一路"的发展需要一个协调中心来推进,但中国又不想做这个中心,这是矛盾的。中国提出"一带一路"倡议,是希望大家一起来做这件事情,因为倡议是没有强制性的,所有的事情都需要商量着来。中国既不想做老大,又想推进自己的倡议,这是很难的,决定了"一带一路"是一个长期的、各国自愿的过程。

第二,"一带一路"倡议参与的自愿性导致项目推进困难,导致贸易投资便利化这一最主要、最基本的规则都无法实现。

第三,中国提出的人类命运共同体理念,强调人类追求共同发展,但有的国家、有的人就不指望有多大的发展。怎么办?比如,意大利就提出不继续参与"一带一路"建设。这是非常自然的现象。

第四,部分国家站位不高,认为"一带一路"是中国方案,存在一种看中国笑话的心理,而没有意识到,这不是中国一国的事情。

第五,参与国期待值与实际操作之间的现实效应问题。不同国家对"一带一路"的认识和需求不一样。例如,很多发展中国家很穷,指望中国像救命恩人一样去援助他们。但"一带一路"是以市场经济为原则的倡议。

第六,强有力的发达经济体的集体的阻碍。美国认为"一带一路"冲击了它的规则,想要遏制我们。中国要清醒认识到,自己不能"包打天下"。我们提出"共商、共建、共享"是对的。

从以上问题来看,"一带一路"是中国给世界提出的一个思路,实施难度非常大。但是,反过来看,我们这十年能取得如此大的成绩已经相当不错了。

◇◇ 7 您对下一步推进共建"一带一路"的整体建议是什么?

第一,中国还要更进一步地阐述和细化"共商、共建、共享"原则。

第二,"一带一路"应该做到有可操作性。正如习近平总书记讲的,"一带一路"要从"大写意"变成"工笔画",中国要和其他国家一起去绘"工笔画"。我们要和其他国家分先后、分步骤地共同去完成。目前,"一带一路"

发展比较成熟的还是在中国周边国家，我们（固然）应该优先推进与中国周边国家的"一带一路"项目，先致力于构建周边命运共同体。一旦中国把周边的事情做清楚了，"一带一路"的先期成效也就出来了。此外，应该集中精力做一些有持续性的项目，例如在周边国家展开"一带一路"贸易投资便利化。

如果我们想务实地做这些事情，就要回到儒家思想，去跟这些国家讲义利观，我们取义也要取利。要跟这些国家讲低层面的利，如果大家连互利都做不到，就无法实现高层面的义。

第三，给发达国家经济体预留出空间。不要把"一带一路"搞成封闭的项目，不能给西方国家留下"'一带一路'是中国主导的、是排斥西方的"印象。"一带一路"既对周边国家，也对发达国家开放。发达国家具有参与"一带一路"建设的能力，甚至还会起到很大的作用。

（薛：刚才提到周边是重点，那日本、韩国和印度怎么样？）

要重点做日本和韩国的工作。中日韩三国如果能联合在一起，东北亚的局面就可以打开。中日韩原来已经有了发展框架，后来因为其他因素导致发展迟滞。从这方面来讲，中国应该有智慧地借助"一带一路"来改善与日本、韩国乃至印度的关系。我们总会设计出一个让大家都能接受的方案，甚至美国将来也有可能参与到"一带一路"建设当中来。这些都是开放性的问题。

◇◇ 8 高校与智库如何参与"一带一路"研究？

中国的智库和学者不是参与（不参与）的问题，而是应该积极、深度介入。"一带一路"是一个倡议，倡议需要的是什么？是思想。中国学者要有担当，要对"一带一路"倡议及其所产生的问题做系统、敏锐、有深度、可操作的高水平研究。宗旨就是把智库做起来，通过智库把中国的声音传到外国，通过外国的智库再把中国的声音放大。

（薛：能否讲一讲如何做出高水平的研究成果？）

中国智库应该加深对这个世界，尤其是"一带一路"相关国家的了解，要做到知己知彼。比如区域国别研究，这个区域是怎么回事？这个国家是怎么回事？要做有基础性的、针对性的研究。如果对这个国家没有研究，能谈合作吗？我们现在"一带一路"建设在治理方面最大的问题是，不知彼也不知己，学术和企业分离。国外的很多企业都有自己的智囊团，但我们的企业都是先扎猛子（干了）再说。所以说，在政府层面、企业层面还有国外层面，我们的智库都要发挥重要作用。

◇◇ 9 非政府组织如何在"一带一路"共建中更好发挥作用？

非政府组织既能够捍卫国家利益，又能表达中国的主流思想。这件事情是好事。中国可以有自己的非政府组织，将来也要走这条路（大力发展非政府组织），让非政府组织发挥作用，这是中国治理能力现代化提升的一个标志。在"一带一路"建设过程中，有的国家不愿意跟中国政府合作，非政府组织恰恰能够发挥（政府不能发挥的）作用。

（本文以《"一带一路"与欧亚国家——访中国社科院学部委员、中国边疆研究所所长邢广程》为题，发表于《中国社会科学报》，2023年10月17日）

2.3 "一带一路"倡议与对中亚关系：潘志平

【核心观点】本文系对中亚问题代表性学者潘志平教授的访谈。潘志平教授在纵论全球政治的基础上，重点分析了中亚在"一带一路"建设中的角色、地位。他在充分肯定"一带一路"成就与必要性的同时，也谈论了共建"一带一路"中面临的挑战，并就如何应对提出了其个人看法。

访谈对象：潘志平，新疆社会科学院中亚研究所原所长
访谈人员：薛力
访谈日期：2023年7月9日下午
访谈地点：新疆乌鲁木齐市南湖东路秋山汇餐厅
录音稿整理：李少康，中国社会科学院大学2020级国际关系专业博士研究生
录音稿校对：薛力
本文经受访者审定

◇◇ 1 对于"一带一路"倡议十年的整体评价，您刚才讲非常成功，评价能再具体一些吗？

"一带一路"的成功就是说这个成功已经形成系统，它是系统性成功。"一带一路"同152个国家都发展形成协同共建的关系。这很了不起。现在顾虑

"一带一路"的也就是西方，西方只有意大利参加了。

（薛：由于美国的因素，意大利很可能会不再续签。）

不续签就不续签，那是美国的因素。但是，这也证明意大利当时还是想参加"一带一路"的。

我们的"丝绸之路经济带"刚提出来时，俄罗斯是顾虑的。最后是习近平主席直接跟普京面对面交流才谈妥，双方就"一带一路"的"丝绸之路经济带"与欧亚经济联盟对接达成共识。后面的情况向积极方向发展。乌克兰危机爆发后，我们举办了中国—中亚峰会，这在以前不可想象。以前我们如果这样做，俄罗斯肯定会非常不满意，认为挖了它的墙角。现在，俄罗斯对我们这样做并无异议，俄罗斯认为，中国现在可以把中亚"小兄弟"们好好笼络住，所以它同意我们这样做了。

中亚地区对俄罗斯来说很重要，对中国也很重要。因为我们东面是台海问题，背后不能再爆发"颜色革命"。俄罗斯也一样，不能腹背受敌，所以中俄现在是背靠背来经营好中亚。这一点非常重要，而且今年成就非常大：一是中国召开的中国—中亚峰会非常成功，这大概率将成为机制。二是伊朗加入上合组织，我们还成功斡旋伊朗和沙特，伊沙矛盾实现和解。所以，中国的方案是和平方案，中国在中东提出的和解方案影响很大。现在整个中东都在寻求和解，土耳其和埃及，以及卡塔尔这些国家中间本来都有矛盾和冲突，现在都走向和解。叙利亚也已经回到阿盟。

（薛：这些都是中国促成的吗？）

这是中国促成的。我们现在致力于把沙特纳入上合，将上合的影响扩大到中东地区。上合原本局限于俄罗斯和中亚地区，中东是另外一块地方。沙特以前追随美国，现在已经翻篇了，美国已经逐渐失去影响力。

我当时分析"一带一路"可分为北段和南段。北段从俄罗斯这边过去，是大范围的经济合作、互联互通。南段有个问题是内斗不断，所以南段的问题就是如何打通。现在南段也通了。整体来看，"丝绸之路经济带"南北两段可以比翼齐飞了。

（薛："丝绸之路经济带"南北两段比翼齐飞了，您的整体评价相当高。）

◇◇ 2 东道国对"一带一路"倡议作何评价？

东道国现在评价还不错。例如，我们与哈萨克斯坦有能源合作、产能合作，以及产业园区、新能源等。基础设施建设方面都很不错，中吉乌铁路之前断了 25 年，现在可以继续建设了。

◇◇ 3 "一带一路"倡议推出后，中国的外交政策发生了哪些变化？

变得非常积极，这是显著特点。该做的就做，该讲的就讲，堂堂正正地讲，堂堂正正地做。我们是共商、共建、共享、共赢，而不是西方那一套价值观。我们相信这样做给各地老百姓带来了实实在在的好处。

关于中欧班列，我也改变了认知。我原先不太看好。从四川、重庆走中欧班列还可以。而义乌、深圳（的出口货物）本来可以途经大海走出去，为什么要走中欧班列？并且，刚开始我们国家补贴非常多，代价很大，因为班列都空箱返回。但这两年中欧班列做得非常好，它已经成为一种品牌。而且疫情暴发后，很多地方路线不通，但班列运行非常通畅。现在连越南、老挝都想走中欧班列。

（薛：是么？我还没听说过。）

因为连接中国铁路网了。现在中欧班列是越搞越好了。

我刚开始不明白，认为是"西—东"对接好，就是我们的西部和俄罗斯中亚国家的东部进行"西东对接"，比如说从重庆出来到萨马拉对开，觉得这非常好。以前货物要从重庆运到长江口，通过大船运到圣彼得堡，再到萨马拉、叶卡捷琳堡，最后到西伯利亚，兜一大圈子。实际上，"西—东"这样对开最好。

海路运输时间长一点，但装载量很大。一艘船能装 20 万吨以上。一班列只能装 5000 吨，20 万吨的船货量大约相抵 40 列车。但海路还有一个问题，像马六甲海峡，万一打仗被断掉就没办法了。但是陆路断不了。

（薛：为什么马六甲海峡会断？可以绕行。我专门研究过马六甲海峡问题，被中断这个问题不存在。）

如在马六甲被截断的话，会非常难受。

（薛：不会断的，海上可以到处绕行。反而陆地上铁路被炸非常难受，需要时间恢复。马六甲海峡被堵，巽他海峡、龙目海峡等都可供绕行。）

◇◇ 4 共建"一带一路"面临的挑战有哪些？

中亚一些国家很脆弱、不稳定。2022 年哈萨克斯坦"一月事件"就是一个明显的例子。吉尔吉斯斯坦是小国，出事影响还不大。但哈萨克斯坦是中亚大国，它北部幅员辽阔，如果出问题，影响将很大。我们本以为哈萨克斯坦是中亚最稳定的国家，但事实表明中亚国家的稳定仍是问题。

◇◇ 5 国企与民企在共建"一带一路"的过程中如何实现优势互补？

民企有民企的好处，国企有国企的优势。国企有能力拿下重大项目，民企灵活、求生欲强，不赚钱的项目不干。

（薛：怎么办？永远是靠国企，还是说国家要加大对民企的扶持力度？）

要想办法扶持民企，它们都希望国家给创造一个环境。这样，它们可以好好干，一旦出现（不可控）的问题时，国家通过再保险等手段，让它们不要赔得太厉害。当然，国家要扶持的是真正做事情的民企。

还是要把国企做好、做大、做稳，把国企的优势发挥起来，把官僚主义收敛起来；同时鼓励民企，推动"国民"结合。

◇◇ 6　中亚有没有做得比较成功的经贸区？

这些年我没去过，没接触这些东西。新疆有一个民营企业华凌集团，在格鲁吉亚做得不错，主要做建材。

（薛：国内我们的优质产能也好，过剩产能也好，靠转移到"一带一路"沿线国家根本消化不了。它们的总体需求没有多大。这是我的研究体会。）

◇◇ 7　高校与智库如何参与"一带一路"研究？

在中亚办大学。土耳其和俄罗斯都在中亚办大学。土耳其在比什凯克等地创办了大学。阿斯塔纳、阿拉木图、比什凯克都有俄罗斯办的大学。在阿斯塔纳，俄罗斯创办的欧亚大学在哈萨克斯坦各个州都有分部。这些学校还有一个优惠计划，入读三年以上者可以拿俄罗斯学历，因此当地学生特别愿意上这些学校。

中国现在的做法是让中亚的学生到中国留学。由于中国教育部提供资助，这些留学生很愿意来中国留学。新疆大学的留学生就很多。我们在中亚国家只有孔子学院。这不是学历教育，这很不够。我们要创办正规大学。新疆大学想在吉尔吉斯斯坦办一个大学，但需要教育部出钱。别的大学也可以这么做。

（薛：厦门大学就有马来西亚分校。）

对，都可以，新疆大学办也可以，但教育部或者国家汉办要大力支持，要为此专门开设通道。

（薛：你刚才讲到大学。那么大专、中专、中学是否也可以做？）

先创办大学，办好。如果中亚学生进入我们的大学，可以拿北京大学的学历，他们肯定很乐意。参照俄罗斯的办法，如果北京大学在阿拉木图办分校，包括学士、硕士、博士学位，那吸引力就大了。

哈萨克斯坦最好的大学是位于阿拉木图的法拉比哈萨克斯坦国立大学。法拉比是哈萨克斯坦是古代名人。纳扎尔巴耶夫大学规模比较小，相当于国内一个领导人办的大学。我在哈萨克斯坦国立大学带过两个博士生，他们规定，修哲学博士学位必须实行国内国外双导师制。

我们应该在中亚这些国家布局，在每个国家办上两三所正规大学，比如在哈萨克斯坦的阿拉木图、阿斯塔纳，在吉尔吉斯斯坦的比什凯克、奥什，在乌兹别克斯坦的塔什干、布哈拉，等等。

另外还可以合作办学，比如说新疆理工学院可以跟中亚的一些矿业大学合作办学。独立办学、合作办学多种形式并举。我们实际上已做了一些院系之间的合作。院系合作比较容易，但独立办学非常重要，需要划地。

（薛：中亚的政策、法律允许吗？）

可以争取。既然已经有土耳其的大学、俄罗斯的大学，我们可以模仿。

◇◇ 8 新疆是"丝绸之路经济带"核心区，您对新疆过去十年推进"丝绸之路经济带"建设的整体评价，以及对未来发展，有何建议？

相比于核心区，我认为定义为枢纽区更合适。如果说以新疆为核心，其他地区可能不服气。有些地区问我，你们新疆有钱吗？没有；你们有人才吗？没有；有先进的理念吗？没有。我说新疆是枢纽，而且我们和中亚都是整个丝路经济带的枢纽区，就像郑州火车站，东南西北都要经过。

（薛：这是一个客观事实。）

因为很多丝路经济带走廊必须通过这里。例如，新亚欧大陆桥走廊，中国—中亚—西亚走廊，包括到巴基斯坦的中巴经济走廊都要通过新疆。六大走廊中的三大走廊都要经过新疆，客观上它就是一个枢纽区。

新疆的核心区定位是新疆发展改革委报上去后得到的中央认可，事实上有些省市不大服气。但新疆有地缘优势，可以作为枢纽协调各方运作。

（薛：有道理。您建议把核心区改成枢纽区吗？）

强调枢纽、弱化核心，先把枢纽做好。核心区不太好做到，要钱没钱，要人没人，也没有先进理念。

实际操作中都是在做枢纽方面的事情。怎么可能以你为核心做这些事情？我们怎么可能让东南沿海地区往西面给钱？我们如果有像上海那样的经济水平，不是核心也是核心。但是我们没有那个条件。

（薛：除了做枢纽区，新疆还能做什么？）

新疆有两个问题，一个是稳定，一个是发展。稳定是基础，现在长治久安始终是一个问题，没有这个基础不行。

（薛：关于稳定问题的治本之道，现在新疆找到了吗？）

治本之道正在做，有各种各样的报告。其实主要是做好民族工作。

（薛：这是安全问题的基础，然后再谋求发展？）

也不是"然后再谋发展"。我是说，新疆与内地不一样，稳定与安全在新疆具有特别的重要性，但我们不能整天拘泥于稳定，而不搞发展。对于新疆来说，稳定和发展相辅相成，两者要兼顾。

（薛：感谢潘教授接受我的访谈。在两个小时的时间里，您很坦率地发表了看法，一方面充分肯定"一带一路"的重大意义与十年成就，另一方面谈到了若干重大挑战，并就如何应对给出了您的处方。相信您的建议对于受众与政府相关部门会有启发作用。）

（本文为未刊稿）

2.4 "一带一路"倡议与海岛东南亚：李开盛

【核心观点】"一带一路"倡议是中国针对周边国家和发展中国家外交的顶层设计。它统筹发展与外交，是民族复兴的当代实践符号，对中国外交有"以小国带大国"的效果。"一带一路"倡议帮助发展中国家在基础设施上提前实现梦想，并激发其他大国参与发展中国家基础设施建设的积极性。在评价"一带一路"项目时，要关注"沉默的大多数"，即受益者不如受损者的声音大。共建"一带一路"面临的主要挑战是可持续性问题，为此要吸引其他参与者，特别是强化第三方合作。建立"国企带动民企"的机制也应该受到关注。要培育中国的非政府组织，并发挥外国非政府组织的作用。智库可以通过专门研究与人员交流两方面发挥作用。

访谈对象：李开盛，上海国际问题研究院副院长、研究员
访谈人员：薛力
访谈时间：2023 年 8 月 1 日
访谈地点：出租车里（由上海国际问题研究院至御沪沪味园路上）
录音稿整理：张少文，中国社会科学院大学国际政治经济学院国际关系专业博士生
录音稿校对：薛力
本文经受访者审定

◇◇ 1 中国推出"一带一路"倡议的原因是什么？

第一，中国推出"一带一路"倡议有诸多动因，例如促进国际产能合作等，但我更想强调外交层面的因素。"一带一路"倡议是中国针对周边国家和发展中国家在外交层面上的顶层设计，有统筹发展与外交的考虑，是党的十八大后中国新一代领导人在外交上的重大创新。所以，我们可以看到在2013年，除了习近平总书记在哈萨克斯坦提出"丝绸之路经济带"、在印度尼西亚提出"21世纪海上丝绸之路"之外，还前所未有地召开了周边外交工作座谈会。这些事情是联动的。

第二，从推动实现中华民族伟大复兴的角度看，推出"一带一路"倡议在某种意义上也是对历史的一种回响。党的十八大后，习近平总书记首先来到国家博物馆参观了《复兴之路》展览，将中华民族伟大复兴作为时代重任，而丝绸之路正是作为中国古代辉煌历史上浓墨重彩的一笔而存在。因此，"一带一路"的提出除回应现实需要之外，在某种意义上也是民族复兴在当代实践的一个符号。

◇◇ 2 现在"一带一路"倡议已经推出十年，您对"一带一路"十周年整体作何评价？

总体来看，"一带一路"的影响是巨大的、积极的。从中国自身角度而言，"一带一路"是中国模式、中国方案、中国声音、中国话语的最好载体。暂且撇开具体成效及外界的各种评价不谈，"一带一路"倡议在其他国家、地区的落地生根，让国际社会，特别是发展中国家能够更加直观、深刻且大规模地接触到中国企业，以及背后的产业、中国的基础设施建设能力等，并通过这些去了解中国的发展模式。

从发展中国家的角度而言，我认为"一带一路"倡议带给它们的改变还是巨大的。"一带一路"倡议帮助很多发展中国家实现了以其自身条件不可能实现的梦想，如建设港口、高铁、机场、跨海大桥等大型基础设施。根据其实力与西方主导的融资模式，它们无法从世行和其他国家获取贷款，而中国可以帮助它们。当然，不只中国注入资金、提供建设能力，"一带一路"倡议还刺激了各国在基础设施领域的竞争，如美国提出各种计划，其中包括"重建美好世界"倡议（B3W）。虽然有的时候确实是口惠而实不至，但至少从整个世界舆论上来说，"一带一路"倡议在政治上、外交上带动了国际社会对发展中国家，或是不发达国家内部基础设施的重视，把发展中国家的"发展权"提升到了一个重要位置。

◇◇ 3 根据您的观察，对象国对"一带一路"倡议的整体评价如何，以东南亚国家为例？

在评价"一带一路"建设或项目的效果时，有一个现象值得注意，即当地媒体或所谓国际媒体上的舆论往往不能代表主流评价或多数人声音。"一带一路"建设具体到某个项目都会存在多个利益关联方，有些关联方受益、有些关联方受损，都是正常的情况。关键是，利益受损方或自认为的利益受损方往往更倾向于积极发声。尽管受益者是多数，但他们往往不发声或者发声少。受害（损）者最有动机发声，他们的声音也最容易被听到，这本来也是舆论场中的普遍现象。关键在于，体现到对"一带一路"项目的评价当中，往往就是项目的实际受益情况与舆论上表达出来的并不一致。另外就是西方国家的政府、智库、媒体积极为沿带沿路国家"代言"，搞得沿带沿路国家都是受害者似的。实际上西方还是站在自己的立场、视角上，其评价并不能反映"一带一路"倡议的真实情况。

◇◇ 4 "一带一路"倡议推出后,中国的外交政策发生了哪些主要变化?

"一带一路"倡议反映了我国外交理念与实践的深刻变化。传统上,中国外交高度强调和重视大国外交,对发展中国家也重视,但策略是"以大国带小国"。"一带一路"倡议推出以来,它所体现的外交政策模式更类似于"以小国带大国"。这一转变反映了当代大国关系的深刻演变,以及我国领导人在相关认识与实践上的变化。从效果上看,"一带一路"倡议推出后,中国外交议程设置的主动权相较以前有所提升,外交姿态更加进取,在战略部署上更加注重下"先手棋",开始敢于并善于承担主动造势的角色。例如,"一带一路"倡议中强调基础设施建设,抓住了发展中国家的关心点,也是当代世界发展问题的关键点,所以西方尽管有各种批评甚至歪曲,但也不得不采取各种名义上的措施或口号予以跟进。在这一过程中,我国逐渐掌握了外交议程设置的主动权,但主动权不等于主导权,后者是指西方基于强大的话语、规则力量对整个事情态势的主导。我们从主动权到主导权方面还有差距,还需要进一步努力。

◇◇ 5 "一带一路"倡议与人类命运共同体、伙伴外交、全球治理、新型大国关系等一系列外交概念之间是什么关系?

在习近平外交思想的概念体系中,人类命运共同体是最具战略性、综合性的概念。实现人类命运共同体是中国外交的宏观远景目标,而"一带一路"倡议则是实现这一目标的重要途径。但"一带一路"本身也是一个综合性的概念,它联结到中国外交的各个方面,也与各个外交概念都有重要联系。例如伙伴外交,"一带一路"倡议五通的第一条就是政策沟通,这是伙伴外交的题中应有之义;如经济外交,"五通"中的设施联通、贸易畅通、资金融通都是其中的内容；如公共外交，则与五通中的民心相通密切相关。另外，"一带一路"与全球治理概念也有交叉，推进"一带一路"需要改进全球治理；与新兴大国关系概念也相关，第三方合作如果搞得好，是推进新兴大国关系的重要手段。

◇◇ 6 "一带一路"建设面临的主要挑战是什么？

"一带一路"面临挑战不可避免。这是因为，"一带一路"作为当今政治经济博弈中的一种中国力量，渗透到当地的地缘、政治、经济的场域中，一定会引发产生一系列排异反应，遇到当地一些力量的反弹以及西方的挑拨、负面抨击等。所以，美国始终在搞各种动作，在对象国当地也会有力量不停地搞小动作。这将是持久性的挑战，体现为不断涌现出的政治风险、安全风险等。

尽管有这些挑战，我认为最大的挑战还是可持续性问题。"一带一路"作为全球发展、中国外交的长期事业，需要持久的发展动力。从主体上来看，目前"一带一路"主要由中国投入，具体体现为政府搭台唱戏、国有企业作为主力军。即使中国政府拥有强大的动员能力，但一国实力总归是有限的。而且，一枝独放不是春，百花齐放才能春满园。因此，我们提出第三方合作。据我了解，在中国企业走出去的过程中，原材料采购以及业务流程都不乏第三方参与，中国与许多国家之间也签订了关于"一带一路"的合作协议或是备忘录。但在通过国家间签署合作协议，以带动更多国家与企业将资源投入"一带一路"倡议及项目这一方面，还有很多实际工作要做。另外，"一带一路"的可持续性在很大程度上取决于当地的市场规模。如果中国政府或国有企业注入第一桶资金后，当地市场能够自我循环，并且后续能够吸引更多的中国和其他国家企业进入，那便称得上是成功的。

"一带一路"在非洲、中亚以及包括斯里兰卡、巴基斯坦在内的南亚落地后，出现了一些人所说的债务问题，其实根本问题是当地市场规模不够大，或是发展不够充分，从而无法为"一带一路"在当地的发展提供可持续的动力。反之，债务问题在东南亚地区并不突出，是因为该地区总体上经济较为活跃，"一带一路"项目在当地落地后，能够带动相关企业自动跟进，持续推动当地发展进步，从而产生积极效益。目前，世界经济形势整体上比较困难，许多沿带沿路国家经济发展也不乐观，这可能是未来"一带一路"要实现可持续高质量发展的重大挑战。

◇◇ 7 国企与民企如何在"一带一路"共建中更好实现分工合作与互补作用？

简单来说，就是国企搭台、民企唱戏，国企带民企。国企和民企的动力机制不同：前者倾向于为国家战略服务（国家战略驱动），后者追求自身短期利益最大化（市场效益驱动）。国企有雄厚的资金实力支撑，有利于其先走出去搭台。但现在的情况是，国企先走出去搭台，然后自己在上面唱戏。比如，在共建"一带一路"国家的项目中，更多的是中国企业之间的竞争：大国企与小国企、央企和地方国企、国企和民企。

因此，我一直在思考：

第一，是否存在一种退出机制，也就是说，国企在一个地方搭好台了后，前往另外一个地方继续搭台子，而不是留下唱戏。

第二，是否存在一种利益分配机制，国企有意识地引导民企进入当地唱戏，而非吃独食。国企的利益存在于搭台中，民企的利益存在于唱戏中，从而形成明确的分工。国企的优势在于体量大，但数量少，它从事基础设施建设时，会倾向于重视骨干性的产业，但可能无法涉及另外一些产业，因此需要大量民企参与进来。一方面，民企唱戏可以带动更多资金的注入；另一方面，民企相较国企更加富有活力，可以更好地适应市场，针对不同情况进行灵活调整。因此，有必要建立国企和民企的配合机制，包括二者角色的配合、利益的分配等。这是非常关键的问题，但具体怎么去设计我还没有想好。

◇◇ 8 非政府组织如何在"一带一路"共建中更好发挥作用？

第一，培育中国的非政府组织力量。目前，"一带一路"的绝大部分工作是由政府推动，但有意识地去培养和发挥中国非政府组织的力量是必然的，也是必须的。中国的非政府组织可以在一些具体领域发挥作用，如环保、野生动物保护、教育类、减贫合作、医疗卫生、女权、青年合作等。在很多情况下，非政府组织的行为更容易让对象国接受。特别是一些社会服务类的对外援助项目，中国政府完全可以将它们委托给非政府组织去做。这样既可以利用非政府组织扎根基层的优势把项目做得更好，也可以借此支持、推动非政府组织在海外发展壮大。不是说非政府组织就一定做得好，但肯定需要一个培养其能力的过程。

第二，发挥国外非政府组织的积极作用。这里的非政府组织主要是指发展中国家的非政府组织，而非发达国家的非政府组织，因为后者有充足的资金。西方价值观根深蒂固，非中国所能影响。虽然国外的非政府组织有时会对我们提出挑战，但我们不应该将其视为对立面。特别是，"一带一路"项目还在建设过程中，而中国的非政府组织力量还较微弱的情况下，中国可以主动地将国外的非政府组织变为于我方有利的利益相关方，而非处于我方反对面的利益相关方，比方说可以将一些事情委托给它们去做。例如，菲律宾的非政府组织数量较大，但外部资金大多来源于西方国家。其实，中国也可以效仿西方国家的做法，通过中国国内的非政府组织与发展中国家的非政府组织进行合作，推动它们积极参与到"一带一路"建设中来。

◇◇ 9 高校与智库如何参与"一带一路"研究？

一是从交流层面看。"一带一路"倡议的重要内容之一是民心相通。民心相通有几个层面，最上层的是领导人之间的沟通，最底层的是普通老百姓之间的交流，中间的则体现为有一定影响力、平时较多从事对外交流的群体之间的沟通，如高校和智库间的交流沟通。高校包括研究人员和学生两个层面的交流，这里主要强调研究人员和智库层面的交流，因为这种交流是属于有意识地、针对性地去影响对方有一定影响力的人。高校、智库研究人员有较高的理论水平与提炼能力，应该能够把中国故事讲得更好。从这个角度而言，高校和智库的参与是人文交流和民心相通中非常关键的桥梁之一。

二是从研究层面看。高校和智库应多做一些服务于"一带一路"的基础性研究工作，如国情研究。当然，企业走出去之前也会做很多市场调查，但不会特别全面，它会忽视研究当地的政治安全等重要因素，并且不会长期性的跟踪调查，因为这不符合它的利益导向。现在区域国别学成为一级学科，并且很多研究人员在做国情研究，但是做出来的成果高度雷同。这是必然的，因为大家的研究并没有针对性，更多停留在提供战略性的建议。实际上，大的战略性方向和建议并非学者所能决定，希望更多的研究机构能够走研究与市场相结合的路子，即将高校和智库的力量同企业的需求结合起来，企业提出具体需求，委托高校和智库进行相关研究，并且给予充足的资金。高校和智库要借此摆脱掉纸上谈兵的弊端，以项目为导向，更加专注于国情、社情研究，从而产出具体、有效、扎实且有一定持久影响力的成果。

（本文以《"一带一路"与可持续发展——访上海国际问题研究院副院长李开盛研究员》为题，发表于《克拉玛依学刊》2024年第4期）

2.5 "一带一路"倡议与中南半岛：卢光盛

【核心观点】卢光盛教授是研究东南亚问题的代表性学者之一。他认为"一带一路"倡议的提出，展示了中国在走向全球大国过程中的综合性考量；"一带一路"提高了中国在全世界的影响力，中国与沿线国家的合作取得了重要进展；东南亚方向是"一带一路"合作最顺利、评价最积极的方向之一，基础设施方面成效突出，雅万高铁、中老铁路是范例；云南有三个定位，现在的基本考虑是以昆明为出发点，构建一条不同于西部陆海新通道的、"面向印度洋的陆海大通道"；在国际关系研究与区域国别研究中，云南大学形成了自身特色，不求做"全能冠军"，而求做"单项冠军"，这突出表现在缅甸研究方面。

访谈对象：卢光盛，云南大学国际关系研究院·区域国别研究院院长、教授

访谈人员：薛力

访谈日期：2023年7月17日下午

访谈地点：新疆伊宁市伊犁河宾馆

录音稿整理：冷佳轩，中国社会科学院大学国际政治经济学院业本科生

录音稿校对：薛力

本文经受访者审定

◇◇ 1　中国提出"一带一路"倡议的动因是什么？

中国提出"一带一路"有着经济、基础设施、民心相通等方面的综合考量。中国期待以经济合作来作为契机与开端，在"一带一路"实施过程中带动自身与共建国家间的经济合作。但是，又不完全局限于经济合作，而是逐步推进双方的政策沟通、民心相通等。

中国在特定的时间点推出"一带一路"是国家经济实力和领导人考量的综合结果。2010年，中国迈入新时代，经济总量位列世界第二，新的领导班子上任。党的十八大后，中国面临新的国际形势，如何在全球立足发展需要有新的考量。中国在该背景下提出"一带一路"倡议，这一时间点是恰当的，或者说它不会出现得更早，也不会出现得更晚。

◇◇ 2　您对共建"一带一路"十年的整体评价是什么？

共建"一带一路"发挥了比较积极、综合性的作用，提高了中国在全世界的影响力。虽然可能出现了一定程度的负面评价，但就中国与沿线国家间合作而言，"一带一路"取得了重要进展。

"一带一路"不仅提高了中国的国际影响力，也促进了中国与沿线国家间的经济合作和基础设施建设。合作项目的推进速度、数量和成效都超过最初预期。因此，"一带一路"与中国在国际舞台上扮演更加积极的角色相匹配，它相当于一个具体承载的项目。在项目数量、投资金额方面，它最初有点儿像铺开的动作。经过五年的发展，在"一带一路"进入第二个阶段后，我们更关注重点项目、重点地区，精细调整、抓重点、解决一些遇到的问题。

在发展中动态摸索，这也是我们一贯的做事风格。在投资金额方面，前期总体呈上升态势。后期因各种复杂因素，诸如疫情、国际冲突等国际政治局势变动因素，项目投资金额的增长没能像原来想象得顺利，但仍达到了较高水平。

在我关注的东南亚，尤其是湄公河这一方向，在基础设施互联互通方面，我印象最深的是中老铁路这个亮点工程，它也成为了"一带一路"的标志性成果。中老铁路完工后，泰国的政府和民间企业都感受到了压力，老挝国民现在能坐上动车大大出乎他们的意料。因此，对于中泰铁路，现在泰国政府比原来更加积极。当然，我们也看重这条铁路的战略意义。

有消息说，8月或9月雅万高铁开通（已经在2023年10月2日正式启用——薛注），时速达到350公里，是真正的高铁。中国最新的主流高铁技术标准通过雅万高铁得以在东南亚应用，这将成为下一阶段"一带一路"基础设施互联互通方面的亮点。

◇◇ 3 东道国对"一带一路"倡议作何评价？

东南亚方向是"一带一路"合作最顺利、评价最积极的方向之一。尽管"一带一路"在中东、非洲也取得了一些进展，但就政治认可、协议签署、具体项目的跟进、项目完成后的评价等总体情况而言，我认为东南亚是合作最顺利、评价最积极的方向之一，甚至可以说，"一带一路"的东南亚模式已然形成。当然具体来说，这种评价也并非完全一致，这还要看两方面情况，一是国家间存在差异，二是官方和民间存在差异。民间存在一些不同的认知，这主要源于不了解具体情况，了解不够，甚至有些误解。以中老铁路案例来说，据我了解，民间总体是比较认可的。

◇◇ 4 "一带一路"倡议推出后，中国的外交政策发生了哪些变化？

"一带一路"倡议与中国的周边外交座谈会几乎同时提出，说明中国领导人在党的十八大后更加积极有为。"一带一路"和周边外交相辅相成、相互配合。过去的十年，我们更加积极有为，相互间协调统筹更为密切。

"一带一路"提出后，各省、各地区、各部门实际上做得比较好。例如，工程承包、修桥铺路、对外援助、民间沟通、学术交流等诸多方面。它们甚至感受到一种压力，认为必须要通过一些举措来落实"一带一路"。总之，各省之间，第一有积极性，第二有压力，同时也是动力。

另外，云南在20世纪末、21世纪初的三个定位叫"大""强""道"：民族文化大省、绿色经济强省，以及面向南亚、东南亚的国际大通道。虽然后来有段时间较少直接这样表述了，但实际上其"内核"还在，基本的逻辑是不变的。

2013年"一带一路"倡议提出后，各地、各省特别积极。2015年总书记在云南考察，对云南提出了三个定位：一是民族团结进步的示范区；二是生态文明建设的排头兵；三是把云南建设成为中国面向南亚、东南亚的辐射中心。实际上，这个辐射中心是对原来"大""强""道"的综合提升。

2020年总书记再次到云南考察，再次作出对云南未来发展的重要指示。实质上，除了民族团结、生态文明的工作外，中央越来越看重云南在国家战略、周边外交、区域合作、"一带一路"项目中的独特性。

现在，云南基本考虑的是以昆明为出发点，构建一条不同于西部陆海新通道的、"面向印度洋的陆海大通道"。其主要线路包括两大方向：一是通过中老铁路方向进入泰国，考虑通过（克拉地峡西部的）拉廊方向到达印度洋沿岸；二是从临沧清水河方向，或德宏瑞丽方向进入缅甸，连接曼德勒，再向西连接皎漂，或向南进入仰光，最终同样到达印度洋港口。在当前条件下，近期是充分发挥中老铁路的作用，中期主要可以挖掘仰光方向。

我与云南大学邹春萌教授曾合作写过一本关于孟中印缅经济走廊的书——《"N-X"合作机制与早期收获项目：以孟中印缅经济走廊建设为例》。书中提到一个合作原则，叫"4-N"，"4-1"也可以，"4-2"也可以。我们遗憾地看到，目前孟中印缅经济走廊似乎变成了"4-2"，也就是变成了双边合作。实际上，前几年中缅已签署共建经济走廊的谅解备忘录，但由于缅甸政局变动等原因，合作没能达到预期水平。

我认为，面向印度洋的陆海大通道也好，中缅人字形经济走廊也好，现在可能有新的推进契机。从我们近期调研的情况来看，缅方对于与中方合作的需求和积极性在提升。这将考验中方的决心和能力。

◇◇ 5 "一带一路"倡议推出后，中国的国家形象有什么变化？

总体上肯定是更好了。同时，在所有国家心里，中国的重要性上升了。

◇◇ 6 您对下一步推进"一带一路"倡议的整体建议是什么？

刚才我们说了一个也许不太准确的比喻，"一带一路"的第一个 5 年可能是"摊大饼""泼墨画""写意画"，第二个 5 年可能是"工笔画"，更为细致精准。

未来我觉得，也许可以在原则上、总体考量上，逐步把"一带一路"升级成一种理念框架。所以，下一步我们也可以考虑通过双边名义，以及其他相关平台，如三大全球性倡议——全球发展倡议、全球安全倡议和全球文明倡议——来推动"一带一路"发挥更大作用。实际上，三大倡议与"一带一路"在内在逻辑、价值取向、合作框架方面异曲同工，甚至高度契合。经济合作、贸易投资的初衷就是促进发展。但是在外交政策中，我们对与周边国家在区域合作中的难点和短板，在政策层面、安全层面的讨论比较少，可以考虑用全球安全倡议来涵盖它、推动它。三大倡议和"一带一路"的相互契合和相互补充，是一个值得思考的方向。

◇◇ 7 非政府组织如何参与共建"一带一路"？

十年前我向有关部门提交过相关的研究报告，支持中国的非政府组织去缅北开展公益事业等。十年过去了，事实上瑞丽就有企业和非政府组织开展工作，但受制于一些客观条件的制约，（开展工作）比较困难。

◇◇ 8 高校与智库如何参与"一带一路"研究？

国内有很多"一带一路"研究的智库机构，我们云南大学国际关系学院有一个"一带一路"研究院。其前身是云南省"一带一路"研究院，2020年被并入云南大学国际关系学院。2021年，我们以它为基础，成功申报了教育部的文科重点实验室。

云南大学缅甸研究院是高校参与"一带一路"的一个成功案例。我们的经验是要结合地方优势。我们不争做"全能冠军"，而是做"单项冠军"。例如，我们在缅甸方面已经做得比较好，这得到了相关部门和学术界同行的普遍认可。

2020年以来，云南大学的缅甸研究院、印度研究院、"一带一路"研究院、周边外交研究中心，在建制上全部并入云南大学国际关系研究院。现在的云大国关院，包括东南亚所、缅甸所、印度南亚所、中东所、非洲所，还有"一带一路"研究院等二级机构。我们有60多个教职工，20多个教授。在近两年的区域国别学科建设浪潮中，我们并非"另起炉灶"，也不是临时拼凑起一个松散的架构。我们是实实在在的实体机构，更多地从国际问题研究路径去探索推进区域国别研究。这是我们的基本特色。

（本文以《"一带一路"与东南亚——访云南大学国际关系研究院·区域国别研究院院长卢光盛教授》为题，发表于《克拉玛依学刊》2024年第5期）

2.6 "一带一路"倡议与南亚：林民旺

【核心观点】 林民旺教授是中国研究南亚，特别是印度问题的代表性学者之一。他认为，"一带一路"具有必然性；十年来，中国在南亚的影响力上升得特别快，原因在于中国真心帮助南亚国家发展，这突出表现在道路、电力等方面；但中国也要注意，南亚国家具有的家族政治特点需要妥善应对；中国与印度的合作，既要务实，又要避免因帮助印度而损害自身长远利益。

访谈对象：林民旺，复旦大学国际问题研究院研究员

访谈人员：薛力

访谈日期：2023年8月1日中午

访谈地点：上海聚十三餐馆

录音稿整理：张靖昆，中国社会科学院大学国际政治经济学院国际关系专业博士研究生

录音稿校对：薛力

本文经受访者审定

◇◇ 1 中国推出"一带一路"倡议的动因是什么？

在一定意义上说，"一带一路"倡议是中国外交领域战略西进的延续。自2011年起，中国东部、南部面临长期战略竞争的可能性，这也促使中国选择

外交西进。偶然因素同样不可忽视,"丝绸之路经济带"的提出就具有一定的偶然性。我认为,(时任驻哈萨克斯坦大使)乐玉成对于"一带一路"的提出也发挥了作用。

◇◇ 2 以南亚为例,您对"一带一路"十年的整体评价是什么?

首先,"一带一路"的成效非常明显。中国确实做了非常多的实事,给南亚地区带去了切实的好处,为南亚国家的长期发展打下基础。这最明显地体现在基础设施建设方面。现在,巴基斯坦、斯里兰卡和孟加拉的公路、港口等基础设施都是南亚最好的。如果它们自己解决基础设施问题,则需很长时间才能达到当前水平。

其次,相对艰难的阶段已过去,"一带一路"将面临更困难的阶段,因为它已到达深水区。"一带一路"在(南亚)很多国家被政治化了,导致(南亚)小国避免深度参与"一带一路",(甚至)部分国家避免使用"一带一路"这个词。但是,它们又非常希望与中国达成实质性的经济合作。也就是说,它们认为合作项目可以有,但希望避免给这些项目贴上"一带一路"的标签。

第三,在规划和产业配套上,我们很多时候基于国内的经验进行项目规划,导致项目都是按照中国的发展情况实行超前规划。但这些南亚国家还未达到中国的快速发展水平。最明显的是巴基斯坦,其境内很多项目已完工多年,但还未能实现非常正向的经济收益。这导致当地多数人质疑项目的必要性,因为他们没得到当初宣传中提到的好处。

第四,我们在对外宣传中束缚住了自身选择。例如,我们说将瓜达尔对标深圳,这使当地持有过高期望,同时也导致我们无法达到宣传的标准。很多项目已完工四五年,但整体利用率并不高,诸如斯里兰卡的高速公路、汉班托塔机场,以及巴基斯坦的港口和机场项目等。

◇◇ 3 南亚国家对"一带一路"倡议的整体评价如何？

正面评价方面，无论是中方还是南亚国家，都相当不错，因为成效显而易见。在民间层面，我认为积极评价肯定是主流。他们要取得实质性的合作成果，跟中国谈合作仍是最快的，而且中国是真正地在帮助他们。

负面评价也存在，而且在当地有相当大的群众基础。我认为，南亚对"一带一路"的负面评价在国内也要报道。如果只报道正面信息而不报道负面信息，大家必然无法对南亚有全面且准确的认知，从而认为南亚地区鼎力支持"一带一路"，认为南亚共建"一带一路"不存在阻力，我们在当地的项目很快就可完工并实现盈利。总之，我们需要让国内民众知晓外界对"一带一路"的真实评价。

◇◇ 4 "一带一路"倡议推出后，中国的外交政策有什么明显变化吗？

最大变化是提升了中国的大国形象，其次是外交做法上的调整和变化。

对中国来说，在走出去的过程中如何实现"不干涉他国内政"与"维护自身海外利益"的平衡？如今，本国海外利益的保护已然是一个非常重大的议题。如何在过去强调的"不干涉内政"原则，和如今日益凸显的"保护本国海外利益"间取得平衡与良好兼顾，这对中国而言不仅是一个挑战，更是一门需要学习和积累经验的学问，需花费成本和时间研习其中的经验智慧。

"一带一路"的内涵仍不十分清晰。"一带一路"涵盖的国家与中国的关系并非仅涉及经济维度。但当前的大量宣传和案例都在讲"一带一路"获取的经济成就，淡化了很多其他方面同样很紧密、很重要的关系。

另外，南亚"一带一路"在一定程度上"绑架"了中国外交。有些项目以国家面目出现（国家间合作项目），实际执行者却是国企。这导致原本是企业的利益变成国家利益，这意味着中国外交可能将愈加被国企的诉求所捆绑。

◇◇ 5 "一带一路"倡议推出后，中国的国家形象在南亚有什么变化？

过去，印度与南亚国家的贸易额最大，对这些国家具备最大的影响力，尤其是外交影响力。中国在南亚的存在感则一直都较弱。现在最大的不同是，中国在南亚的影响力上升得特别快，快到印度作为南亚区域的主导国家都似乎难以接受。中国陆续成为南亚诸多国家的第一大贸易伙伴或第一大投资国，中国对南亚国家民众生活的各方面都产生了影响。你如果到尼泊尔的泰米尔街走一走，将发现很多工艺品的主要顾客是中国游客。很多国家都是因为很多中国游客的到访而有了中文导游，然后又有了中餐馆等一系列配套设施，形成产业链，中国的影响力和存在感进而在当地逐渐形成。

◇◇ 6 如何看待"一带一路"倡议与人类命运共同体、伙伴外交、全球治理等外交概念间的关系？

"一带一路"倡议是中国外交在经济领域的一个抓手，具有非常实质性的内容。其他概念主要是理念。五通建设需要国内各部门与地方配套和对接。国内各个省市和政府部门都制定了各自的配套方案，以配合五通的实现。2021年出台的全球发展倡议则主要是对接联合国2030年可持续发展议程。

◇◇ 7 在南亚推进共建"一带一路"，主要面临哪些挑战？

如果没有印度的干扰和长期存在的南亚区域结构性因素，共建"一带一路"在南亚将不存在问题。南亚其他国家很欢迎中国帮助它们,而且是真心希望中国来帮助它们。

现在还有一个问题是,中美博弈的外溢效应将在多大程度上波及南亚国家。历史上看,中美竞争很多时候会殃及池鱼,影响到中小国家。南亚国家非常希望中美间的博弈局限在两国之间,而不波及第三方。这也是南亚小国不愿搞印太战略的原因。不过整体而言,美国对南亚地区的关注度更低。

◇◇ 8 对下一步在南亚推进共建"一带一路"有什么建议?

我简单归纳几点。

第一,也是最重要的一点,中国需要对南亚地区加深了解,明确战略目标、优先推进方向,以及重点合作国家,并基于当地优势产业和资源来有针对性地进行产业合作,而非多头并进。

第二,对于真心和中国友好的当地政治力量要及时予以帮助,尤其是在其处于困难阶段的时候。南亚地区家族政治非常普遍,一个家族并非做大官的人才有影响力,其整个家族在当地很多部门都具有强大且持久的影响力。

第三,不要再与印度谈论"一带一路"倡议。印度一直非常排斥"一带一路"倡议,对于相关项目不是激烈反对,就是默不作声。例如,在谈到孟中印缅经济走廊的时候,印度就强烈要求将其作为一个独立项目,而非"一带一路"的组成部分。

第四,中国与印度的经济合作非常重要,但务必注意合作内容与领域所具有的战略影响。对于同印度的合作,中国不能基于国内的建设经验,也不能基于在海外其他地区的相关经验,而是要在维护中国自身安全和战略利益的前提基础上,结合南亚地区,尤其是印度的特殊性来实行有目的的安排与管理。

总之,中国与印度合作务必要谨慎,需要高度关注印度的潜在发展势头,尤其要关注印度政府对华政策的变动,以及当地民意对华态度的改变。

◇◇ 9　您觉得高校与智库应该如何参与"一带一路"研究？

第一，高校和智库参与"一带一路"研究各有优势，关键是要挖掘出各自优势。高校的基础研究肯定有其长处，智库则对现状的调研和把握比高校更强。

第二，官方要为学者提供足够的建言献策空间。这里存在两个问题，一是学者的建言献策到底有用与否？二是学者建言献策的质量如何？很多时候，学者要了解领导和主管部门的想法，这样才能实现建言献策，但大部分学者可能还缺少此种现实感。

第三，学者的不同看法和政策建议要成功传递到决策层相当困难。因为这中间要历经诸多层次的审核，一些"标新立异"的观点很容易被压下来。

◇◇ 10　国企与民企如何在"一带一路"共建中更好地发挥互补作用？

原来国企唱主角，现在则应尽可能发挥民企的作用。

早期"一带一路"建设都是大项目、大工程，成本和风险高，很多时候需要政府担保，民企确实较少存在可发挥的空间。现在情况不同，政府强调（共建"一带一路"要高标准、可持续、惠民生，因此重视）做小而美项目。民企做这类项目则比国企具备更大优势。中国需利用各个国家和地方的此类比较优势。例如，印度有很多人善于做短视频，作品具有很好的创意，可以形成一种"（中国）民企，尤其是小而精的民企，与印度当地人合作，进行小而精领域和文创领域的合作"。

（本文以《"一带一路"与南亚——访复旦大学国际问题研究院研究员林民旺》为题，发表于《克拉玛依学刊》2024年第5期）

2.7 "一带一路"倡议与中巴经济走廊：唐孟生

【核心观点】中巴经济走廊一开始是"一带一路"的先行先试项目，现在定位为"一带一路"高质量发展的示范工程。中巴经济走廊以建设为中心，以能源、交通基础设施、瓜达尔港和产业合作为重点，构建"1+4"经济合作布局。其效果是：缓解了巴基斯坦能源短缺状况，帮助巴基斯坦改善了主要交通网络，瓜达尔港建设取得重大进展，产能合作不断推进。解决就业岗位大概是236000个。建议：推行"先园后产"和"以产兴园"并举模式；突出"运营园区"的意识；产业园区建设应以打造成功产业园区为目标，形成示范效应和溢出效应后推动更多园区走上良性发展轨道。

访谈对象：唐孟生，北京大学巴基斯坦研究中心主任、教授
访谈人员：薛力
访谈日期：2023年7月21日中午
访谈地点：北京市海淀区大益膳房
录音稿整理：郑舒文，中国社会科学院大学国际政治经济学院本科生
录音稿校对：薛力
本文经受访者审定

◇◇ 1 中国提出共建中巴经济走廊的原因是什么？

中巴经济走廊是"一带一路"的先行先试项目。2013 年，中国政府率先提出中巴共建中巴经济走廊倡议。其初衷是帮助巴基斯坦解决能源危机，改善道路基础设施，提升道路运输能力，实现共同发展与繁荣。在两国领导人的共同关心和引领下，在中国国家发展和改革委员会、巴基斯坦计划发展和改革部的务实推进下，中巴经济走廊框架下的一批能源、交通、基础建设项目相继落地，项目建设风生水起，如火如荼。

首先，党的十八大以来，习近平主席提出了"亲诚惠容"的周边外交理念，"中国欢迎周边国家搭乘中国发展'快车''便车'，让中国发展成果更多惠及周边，让大家一起过上好日子"，"铁哥们"巴基斯坦当然在我们首先考虑的范围之内。这也是"与邻为善、以邻为伴"和"睦邻、安邻、富邻"周边外交政策的体现。

第二，中巴关系堪称国际关系史上的奇迹。70 多年来，中巴两国关系风雨同舟，历久弥坚，双赢共进，是不同社会制度、不同历史文化的国家间关系的杰出典范。我们常形容巴基斯坦是中国政治上的挚友、发展上的伙伴、安全上的兄弟、文化上的知己。2015 年 4 月 21 日，习近平主席在巴议会演讲时指出："'疾风知劲草，烈火见真金。'我们不会忘记，巴基斯坦是最早承认新中国的国家之一，也是首个同新中国建立外交关系的伊斯兰国家。在新中国打破外部封锁、恢复在联合国合法席位、探索改革开放等关键时刻，巴基斯坦总是挺身而出，给予我们无私而宝贵的帮助。在中国遇到自然灾害和困难挑战的时候，巴基斯坦总是及时伸出援手。"当我们富裕起来的时候，巴基斯坦的经济却由于种种原因变得发展缓慢，甚至有点倒退。这个时候我们不忘老朋友，帮助巴基斯坦就是帮助我们中国自己，帮助巴铁兄弟走出经济困窘，走上致富之路。

第三，从政治层面来讲，两国始终在战略上互信，经济上合作，文化上互鉴，这在中国外交上是独一无二的。习近平主席 2015 年访问巴基斯坦时，把两国关系从战略合作伙伴关系提升为全天候战略合作伙伴关系，是中国外交战略中的唯一。2014 年 2 月 19 日，习近平主席同巴基斯坦总统侯赛因举行会谈，两国元首一致决定发展传统友谊，深化务实合作，维护地区安全，共同打造中巴命运共同体。从这些方面来看，中巴经济走廊倡议，是巴基斯坦的发展梦，同时也是中国梦，是共商共建共赢共享的。

总之，中巴经济走廊建设和发展的原因，一是习近平主席"睦邻、善邻、富邻"的思想体现，二是再次证明中巴两国是患难与共的真朋友、同甘共苦的好兄弟、经受考验的铁哥们，中国始终同巴基斯坦坚定地站在一起。

（薛：中巴经济走廊和西部大开发战略有关系，那么在中巴经济走廊和西部大开发战略开始之前，有没有一些基础或者历史的前身？）

当时的巴政府提出重振经济，争取实现"亚洲之虎"的梦。此时，我国在致力加快转变经济发展方式，大力推进西部大开发战略，实现民族复兴的中国梦。两国发展战略契合，两国的民族梦相通。双方决心进一步拉紧中巴务实合作纽带，把两国高水平政治关系优势转化为更广泛的经济合作成果，实现互利、互惠和双赢，给两国人民带来经济实惠。中巴经济走廊的建设，对我西部开发无疑可起助力作用，给西部一个天然的、走向世界的通道。

我国最西部的边陲城市喀什，作为中巴经济走廊的起点，与巴基斯坦山水相连，具有无可比拟的区位优势。喀什与巴基斯坦合作历史悠久、基础扎实。早在 1967 年，中巴两国就签署了关于新疆喀什地区和巴基斯坦北部城市吉尔吉特的边境贸易协定。1966 年 3 月动工、1978 年 6 月竣工的喀喇昆仑公路，是中巴合作的里程碑和中巴友谊的象征，被称为世界第八大奇迹。喀喇昆仑公路打开了中国向西的通道，使中巴两国贸易线得到延伸。中巴经济走廊的建设，将把南亚、中亚、中东等地区紧密联系在一起，成为贯通南北丝绸之路的关键枢纽。2016 年 11 月，中国外运长航集团总经理袁建民等周密策划，联合巴边境工程组织（FWO）组成中巴联合贸易车队，沿着喀喇昆仑公路，穿越巴基斯坦西部地区，行程 3115 公里，抵达瓜达尔港，实现了中巴经济走廊首次贯通。

◇◇ 2　您对中巴经济走廊十年的整体评价是什么？

2015 年 4 月 20 日，习近平主席对巴基斯坦进行国事访问期间，两国领导人一致同意以中巴经济走廊建设为中心，以能源、交通基础设施、瓜达尔港和产业合作为重点，构建 "1+4" 经济合作布局，中巴经济走廊建设从此进入全面推进阶段。

在"一带一路"刚起步的时候，大家都在摸索，将中巴经济走廊项目定位为"一带一路"的先行先试项目。经过十年的发展，现在把中巴经济走廊定位为"一带一路"高质量发展的示范工程。

习近平主席在中巴经济走廊启动十周年庆祝活动贺信中强调，不论国际风云如何变幻，中方将始终同巴方坚定站在一起，携手同心、砥砺前行。展望新十年乃至更长周期的未来，中巴经济走廊的综合价值和战略意义将进一步凸显，其"三个示范"作用将进一步强化：一是高质量共建"一带一路"的示范；二是构建新型国际关系的示范；三是地区发展与安全合作的示范。中巴经济走廊是我国共建"一带一路"倡议的先行先试项目、"一带一路"高质量发展的示范工程。

回首十年，中巴经济走廊建设已取得举世瞩目的成就。第一阶段的早期收获项目为巴基斯坦带来超过 250 亿美元直接投资，投产发电容量超 8000 兆瓦，修建扩建高速公路 510 公里、国家路网 886 公里，直接创造 23.6 万个就业岗位，巴方员工规模达到 15.5 万人。经过十年的共商共建，中巴经济走廊建设极大地改善了长期制约巴经济发展的不利因素。

十年过去了，中巴经济走廊如下四大方面收效显著：

第一，缓解了巴基斯坦能源短缺状况。能源短缺是制约巴基斯坦经济发展的"老大难"问题，是几届巴基斯坦政府最为重视、最想解决的问题。据普华永道 2012 年研究报告，电力缺口致使巴基斯坦年均 GDP 损失高达 135 亿美元。电力供不应求导致巴基斯坦长期处于黑暗之中，全国各地区轮流停电，在大城市每天的停电时间约10小时，而在农村则长达22小时。

中巴经济走廊建设启动后，缓解能源短缺状况也就成为中巴经济走廊建设的首选。双方共商在中巴经济走廊框架下，筹建多个能源项目，总装机容量为17045兆瓦（外国直接投资330亿美元）。截至目前，已有13个发电项目（总装机容量为8020兆瓦）和一条高压直流输电线路（总装机容量为4000兆瓦）实现了商业运营。预计苏吉吉纳里水电站（装机容量884兆瓦）将于2024年7月完成。此外，700兆瓦的阿扎德帕坦水电项目、1124兆瓦的科哈拉水电项目和300兆瓦的瓜达尔煤电项目也正在筹备中。

经过十年建设，中巴经济走廊框架下的能源项目为巴基斯坦新增电力6000多兆瓦，极大地缓解了巴基斯坦电力短缺问题。除了发电项目外，中国还在巴基斯坦建设了马蒂阿里—拉合尔±660千伏高压直流输电线路项目，这是世界上第二条高压直流输电线路，用以解决巴基斯坦电网老化的问题。

第二，中巴经济走廊成功地帮助巴基斯坦改善了从北到南的主要交通网络。作为中巴经济走廊早期收获项目，喀喇昆仑公路（KKH）的赫韦利扬至塔科特段、木尔坦—苏库尔（M-5）高速公路、哈卡拉—德拉伊斯梅尔汗高速公路、东湾高速公路和拉合尔橙线地铁在内的六个大型基础设施项目已经完成。中巴经济走廊西线的部分工程仍在施工中，预计将于2024年7月完工。这些公路项目大部分穿越巴基斯坦的偏远地区，促进了这些地区的贸易和经济增长。有数据显示，中巴经济走廊初始阶段提供了近20万个就业岗位。在俾路支省的瓜达尔，连接港口和城市的东湾高速公路，起点位于瓜达尔港的中巴友谊大道，终点位于莫克兰海岸公路N10上，全长19.49公里，设计限速为100公里/小时，于2022年7月31日移交并正式开通。

第三，瓜达尔港建设是中巴经济走廊的重要组成部分，如今已经取得了重大进展。新泊位和新码头的建成增强了港口容纳大型船只的能力，提高了其成为区域主要贸易中心的潜力。同时，由中国提供援助款和无息贷款，东湾高速公路、瓜达尔机场等许多其他项目已开工建设，促进了瓜达尔城市的社会经济发展。随着中巴经济走廊的扩展，瓜达尔港逐渐连接起阿拉伯海，利用这条新路线，与非洲、中东和欧洲的贸易距离将从 10000 公里减少到 3000 公里，与常规路线相比，预计航行时间和花费可减少 75%。

短短十年，瓜达尔港面貌焕然一新，港区道路、堆场、码头装卸设备、海水淡化、供油和港区监控等设施进一步完善，吸引了包括酒店、银行、保险公司、金融租赁、物流、海外仓、粮油加工、渔业加工、家电组装等 30 多家中巴企业入驻。20 世纪 90 年代它还是一个小渔村，现在人口已从 6 万增长到 15 万，还有机场、港口、学校、医院等，初步具备了一个城市的规模。

（薛：为什么不扩建卡拉奇港，而要从头开始修建瓜达尔港？）

瓜达尔港是位于巴俾路支省西南部的深水不冻港，1792 年起成为了阿曼王国属地，1958 年，巴基斯坦以 300 万英镑购回。1999 年穆沙拉夫总统执政，决定开发瓜达尔深水港项目，并请求中国政府援建。2001 年时任中国总理朱镕基在巴方的请求下，同意中方出资 1.98 亿美元援建瓜达尔港。2002 年 3 月动工兴建，2007 年 3 月建成后，由新加坡港务局通过国际招标中标后负责运营，租赁期为 43 年。由于新加坡港务局没有达到预期的经营目标，巴方曾多次提到要把瓜达尔港交给中国运营。2013 年 2 月，巴方正式提出将瓜达尔港运营开发权转交中国公司。瓜达尔港的条件非常好，是个深水港，唯一的问题是太偏僻。2017 年，我最后一次去瓜达尔港，那个时候已经有机场了，只是居民还少。中国中交第四航务工程勘察设计院，帮助巴基斯坦完成了瓜达尔港智慧城市的总体设计，瓜达尔港从长远来讲是有发展潜力的。

（薛：瓜达尔港已经初成规模，以后会不会超过俾路支省会奎达？）

短期内比较困难。当地人的种族和地域观念较强，有强烈的排外性。另外，瓜达尔地区自然条件恶劣，天气炎热、植被稀少，大多数土地贫瘠且干旱，年降水量仅有 60 毫米，生活用水极度短缺。因此，短时期内大量移民瓜达尔尚有困难。不过，瓜达尔港在发展，生存条件在改善，发展起来了，工作机会多了，工作条件好了，还是大有希望的。

能源、基础设施和瓜达尔港建设三者总体上是比较成功的，还有一个产能合作，也在不断推进。经十年共商共建，早期收获项目进展顺利，以产业合作、产业园区建设和社会民生为重点的第二阶段正渐次铺开。

◇◇ 3　巴基斯坦方面对中巴经济走廊的整体评价怎么样？

从现在来看，认可度还是比较高的。这十年给巴基斯坦带来了超过254亿美元的直接投入，解决就业岗位大概是236000个，直接参与的巴基斯坦员工大概是155000人。从这个数字来看，中巴经济走廊在这十年中起到了示范工程的作用，得到了巴基斯坦上下的认可与赞同。

巴基斯坦的第二产业相对比较落后，中巴经济走廊加速了巴基斯坦产业基础建设，加快了产业发展。另外，我们这几年也注重民生项目，让老百姓有获得感，比如免费医院的项目，瓜达尔港的净水项目等等，官方评价和民间评价都是非常高的。巴基斯坦前任总理夏巴兹在中巴经济走廊启动十周年纪念仪式上致辞时说道："衷心感谢习近平主席对巴中关系和中巴经济走廊的高度重视，对中国政府和人民给予巴方的真诚帮助深表感激。走廊建设成就卓著，深刻改变巴经济社会面貌。巴方愿借鉴中国发展经验，深化巴中各领域合作，走自立自强之路，更好造福两国人民。"巴基斯坦原计划部长伊克巴尔长期负责中巴经济走廊建设，他在伊斯兰堡"一带一路"与中巴经济走廊纪念会上说："中巴经济走廊已经成为中巴全天候友谊的生动诠释，为两国构建新时代更加紧密的中巴命运共同体提供了重要支撑。"巴基斯坦伯赫利雅大学教授哈桑·达乌德说："中巴经济走廊是中国'一带一路'倡议下的旗舰项目，代表了巴基斯坦和中国持久而深厚的友谊。"

过去我们常讲，喀喇昆仑公路是中巴友谊路上的一个里程碑，中巴经济走廊应该说是又一新的伟大里程碑。另外，政治上，巴基斯坦执政党和反对党不管谁上台都支持中巴经济走廊建设，这比较少见。

◇◇ 4 中巴经济走廊实施后，中国国家形象在巴基斯坦有什么变化？

中国在巴基斯坦的形象一直在上升，特别是在中巴经济走廊建设这十年。1978 年我国人均 GDP 只有 156 美元，80% 多的中国人生活在农村。1982 年，我国人均 GDP 只有 190 美元，而巴基斯坦高于我们，人均 GDP 达到了 240 美元。那个时候巴基斯坦的市场比我们繁荣。改革开放四十多年，中国创造了一个摆脱贫困、走向繁荣的经济奇迹。巴基斯坦民众热烈关注中国的发展模式和发展道路，对中国各领域的兴趣与日俱增。他们渴望了解中国，倾听中国故事。并且希望搭上中国经济发展的快车，加速中巴经济走廊建设，走向强国富民之路。

中巴两国的形象在一步一步地相互提升。巴基斯坦人形容中巴关系比山高、比海深、比蜜甜、比钢硬。要像爱护自己眼睛一样爱护中巴友谊。我们称巴基斯坦"四好"：好邻居、好朋友、好伙伴、好兄弟，称巴基斯坦为铁哥们。

◇◇ 5 中巴经济走廊面临哪些挑战？据我所知，双边政治关系很热，民心也很热，但是双方人员交流比较少，特别是中国去巴基斯坦的人比较少。

中巴经济走廊建设进入以社会民生为中心，以产业合作为重点的新阶段。我们在应对旧有挑战的同时，也将面对一些新的挑战。

中巴经济走廊起步以后人员交流扩大，现在巴基斯坦在中国的学习、留学人员有 3 万多人。现在的问题就是，中国人去巴基斯坦的比较少，包括旅游者。主要还是因为安全问题。前几年巴基斯坦的安全形势有好转，但是这两年又有点恶化。巴方承诺并在尽全力保证中国人的安全，但是安全问题确实存在。另外，我们希望深化和扩大中巴双方的合作，希望加强中巴经济走廊建设，通过产能合作，通过农业发展让巴基斯坦出口增加，赚取更多的外汇。但存在一些困难，农业合作和产业合作都存在问题，需要双方做深入的研究，瞄准合作的路径。

（薛：巴基斯坦粮食能够自给自足吗？）

巴基斯坦粮食基本上实现了自给自足，但有些品种有缺口，比如小麦，因此会出现"大米出口换取小麦"的情况。另外，巴基斯坦的粮食深加工技术落后，农副产品，特别是时令水果浪费相当大。例如，芒果作为巴基斯坦出口的重要产品，有30%—40%的浪费。因为冷链不行，无法储存。巴基斯坦希望这方面能推动与中国的合作。我的想法是，产能合作方面可以推动中国有实力、上规模的民营企业进入巴基斯坦市场。

（薛：喀喇昆仑公路现在可以全天候通车吗？）

可以全天候通车。

铁路方面，目前列入走廊规划项目的是，巴基斯坦一号铁路干线（ML-1）的升级改造工程。巴基斯坦一号铁路干线（ML-1）从卡拉奇向北经拉合尔、伊斯兰堡至白沙瓦，全长1726公里，占巴全国铁路运营的70%，升级改造后将大大提高巴基斯坦铁路的输送能力，以适应国家经济发展的需求，解决巴基斯坦铁路的长期亏损问题。

◇◇ 6 您对下一步推进中巴经济走廊建设有哪些建议？

经十年共商共建，中巴经济走廊建设极大改善了长期制约巴经济发展的不利因素，目前已进入以产业合作和产业园区建设为重点的第二阶段。所以要从如何推进中巴产业合作和产业园区建设的维度思考。

中巴产业合作和产业园区建设面临的问题：第一，中巴经济走廊框架下的部分园区通过企业投建、自主运营的模式运作，此类园区缺乏相应的赢利点；第二，中巴经济走廊框架下的产业园区可以享受相关优惠政策虽较多，但针对性不强；第三，巴基斯坦产业不发达，园区建设相似性严重，产业园区定位不明确；第四，巴方部分想法过于超前，结果是入园企业主体过于单一，难以形成园区效应。

根据中巴经济走廊框架下产业合作和产业园区建设的特点，建议：第一，推行"先园后产"和"以产兴园"并举模式。"先园后产"前期的基础设施建设投入较大，周期长，见效慢。"以产兴园"则可依托巴当地的产业优势和资源优势，引领配套企业聚集，逐步形成园区规模；第二，产业园区建设需要转变思维，突出"运营园区"的意识；第三，产业园区建设应以打造成功产业园区为目标，而不求数量多少。在评估产业园区产生积极效应和良好反响后，形成示范效应和溢出效应，推动更多园区走上良性发展轨道。

需要注意的问题：第一，园区建设应作认真的前期调研；第二，突出巴基斯坦属性，产业园区积极吸纳巴基斯坦民族工商业，提升巴基斯坦工业化水平，打造巴基斯坦品牌，促进"巴基斯坦制造"；第三，保持开放的态度。产业园区不仅是中国的，不仅鼓励巴基斯坦企业参与园区项目，还可考虑第三国产业、资本进入园区。

（薛：为什么发展这么困难？）

当前巴面临经济低迷的挑战，外债压力居高不下，影响产业投资；巴企业参与中巴产业合作和产业园区建设缺乏主场意识；巴尚缺乏全国统一的产业园区立法，实现两国产业政策对接尚存困难；社会稳定与安全的因素给中巴产业合作和产业园区建设造成压力；等等。

◇◇ 7 智库与高校如何参与中巴经济走廊建设？

中巴经济走廊启动十年了，两国的智库都在参与。中国有 20 多家研究巴基斯坦的机构，巴基斯坦研究中国问题和中巴经济走廊的智库也有 10 多家。另外，中巴之间还有中巴经济走廊高等教育联盟。整体势头不错。智库实际上就是给中巴经济走廊创造更大的民意基础，真正做到民心相通，为走廊建设要创造一个良好的舆论氛围。因此，智库应该推动两国的文化交流，为两国文化交流创造共识与氛围。

现在智库发展面临的问题是，研究上文化、政治议题居多，经济方面的研究不够。智库应该走入一线，做一些深入实际的调查，调查清楚巴基斯坦研究产业发展究竟面临什么问题，从而促进中巴之间更多的产业合作与农业合作，这样才能真正更好地服务中巴经济走廊建设。

（本文以《专访唐孟生：中巴未来合作应"先园后产"和"以产兴园"并举》为题，发表于澎湃新闻网，2023年10月16日）

2.8 "一带一路"倡议与非洲：李安山

【核心观点】中国提出"一带一路"倡议是基于整体思考。非洲在"一带一路"建设中有五个方面的重要性和十大优势。"一带一路"推出以后，中国国家形象在非洲总体上改观，中国人对非洲的了解也不断增加。中国助力"一带一路"发展的举措一定要和非洲本土的实际需求挂钩，不要给对方的产业等方面构成威胁。中国和非洲是朋友关系，不要过于计较，要把非洲放到国际的整个大盘子里进行考虑。

访谈对象：李安山，北京大学国际关系学院教授，多所大学荣誉教授或协议教授，中国社会科学院中国非洲研究院特约研究员，现任中国非洲史研究会名誉会长

访谈人员：薛力

访谈日期：2023年7月29日

访谈地点：北京树村公园荷花池边

录音稿整理：李少康，中国社会科学院大学国际政治经济学院国际关系专业博士研究生

录音稿校对：薛力

本文经受访者审定（2024年6月29日反馈完整版）

◇◇ 1　中国推出"一带一路"倡议的动因。

"一带一路"的提出有其内在、外在原因。内在的动因就是改革开放以后，一方面，中国发展比较快，在原材料的供应、产品的出口和国际市场等方面存在一些困难；另一方面，习近平主席时期开始提出"审时度势"，这是"一带一路"提出的内因之一。外因方面，从国际上来看，中国的发展比较快，一方面发达国家认为我们已构成威胁，另一方面，发展中国家认为我们成了竞争对手。比如原材料（进口）就与一些国家产生了冲突，（产品）出口也是一样，好像堵了人家的路。实际上我们的合作伙伴和竞争对手有时候是同一个。"一带一路"倡议就是我们要实打实地创造一个比较好的国际合作环境。有学者从军事战略的角度出发，认为是对美国"东进战略"的对冲，我觉得这样看问题窄了一些。王缉思也提出过"西进战略"。我觉得我们还是要把它看作一盘大棋，即"一带一路"倡议并不是为了躲避谁、抵御谁，尽管有这个因素，但是它更多的是从全球视野出发的整体思考。以上是它的内外背景，我是这么看的。

◇◇ 2　以非洲为重点，谈一下对"一带一路"倡议十年的整体评价。

我们刚开始提出"一带一路"时只是将亚历山大港列进去了，其他全在亚欧大陆。由于中国"一带一路"倡议方提出之初没有重视非洲，所以2013年、2014年这一段时间比较尴尬。后来，王毅出访非洲开始提"一带一路"的延伸，即非洲大陆是"一带一路"的延伸，这样将非洲国家包括到这一布局之中。我在有些文章中提到过，最开始没有重视非洲即便不能说它是一个失策，它也是一个失误，后来没想到非洲国家的积极性很高，反应很强烈。

（薛：为什么开始我们没有将非洲列入？）

主要是考虑不周,后来才意识到。这一点也很正常。因为,任何一种构想也需不断修改补充。"一带一路"倡议也是一个建构性的概念,不断修正,不断补充。大家可以回忆,"一带一路"倡议提出时,主要是针对欧亚大陆的丝绸之路和以印度洋为主的海上丝路。然而,随着认识的提高和现实的需要,拉丁美洲也逐渐被纳入了"一带一路"倡议的构想。非洲被纳入"一带一路"倡议之后,王毅每年出访非洲,就提用"一带一路"将非洲国家连起来。当然,实际操作上并不是那么容易的事。中国在非洲大陆投资基础设施不断拓展,特别是帮助非洲国家修建铁路等项目。此外,通过非洲把西印度洋的几个群岛国家,例如毛里求斯、塞舌尔共和国等包括进来。我曾经说过,非洲需要中国,中国更需要非洲。这一点我们应该有清楚的认识,在目前西方发达国家因中国的崛起对我国进行各方面"围剿"的现实背景中更是如此。中国与非洲的关系确实是一种全面的战略合作伙伴关系,这表现在多个方面,非洲国家一直是中国国际统一战线的基础之一,我们重要的战略合作伙伴,重要的战略物资供应者,重要的投资地和商品市场,重要的金融突破口(人民币),以及重要的产能合作方等。我曾经在一篇文章中专门提及非洲在五个方面体现出它在"一带一路"倡议实施中的重要性。

第一,位于非洲东部海岸的港口是21世纪海上丝绸之路的重要组成部分,历史上就是。中国和埃及在汉代已有商品交易与文化交流,这种关系始于张骞出使西域后不久。丝绸之路有北、南和海路三条通道。埃塞俄比亚、索马里、吉布提、苏丹以及肯尼亚等国的港口在早期就是海上通道的重要组成部分。在唐代,非洲考古发现的中国商品主要有丝绸、瓷器和钱币。中国从非洲进口的商品则多种多样,主要有珍宝、香药和阿拉伯地区的各种特产。这些商品贸易看来主要是通过海上通道进行的。中非贸易开始转向东非,或通过间接贸易抵达东非。宋元时期以后的中非交往继续推进,海上交通已趋成型。第二,位于西印度洋的非洲岛国构成了"海上丝路"的支点,比如马达加斯加、毛里求斯等。毛里求斯目前看来是非常重要的一个国家,但我们在那边着力还不够。独立以来,毛里求斯的发展相当不错,基本走上了出口产品的发展模式。例如,棉纺织品。毛里求斯现在不仅在非洲,在全球也算得上是政治上比较稳定的国家。其国民生产总值也比较高,民众医疗保险等做得相当不错。尽管毛里求斯的印度人多,但并不亲印度。此外,中国在那里的华侨也比较多。印度人在非洲很多国家都是闷声干,而且和当地也结合得比较好。此外,因为印度原来是英国殖民地,英语是常用语言,加上早期的各殖民地之间的历史联系,这些都是它们的优势。第三,红海和亚丁湾的海上安全构成了"海上丝路"的重要保障。第四,非洲正成为亚洲国家举足轻重的投资和贸易合作伙伴,包括中国、印度、马来西亚等。第五,非洲是亚洲与欧洲之间海上交往的重要枢纽。实际上,我们利用了美国的《非洲增长与机遇法案》(AGOA),该法案为非洲对美国出口6500种产品提供免税便利,这个法案其实给我们中国创造了不少机会,因为在那边生产的东西可以免税。以上五点是非洲在"一带一路"海上通道重要性的体现。另外,中国连续14年都是非洲的第一大贸易伙伴国,这个算是"一带一路"在非洲的建设成果。中非之间实现了互相促进。但是,这几年有疫情也有些影响,但是各方面还是在努力的。

(薛:就非洲来看,您觉得"一带一路"推动十年来的一些主要的成效体现在哪?)

实际上就是我们的投资增长很大,还有我们企业的数量很多,有各种各样的。有600亿、1000亿这类大的投资额,这些主要是国有企业,目前对民企我们不是太重视,但民企的发展也比较快。"一带一路"除了经济面,还有文化传播方面,比如《习近平谈治国理政》的英文版在非洲的传播。但是,我个人觉得一定要注意两点。一是,我们一定要注意交流是双向的,我们现在过分强调中国向非洲的单向传播,但实际上人家买不买账难说。二是,有没有效果也难说。交流是双向的,比如我们的孔子学院在那边开的同时,可以要求孔子学院的老师也学习当地语言,这是很好的机会,也是对他们文化的尊重、传播和学习。总之,我们经济处于一个快速发展时期,希望找到各种各样的渠道,这可以理解。但是,特别是文化交流方面,我们做得比较欠缺,强调单方面的文化输出,有时容易引起反感。例如,如果是关于欧洲的,我们可能就要求千方百计地学人家的东西,但是,在非洲我们没意识到非洲文化也有很多值得我们借鉴的。我在多处提醒要避免将文化交流之目的简单地理解为宣传本国文化和改善海外形象。这点应该引起国家相关部门的重视。否则，难以起到文化交流的作用，反而会引发对方的厌恶。

◇◇ 3 您认为，非洲对象国对"一带一路"项目的评价如何？政界、经济界、社会舆论等。

实际上，在"一带一路"建设中，非洲具有独特的十大优势。第一，我们和非洲的交往历史非常悠久，孙毓棠先生对汉代中国与非洲的交流，中国—埃及关系进行了研究。此外，一个澳大利亚学者长期在南非考古工作，他写的两篇文章中也提到，一是发现的岩刻有类似中国的斗笠，他认为那是早期中国—南非交往的一种可能性，另外，民国时期有中国官员在南非访问，看见南非一个屋子墙上的一个装饰图案很像他的姓，"田"字。这是那个澳大利亚的考古学家在约翰内斯堡的使馆翻资料看到了这个事情，把它记录了下来，他认为这也可能是早期中国-非洲交往的一个间接证据。此外，毛里求斯等也有一些早期交往的记录，这些就是我说的中非关系源远流长。

（薛：我访谈了中国铁建国际集团有限公司的董事长廖军，他说在尼日利亚北部，有一大批人姓董。）

我不太清楚这些人是什么时候留下来的，或有多少年的历史。据我所知，20世纪60年代董氏家族在尼日利亚创业，是从中国香港移民过去，我的《非洲华人社会经济史》（三卷）有说明。顺便提一下，这部著作在2022—2023年度被推荐为"中华学术外译项目"（日语）。拙作《非洲现代史》是2021年"中华学术外译项目"（英文）。据我所知，世界史著作中被推荐为中华学术外译项目的极少。两部著作分别提到中非关系的起源与发展。

第二，中非文化价值观有诸多的相似性。中国与非洲双方都强调集体主义的哲学、敬老尊贤的原则、平等相处的理念、宽容待人的观点等，曼德拉也有这些方面的表述。这与西方社会强调个人主义，即独立、自由、控制、自信、独特、自我表达等行为方式和理念有很大的区别。孔子对"仁"极其重视，这一点与加纳阿肯人对"仁"的重视几乎一样。阿肯人认为，拥有仁（virtue）比拥有金子更好，只要有仁，城镇即会繁荣。

第三，非洲与中国的遭遇是相似的。两者都是古老文明的发源地。除了人类起源这一古老话题外，中国和非洲是最早发明陶器技术（invention of ceramic technology）的地区。最新的考古发掘成果显示，人类最早使用陶器的四个地区分别排名为长江、阿穆尔河地区、西部非洲的马里及中部非洲。最早使用陶器的是长江河谷地区，约公元前18000年，随后是距长江以北约1500公里的阿穆尔河地区，时间在公元前14500—前12000年。这种距离及温差说明独自发明的可能性更大。第三个发明陶器的位于尼日尔河流以南的今马里地区，约公元前9500年，属尼日尔－刚果语系（Niger-Congo language family）地区。世界上第四个独自发明陶器的是中部非洲，距离马里3000公里，时间约在公元前8000年，这里属尼日尔－撒哈拉语系(Niger-Saharan language family)。后来从制陶术演变而来的从铜到铁的金属冶炼史也说明了非洲文明远远早于其他地区。近代以来，中国与非洲都在一定程度上遭到西方列强施加的各种苦难，有共同的历史遭遇。非洲经历了奴隶贸易，中国也经历了类似的猪仔贸易。在遭遇殖民列强入侵时都进行了英勇的反抗，又都被残酷镇压，两者有共同的历史记忆。目前，中国与非洲国家都在努力发展，争取国际秩序中的平等地位和话语权。

第四，中非关系平等互利。近代他们支持我们，我们也在很多方面支持他们。比如，早期埃塞俄比亚抗击意大利侵略的时候，我们也给予声援。总之，双方以各种方式相互支持，包括非洲支持中国恢复在联合国的合法地位等。

第五，非洲人对中国的感情友好真诚。无论是哪个国家的调查，各种民意调查机构的民调结果总是表明，非洲人民对中国的总体印象呈正面和肯定的看法。2015年皮尤（PEW）的全球态度调查中有一个"对中国的看法"（Opinion of China）项目。几乎每年的民意调查结果都显示，绝大多数非洲人对中国持肯定态度。后来皮尤开始选择样本国家，开始找了30多个国家，后来就慢慢减少，它还专门找一些相对而言对中国有异议的国家，但是非洲对中国的整体好感这一结果始终改变不了,皮尤的调查相对而言还是比较客观的。以 2015 年民调为例,在列出受访结果的所有非洲国家中,对中国表示好感的在加纳受访者中最高,为 80%;其次是埃塞俄比亚和布基纳法索,均为 75%;坦桑尼亚为 74%;塞内加尔、尼日利亚和肯尼亚三国为 70%;认可度最低的南非也有 52% 的受访者表示肯定。虽然后来几年皮尤研究中心的民调显示非洲受访者对中国的好感有所下降,①但各种咨询公司有关非洲民众对中国印象的调查结果相似,均比较正面,如 2016 年非洲晴雨表(Afrobarometer)的民调、2017 年麦肯锡的调查报告、2018 年 ISOP 的民调、2020 年"非洲晴雨表"的民调、2022 年肯尼亚的民调等。

第六,中非合作已有运作框架。中非合作趋于机制化,这也是比较明显的。中非合作论坛在 2000 年就设立了,每三年召开一次,论坛举办的地点分别在中国和非洲国家之间轮换。比我们早成立的东京非洲发展国际会议,它是 1993 年成立以后,最开始是每五年召开一次。现在开始仿效中国,每三年一次。另外,前 5 届会议一直是在日本召开,后来也开始仿效我们两边轮流开,这体现了一种平等关系,韩国等其他国家与非洲关系也明显受到中非合作论坛的影响。这些国际上的效仿实际上表明中国对非洲合作的一些开创性举措在国际政治舞台上产生了较好的示范效应。

第七,非洲国家领导人对"一带一路"期望迫切。非洲国家领导人,包括坦桑尼亚等在多个场合一方面支持中国的"一带一路"倡议,另一方面表示自己国家愿意加入。在 2015 年 12 月的中非合作论坛约翰内斯堡峰会上,非洲领导人一致认为,中方"一带一路"倡议对非洲同样重要,非洲国家欢迎中方积极参与非洲铁路、公路、港口等基础设施和互联互通建设并同非洲开展产能合

---

① 例如 2016 年加纳民众对中国持好感的占 49%,未过半数,相比于 2015 年的 80%,显著降低。肯尼亚受访者 2016、2017、2018、2019 年占比分别为 57%、54%、67%、58%,相比于 2015 年的占比 70% 也有明显下滑。尼日利亚受访者 2016、2017、2018、2019 年占比分别为 63%、72%、61%、70%,相比于 2015 年的占比 70% 整体较为稳定。塞内加尔受访者 2017 年为 64%。南非受访者 2016、2017、2018、2019 年占比分别为 41%、45%、49%、46%,相比于 2015 年的占比 52% 整体也有下降。坦桑尼亚受访者,2017 年的数据为 63%。Opinion of China: Do you have a favorable or unfavorable view of China?, Pew Research Center, Global Indicators Database, https://www.pewresearch.org/global/database/indicator/24/country/ve。

作。2015年约翰内斯堡峰会中非合作论坛，习近平主席就比较明确地提出了在非洲共建"一带一路"。

第八，非洲国家民众对基础设施建设充满好感。2016年，非洲晴雨表发布研究报告。该报告就36个非洲国家的5万民众对中国的态度进行了调查统计，平均63%的被调查者对中国持正面看法，正面评价的最重要因素是基础设施建设。非洲人民普遍认为，中国在非洲进行的基础设施建设为当地民众带来了便利，也带来了福祉。这种正面看法在2020年非洲晴雨表的民意调查中仍然保持。

第九，"一带一路"与非洲工业化相契合。中非合作在位于东非海岸的埃塞俄比亚、肯尼亚、坦桑尼亚等国积极推进。这些国家的工业化正如火如荼地开展，基础设施、制造业、绿色农业、金融业等领域发展潜力巨大，中国企业在这些国家不仅已有资本、技术和人力资源的积累，各方面投资也在日益增长。多位非洲工商界人士看好"一带一路"给非洲带来的发展机遇，期待其能促进中国企业对非洲的投资。

第十，非洲国家的华侨华人资源。从历次有关非洲招商会议中，中国民企的最大的担忧是不了解当地投资环境，而华侨华人中蕴藏着所在国的各种社会资本和专业知识以及雄厚的经济实力和对跨国营商环境的了解。他们是参与和推动"一带一路"建设重要的桥梁和纽带。我们可以充分利用的有利因素，包括我们的媒体。所以，如果中国重视的话，可能会发掘出意想不到的一些成果。包括肯尼亚的茶叶，以及湖南的中非经贸博览会影响比较大、比较正面。

（薛：湖南怎么规划出的中非经贸博览会这样的平台？）

应该有偶然性，也有必然性。非洲的很多产品确实面临着无法走出的问题，也希望寻找买家。以上总结了十点"一带一路"在非洲的优势。其实这里已经涉及第三个问题。例如，非洲多个国家的矿产资源既需要开发，也需要出口。还有南非的葡萄酒、埃塞俄比亚的咖啡、肯尼亚的牛油果等都是中国人喜欢的商品。就对象国对"一带一路"的评价，通过数据就可以看得出来。

◇◇ 4 从您的角度看,"一带一路"推出后,中国的外交政策发生了哪些主要变化?变得更加积极了还是怎么样?或者有好有坏?你的感受是什么?

整体民意调查也反映出来了,这种转变是比较正面的。这和中国一贯的外交原则分不开,即和平共处五项原则,还有互利、相互尊重等。20世纪六七十年代初,非洲很多国家抱成一团支持中国,尽管当时很多国家还没和我们建交。由此可以看出,中非友好关系有一个历史的延续。另外,与中国外交的文化价值观有关,因为非洲之前被西方殖民很多年,而我们很尊重非洲。总之,我的意思是,以前我们在各方面有一些对非的大举措,在每个国家都有一些大的项目,包括困难的时候援助的坦赞铁路等,现在随着中国国力的增强,更应该增加对非洲的一些援助。一方面,像欧盟、美国,越来越感受到来自中国的"危险";另一方面,我们在外的民营企业,有时候可能对当地员工的态度上存在一些问题。我个人对事情的看法都是一样的,没有交往就没问题,问题越多说明交往也多,这是很正常的。关键的是我们需要意识到这些问题,要进行解决,问题解决了关系就会更进一步的,我一般持这种观点,辩证地看问题。总体而言,"一带一路"在这些年的推进过程中,对中国的企业进入非洲、非洲的产品进入中国提供了不少的渠道。湖南的中非经贸博览会就是在中央的统一布局之下进行的。

中非交往总体还是比较好的,但也存在一些问题。经济方面就是存在利益争端,我们不要抢人家的利益。比如,肯尼亚的茶叶利益,我们要尽量避免与它进行利益竞争。一方面,我们在人家的国家;另一方面,人家有自己的看法,有自己对问题的处理方式。政治上,我们要尊重他国,不要有强迫他国的行为。比如,有些小国偶尔跟着美国走,作为一个小国,它的选择面有时很小,所以有些方面,我们不必过于计较,我们是一个大国,胸襟要宽广一些,来日方长。另外,文化交流方面一定要注意双向运作。中国在非洲取得了不少的进展,但是一定要注意,在这个过程中尊重学习他国的文化、价值观,需要了解、学习,这些都是对文化交流有好处的。还有一点,中国人大部分是无神论者,但非洲人全信宗教,信奉基督教、伊斯兰教和本土宗教的大约各占1/3。如果我们不研究非洲各种法律的历史和现状,不懂得人家的相关规矩,如何与人家打交道?我们一方面在国内应该进行相关法律知识的教育,不要一味封闭,另一方面在处理与非洲人的日常关系时,一定要注意尊重人家的宗教风俗习惯,做一个知书达礼的泱泱大国的合格公民。

◇◇ 5 "一带一路"倡议推出以后,中国国家形象在非洲整体上是明显改观了,还是有分类、有差别的?

总体上是改观的。之前可能存在一些问题,有多方面因素,例如,中国最早一批出口非洲的产品偶尔存在假冒伪劣的现象,那时非洲民众对中国的印象不是太好。但后来中国就慢慢地真正认识到开展各方面的交流的重要性,包括派遣留学生等。此外,中国在那边的企业家或企业员工的行为也关系到中国形象,虽然参差不齐。中国人对非洲的了解也是不断地增加,慢慢地比较全面了,认识到有些东西我们也可以向他们学习。没有接触,就没有那种尊重和学习的意识,很多东西是接触越多,感受越真切。此外,这种印象还牵涉到其他因素,如西方的宣传或抹黑。津巴布韦的《先驱报》(The Herald)曾经报道:美国政府通过其驻津巴布韦使馆资助相关机构举办研讨会等形式,以每篇文章1000美元的代价收买私营媒体记者,指使其发表有关在津中资企业投资的负面报道。在这种恶劣的舆论环境中,我们也不宜一味相信媒体的报道。个人认为,一是中国政府本着互相尊重平等相处的原则,切实做好各方面的工作,二是在非洲的中国公民应认识到,他们是国家的形象大使,所作所为代表着中国,应该尽职尽责,遵守他国法律,当好中非友好的使者。这样,中国国家形象必然会是正面的和积极的。

◇◇ 6 现在我们提出了很多外交概念，例如，"一带一路"倡议、人类命运共同体、伙伴外交、全球治理、新型大国关系等。您觉得"一带一路"和人类命运共同体、伙伴外交等之间是一种什么样的关系？有没有侧重点的差别或层次的差别？

（薛：而且我让一个助手做了一个调研，发现中国全球人类命运共同体合作有50多个，其中非洲占了二三十个；伙伴外交117对，非洲也占了一大批，"一带一路"相关文件非洲也有一大批国家签订。）

这些外交概念主要是官方提出来的，以官方的解释为主。我个人认为，人类命运共同体包容性最大。现实确实是这样，例如，一旦发生核战争就是人类的毁灭，如果认识不到这一点，人类最后就会自取灭亡。而且很多问题需要共同解决，例如，气候问题、环境问题等。所以，我认为人类命运共同体是一个包容性很强的概念。其他的外交概念可能是从经济上考量的，比如"一带一路"主要强调经济；伙伴关系则是有立场的、不同的侧重。但是，人类命运共同体是一个比较包容的概念，基于人类走向的这些大问题的考虑。非洲有50余个国家，与我们的关系相当重要，往往在关键时刻起作用。无论是人类命运共同体的合作伙伴，还是"一带一路"倡议的签约国，或是伙伴外交，非洲国家都占重要地位。

◇◇ 7 在非洲推进"一带一路"，主要面临哪些挑战？

面临的挑战，我们也要把它置于国际发展的趋势下进行观察。首先，是非洲本土，我们助力"一带一路"发展的举措一定要和非洲本土挂钩，跟他们实际需要相结合。例如，较早之前，我到马达加斯加，人家就说我们送给他们的一批汽车堆在那没用，与他们那里的燃料不匹配，类似的这种事儿确实有。这种问题主要是企业的行为，或者是没有做足调研的问题。其次，不要给对方的产业等方面构成威胁，不能有强者为王的思想。他们这些国家是我们的伙伴或者朋友，要进行适当的考虑和合作，合作的方式也要注意以人家的需要为主。我们现在经济发展得比较快，对人家既有积极影响，也有消极影响。人家有时提出意见或反感，原因是触及人家的利益，不能总说它受西方影响。总之，我们有些方面没做好，比以前有退步，相比于以前我们单方面给予的援助，我们现在强调互利，互利就会存在一些问题。互利当然是必要的，否则可能不可持续，但是互利要有度。受援方的弱势地位要考虑进去，不要总觉得自己是老大，自己说了算。

（薛：这是您在非洲调研中感受较深的吗？觉得中国太强势了，对当地国的一些需求了解不够。）

我之前在外交部、商务部参加过针对非洲官员的训练班，差不多有十来年，接触的人比较多。有一次，我在马达加斯加稍带贬义地批评他们的一些做法，后来一位年纪最长的非洲官员（非洲以年长为尊）就反驳，意思是说不见得你们中国什么都好，比如一些公共行为等，然后做了一个随地吐痰的动作，非洲官员都笑了。我说你说得很好，中国人确实也有很多不尽如人意的地方。所以，很多事情都要互相尊重。我们有的人，因为现在经济发展了，觉得了不起，认为很多方面自己都是老大，或者要听我的。但是，我觉得这个很不好，一定要注意。所以，做事要互相尊重，不要伤人，特别是小国家，尊重更有必要。经济上吃点亏没关系，政治上只要大的方面对我们的路就行，不要太计较。2018年，习近平主席就提出在中非合作中，中国主张多予少取、先予后取、只予不取，敞开怀抱欢迎非洲搭乘中国发展快车。然而，一些中国机构或企业却过于关注经济利益，没有做到这一点。

（薛：习近平总书记也反复强调要多给少取，但实际上还是没做到。）

印象中是第一次中非合作论坛时，我应邀参加，在北京饭店开会讨论。当时，我认识的一位商务部官员告诉我，我们在非洲投一块钱赚八块钱，当时我心里想，很多东西我们还是要多从人家角度考虑，很多事情值得反思。

◇◇ 8 作为一位资深研究非洲问题的学者，您对下一步推进"一带一路"倡议有什么整体建议？

整体建议实际上已经提到了，第一，我们要把非洲放到国际的整个大盘子里进行考虑。不要过于计较，我们和非洲是朋友关系，在某些地方对他们好一些，或者亏一点，他们可能会在别的地方加以回报，这种事例很多。例如，赤道几内亚等国，他们发现了重要矿产，觉得信得过中国，就找我们进行开发。所以，有些东西确实要放在大盘子里考虑，包括国际上的一些政治斗争。例如，我们能够获得联合国的合法席位，非洲给了很多支持。尽管当时有很多支持，但是非洲是不可或缺的。包括国企、民企等，国家宁愿亏一点，或补贴它们，也要在某些方面对它们的行为进行提醒。目前，民企比较自由，我们在这一点上好像有些放松责任。不同的地方有不同的特点，例如，非洲独立国家各有自己的长处，也有自己的弱点，我们怎么样来认识，然后怎么样不冒犯、不触犯人家，这都是应该做的。比如民企到非洲投资之前，都要到外交部、商务部等学习相关法规，这是应该的，我们在这方面做的措施还是不够。我甚至建议，比如中国使馆都要整理公布到这个国家的注意事项，比如有的国家是伊斯兰教国家，有一些规矩必须遵守。塞内加尔是伊斯兰教国家，但是他的第一任总统桑戈尔是天主教徒，这也表明非洲文化的某种包容性。我在北大有一位读博士的尼日利亚朋友，他们夫妻双方一个是天主教徒，一个是基督教徒。他们告诉我，他们的文化是很包容的，这和中国文化有很强的相似性。很多东西，我们需要在相互了解的过程中互相学习。

（薛：您刚才提到很重要的一点是非洲的文化特征，在您看来最能代表非洲文明的有哪几个国家？例如，加纳、尼日利亚、南非、肯尼亚、埃塞俄比亚、苏丹、阿拉伯等，还是说根本不存在所谓的非洲文明？）

实际上，非洲相当一部分的知识分子对文明这个概念是排斥的，他们著作中文明这个词汇很少出现，甚至没有。比如非常有名的哲学家姆丁贝

(V.Y.Mudimbe），他的著作《发明非洲》(The Invention of Africa）获得过美国非洲学会的奖项。他在这部著作中将"文明"（civilization）等同于"基督教"（Christianity）。这部哲学著作的最后索引词，就是civilization/Christian identity，这就表明了他的态度。

（薛：信仰基督教的人，才会主张所谓的civilization，那非洲的学者通常使用什么概念呢？用culture？）

culture的这个词他们能接受，但是文明这个词几乎没有。例如，加纳的哲学家夸西·维尔杜（Kwasi Wiredu），他的著作里面就没有"文明"这个词。我有一篇文章《解析西方文明的三个悖论》，实际上最开始我写的是文明的三个悖论，现在西方在这三个悖论方面表现得比较明显，文明涵盖三个方面，即人与自然的关系、人与人之间的关系以及人与自身的关系。三个悖论是，第一，越"文明"的国家对自然的破坏越大。第二，越"文明"的国家引发的人与人之间的残害越大，我们可以从武器的进化以及战争的规模和破坏性来看。第三，"文明"国家的自杀率高。世界卫生组织2021年的相关统计数据表明，虽然大量自杀发生在人口占多数的中低收入国家，但高收入国家的年龄标准化自杀率（age standardized suicide rate）更高（每10万人中有10.9人）。例如，欧洲国家的自杀率普遍较高。在东亚，韩国（28.6）、日本（15.3）和新加坡（11.2）自杀率最高。在美国，1999年以来的自杀率呈上升趋势。这是我对文明的理解。我也在探讨非洲文明，非洲文明实际上点有很多，比如苏丹的金字塔多于埃及，它的麦罗埃文明也是很久远的。再比如，埃塞俄比亚是将基督教定为国教最早的国家之一。还有一个事实是，很多基督教大师都是北非的，比如说奥古斯都、德尔图良、奥利金等很多出生在迦太基、阿尔及利亚、突尼斯等。因为多在古希腊罗马时期，我们就把它归于古希腊罗马。中国人对非洲的了解需要一个很长的启蒙时期。我博士毕业回国之后就开始研究非洲华侨华人史，后来又是中非关系，我的博士论文写的是殖民时期的加纳。

（薛：您是中国代表性的非洲问题权威之一，您觉得跟美国或者加拿大的非洲问题权威的主要差别是什么？这是不是能够体现出中国对非洲和美西方对非洲的了解的区别，大致能体现吗？）

我觉得这个可能不能以国家或者西方来界定，关键是个人，比如我的博士导师 Martin Klein 教授认为对非洲不能歧视，需要尊重，对我影响也比较深刻。我认为，中国的非洲研究水平低是客观事实，这需要我们努力去改变。目前，青年一代正在崛起，希望在他们身上。

（薛：非洲的教授到美国还可以拿到终身教职吗？）

总体的待遇相对而言是最低的，但是收入肯定相比提高了。例如，加纳的英美化程度是比较明显，而且经济发展的相对不错。他们 20 世纪七八十年代以后，移民美国的很多。在美国的新移民中间，文化程度最高的是非洲移民裔群。这在非洲马拉维的历史学家泽勒扎（P.T. Zeleza）的一个项目中提到了这个事实。他是我的朋友，请我去美国参加这个称为"非洲研究"的项目，国际上较有名的非洲学者分批去美国开会交流。这个项目后来出版了两卷本著作，一本是不同学科的非洲研究 (The Study of Africa Volume Ⅰ：Disciplinary and Interdisciplinary Encounters)，另一本是不同国家的非洲研究 (The Study of Africa Volume Ⅱ：Global and Transnational Engagements)。

（薛：非洲真正能够去到美国或者欧洲的，大部分是以求学的名义去的，所以使得他们的整体文化水平较高？）

确实。移民美国的有些在非洲已经是学有所成，有的是教授，后来自己国家情况发生变化后移民过去的，如上面提到的姆丁贝、泽勒扎等。当然，非洲有些很有名的学者也不会移民，比如尼日利亚的历史学教授阿德·阿贾伊，就是独立时期回去的，他们这一批人把整个非洲历史研究带动了起来。正如前面所说，我的《非洲现代史》当选为中华学术外译项目的原因可能是书中提到一些西方非洲史没有提到的史实，如早期埃塞俄比亚的哲学家、早期的加纳哲学家以及他们的一些基本观点，而且将其作为比较重要的一部分。还有非洲早期现代化的成功与失败。西方的非洲研究基本上没有谈到非洲的早期现代化，例如罗斯托的经济成长阶段论，他不写非洲，认为非洲基本上没有成功的。我认为要客观地看待历史，例如马达加斯加以及埃塞俄比亚早期的现代化是相当不错的。

（薛：目前我正在和一个同事比较卢旺达和博茨瓦纳的经济发展模式。卢旺达在保罗·卡加梅上台后，经历了比较稳定发展，现在人均 GDP 达到将近 1000 美元左右。博茨瓦纳更高，达到 8000 美元左右。主要是因为钻石等吗？）

钻石是一个比较重要的因素，还有一个内部因素是政治比较稳定，只要稳定就会发展，可以凭借矿产进行发展。

（薛：跟他们的英语，还有信仰基督教是否有关系？）

我觉得关系不大，博茨瓦纳有一个很重要的因素是美国的庇护，使得它比较稳定，在很长时间它都保有了欠发达或者不发达的身份，受到的援助比较多，发展的阻碍因素相对而言就比较少。美国使得它保有不发达国家这样一种身份，这也是在一本书中看到的，我以前没注意到。我认为它政治比较稳定，是一个很重要的因素。因此，政治稳定和受到美国庇护是它发展的重要因素。

◇◇ 9 您觉得高校与智库应该如何参与"一带一路"研究？

我想说的是区域国别不是一个学科，它就是一个研究领域（Research field），区域国别也没有学科基础，所以是需要综合学科的，我们很多东西不能够太随意，但是我们如果是把这个学科理解为一个学术领域那也说得过去。因为我们做学者的学术上要严谨，逻辑上要说得通。另外，现在很多都称为智库，智库当然有不同的层次，但不要都去套用，因为学术和智库是区别挺大的。学术可以多搞一些基础性的东西，进而抽象出理论性的东西，这些都不是智库的事情。智库是为国家处理问题提出具体办法的，但必须精通。国内不少缺乏研究基础的高校里的机构自称为"智库"，比较可笑。有的部委的朋友告诉我，有的单位提出的意见没用，荒唐可笑，但还不得不给人家证明。这种浪费国家资源的做法还比较普遍。

（薛：您现在回国有二三十年了，您是否有培养的比较满意的非洲研究方面的后起之秀？）

我的一些学生中，许亮、沈晓雷以及刘少楠等都不错。许亮是从本科一直到博士都是我指导的,后来又到哈佛大学历史系拿到非洲史专业的博士,现在又回到北大,他是双博士,不多。还有沈晓雷在中国社会科学院西亚非洲所,他主要研究津巴布韦和非洲其他一些问题。刘少楠博士毕业于密西根州立大学,密西根州立大学是美国研究非洲历史最强的,他现在在北师大历史系,主要研究尼日利亚的华人企业。华人企业家在20世纪50年代末60年代初往那边迁移,主要是从香港去的,是大规模开放之前去的,几乎没有大陆去的。他用英文撰写的博士论文经修改后已正式出版。还有一些从事教学科研的其他学生,都非常不错。这三位学生比较典型。作为学者类型,我的学生这一辈会比我做得更好。新一代在知识积累上暂时不如我们,但是他们的视野以及和外界的交往程度都比较强。

我有机会指导了不少外国研究生,其中三位非洲博士生比较突出:突尼斯的伊美娜、摩洛哥的李杉和刚果(金)的龙刚,三人各有特点。伊美娜的普通话远比我带湖南腔的普通话要好,她拿了博士学位后又完成了博士后学习。李杉为写好有关西撒哈拉的博士论文,主动延期一年学习西班牙语,其博士论文获得好评。回国后,他曾在外交部工作,我受邀访问摩洛哥时曾有机会与他会面。他后来转到高校教书,最近又回到外交部。龙刚自幼被带到伦敦接受教育,在雷丁大学读博士一年级时与我联系,表示希望读我的博士。我当时给他回电邮时说明:北大留学生必须上中文课,用中文写毕业论文。他后来就到了中国学习汉语。他给自己起的中文名字"龙刚",说"龙"代表中国,"刚"是自己的国家刚果(金)。最后用中文写的有关美国冷战后的资源政策的博士论文修改后由江苏人民出版社出版。他刚回国时找不到工作,博士论文又必须译成法文并由北京大学出示证明后才被认可。后来他被聘为负责外交事务的副总理的顾问,2018年曾陪同副总理来中国参加中非合作论坛高峰会议。目前他在刚果(金)的大学教书。

目前,国内近年有不少从国外拿到博士学位后回国从事与非洲有关的教学和研究工作的青年才俊,如哈佛大学的哈巍、纽约社会研究新学院的唐晓阳、剑桥大学的廉超群和邱昱、乔治敦大学的温爽、奥弗涅大学的郝睿、鲁汶大学的袁丁、密苏里大学的卢凌宇、威斯敏斯特大学的相雨、南卫理公会大学的杨蓓蓓、伦敦大学亚非学院的程莹，澳大利亚国立大学的陈亮、南非斯坦陵布什大学的张巧文和罗德斯大学的马秀杰、宾州州立大学的王进杰、耶鲁大学的宁润东、莱顿大学的李臻、牛津大学的孙遇洲和博士后杨崇圣以及清华大学国际与地区研究院与国外大学合作培养的一批博士等。令人振奋的是，有的青年学者已获得国际学术界认可。北京大学程莹的博士论文获拉各斯研究协会（Lagos Studies Association）最佳博士论文奖（Best Doctoral Thesis Award），是首位获此殊荣的亚洲学者。2018年刘少楠博士在美国非洲研究学会年会上获得研究生论文奖（Graduate Student Paper Prize Winner），也是首位获此殊荣的亚洲学者。具备非洲实地学习考察经验的不在少数，如孙晓萌、刘海方、徐薇、刘伟才、赵俊、张勇、黄立志、张瑾、段九洲、高良敏、熊星翰、肖齐家、高天宜、冯理达等。青年学者继承了前辈学者对非洲的深厚感情和钻研精神，除了具有良好的科研环境和物质条件外，颇具学术激情，因为他们从事的是自己热爱的事业。

国外有相当一批研究非洲的学者，还有一批逐渐转向中非关系研究的学者。布劳蒂加姆（Deborah Brautigam）的博士论文主要研究中国在非洲这一领域的问题，沈晓雷翻译了她的两本著作。她的研究可以说是相对公正。此外，最早研究坦赞铁路的是于子桥先生。作为于右任先生的后代，他的博士论文还是比较正面看待中国对非洲的援助。主题写的是坦赞铁路，我从他那里得知的一个事实是，中国当时援助坦赞铁路时的起重机是从日本进口的，中国自己当时不能生产。孟洁梅（Jamie Monson）是美国研究坦赞铁路的一位学者。

（薛：尼日利亚做非洲研究的是哪个大学？是拉各斯大学还是尼日利亚大学？）

尼日利亚最早的是伊巴丹大学，它最早是作为伦敦大学的分校。

（薛：加利福尼亚大学伯克利分校研究非洲问题，它的优势在哪里呢？）

它的历史也不错，地区研究也不错。不过，美国一批最早从事非洲研究的学校，主要还是霍华德大学（Howard University）、亚特兰大大学（Atlanta University）、林肯大学（Lincoln University）和菲斯克大学（Fisk University）等。这批主要服务于美国非洲移民裔群的传统黑人大学研究非洲历史悠久，但受种族歧视的影响，或是经费不到位，或是受到各方面阻碍。其他较早研究非洲问题的是西北大学。它第一个获得政府资助的非洲研究项目。

◇◇ 10　国企与民企如何在"一带一路"共建中更好地发挥互补作用？

这个需要国家在战略层面上进行考虑。好的国企、民企可以自己探索，比如华为已经做大、做强了，有多方面的优势，包括用人等，他有一些决断力。例如，华为在深圳办一些非洲学员的培训班，既帮助了人家，实际上也为自己培养了后续人才。传音在非洲的影响力也很大，近两年在非洲保持着相对稳定的市场份额，其占有率一直维持在40%以上。国家在整体上应有相应的设计和指导原则，对民营企业既不能全部放开，也不能随意打压。有一个外国学者写了一个民营企业在非洲的小册子，并不是一个严肃的学术著作，但介绍了不少情况，他做的调查国内无人做过，商务部挺重视。总之，我们在非洲还有大量的工作可做。

（本文主要内容以《专访李安山：把握非洲在"一带一路"建设中的十大优势》为题，2023年11月22日发表于光明网）

2.9 "一带一路"倡议与欧盟：冯仲平

【核心观点】中国提出"一带一路"有三方面原因。"一带一路"建设的扩大说明它有生命力，展现中国是全球经济增长发动机，能促进区域经济一体化。"一带一路"在中欧关系中的作用是加强欧亚互联互通、贸易与投资。欧洲国家对中欧班列的评价没有变化，它符合欧洲的利益。欧美一些国家对"一带一路"态度转变，不是因为"一带一路"，而是对中国的认知变了。欧洲的转折点是欧盟2019年提出对中国的三重定位：合作伙伴、竞争者、制度性对手。欧洲的"全球门户"计划是要与"一带一路"竞争。美国总统拜登在拉拢欧洲，特别是德国上下了很大的功夫。中国下一步推进"一带一路"要有更高站位，欢迎任何国家提出加强互联互通的国际合作方案。贸易和投资的基础是文化，了解文化对发展经济关系十分重要。中国企业在走出去的同时，要加强与其他国家的人文交流。

访谈对象：冯仲平，中国社科院欧洲研究所所长、研究员

访谈人员：薛力

访谈时间：2023年8月17日下午

访谈地点：中国社会科学院欧洲研究所

录音稿整理：苗蓓蕾，重庆社会科学院马克思主义研究所助理研究员

录音稿校对：薛力

本文经受访者审定

◇◇ 1 中国提出"一带一路"倡议的原因是什么？

主要是以下几方面考虑。

第一，解决中国国内经济发展面临的不平衡问题，包括城乡之间，特别是区域发展不平衡。改革开放40多年，东部发展起来了。西部仍然相对落后，谁愿意在新疆、重庆投资呀？中欧班列刚开始叫"渝新欧"，从重庆出发，经由新疆，然后到达欧洲国家，就是要解决中西部的发展问题，包括出口、成本等问题。

第二，把东亚经济圈与欧洲经济圈连接起来。欧洲是一个成熟的经济区，东亚是充满活力的一个新兴经济圈，通过"一带一路"可以把两者对接起来。所以，"一带一路"倡议最初的起点与终点都是在亚欧大陆。

第三，回答中国崛起以后怎么和世界相处的问题。我们提了很多好的想法和倡议，包括推动构建新型国际关系和人类命运共同体，还有三大倡议，即全球发展倡议、全球安全倡议和全球文明倡议。"一带一路"到今天已经走过了十个年头。我觉得"一带一路"就是一个抓手，实践我们提出的全球倡议。

第四，改革开放过去主要是"引进来"，"一带一路"是"走出去"。中国改革发展，需要将"引进来"和"走出去"结合起来。

◇◇ 2 您对十年来共建"一带一路"总体性评价是什么？

"一带一路"源于中国，属于世界。"一带一路"开始重点集中于亚欧大陆，所以有"一带一路"沿线国家的说法。后来，"一带一路"合作的对象越来越广，既包括中亚、欧洲、中东欧、东盟，也包括非洲、拉美。所以我们现在经常说，"一带一路"是中国提供的国际公共产品。"一带一路"建设的扩大，说明它有生命力、吸引力。

需要强调，欧美一些国家态度转变，不是因为"一带一路"变了，而是它们对中国的认知变了。

◇◇ 3 欧洲对"一带一路"倡议作何评价？

2016年，我和我的一位学生在《现代国际关系》上发表了一篇关于中欧"一带一路"合作的文章，说明刚开始欧洲国家愿意与中国开展"一带一路"合作。印象最深的是，当时美国总统奥巴马不让英国参加亚投行，英国首相卡梅伦最终没有理睬。英国加入以后，带动了十几个欧洲国家加入，这些国家都成了亚投行的创始国。

西欧国家对中国认知的变化导致它们对"一带一路"态度的变化，经历了"不了解—合作—竞争—指责"这么一个过程。重要的原因是认知（perception）。2019年前，欧洲基本上把中国看成是一个贸易、投资的合作伙伴，经济交往占据主导地位。在多边主义方面也认为中国是一个合作对象。转折点是2019年，欧盟提出了对中国的所谓三重定位：第一，在应对气候变化、打击国际恐怖主义、保护生物多样性等问题上，中国是合作伙伴；第二，在经济、科技上，特别是先进技术上，是竞争者。第三，是制度性对手。"制度性对手"的说法是德国工业联合会最早提出来的。总之，这个三重定位影响了欧盟的对华政策，影响了中欧之间关系，合作的空间被挤压，竞争和对抗成分开始增大。

推出三重定位的同时，欧盟还提出了两个判断：第一，欧洲和中国关系所面临的机遇和挑战的平衡被打破了。第二，中国已经不是一个发展中国家了。2021年拜登上台后，改变了特朗普的打法，从单打独斗变成拉拢盟友一起对付中国。拜登在拉拢欧洲，特别是德国上下了很大的功夫，典型例子是不再反对北溪-2号天然气管道项目。

在中东欧，"一带一路"最显性的成果是基础设施建设，这对中东欧来说十分重要。中国-中东欧国家合作机制面临挑战，在一定程度上可以说是美国和俄罗斯两大因素叠加的结果。由于乌克兰危机和美国对华战略的调整和变化，中东欧出现了分化，很多中东欧国家感受到了来自美国的压力。这些国家对"一带一路"的热情下降了。总之，欧洲对"一带一路"的看法深受其对华认知变化、乌克兰危机，以及中美关系的影响。

◇◇ 4　"一带一路"倡议推出后，中国的外交政策有哪些变化？

"一带一路"倡议有一个很好的定位：促进区域经济一体化。这对周边国家是有利的，对中国外交是一大促进。

"一带一路"也展现了中国作为全球经济增长发动机的作用。在逆全球化和去全球化的大背景下，中国推动"一带一路"是为回归实体经济增长提供动力，改善和推动了中国和参与"一带一路"国家间的关系。

◇◇ 5　过去十年里，中国在欧洲的形象有什么变化？

"一带一路"建设给中欧双方带来了实实在在的好处。"一带一路"在中国和欧洲关系中的作用，主要是加强欧亚互联互通，加强中国和欧洲的贸易与投资。谈中欧共建"一带一路"绕不开中欧班列，欧洲现在也不反对中欧班列。没人说中欧班列不好，因为中欧班列是在解决陆地运输成本问题。现在欧洲国家对中欧班列的评价没有变化，可见中欧班列开通符合欧洲的利益。

现在欧美有些人指责、抹黑"一带一路"，但一开始欧洲国家对"一带一路"是持肯定态度的。2018年欧盟出台了一个欧亚互联互通文件，强调欧亚互联互通要和中国的"一带一路"倡议相对接。与中东欧不同，西欧国家对基础设施建设的需求量不大，但"一带一路"不只是基础设施建设，还有贸易、投资和融资。现在一些欧洲国家指责"一带一路"是因为它们把"一带一路"政治化了，认为"一带一路"倡议是要影响、改变、颠覆所谓基于规则的国际秩序。

◇◇ 6　"一带一路"倡议在欧洲碰到的主要挑战是什么？

"一带一路"建设深受国际大环境，以及具体国家自身小环境的影响。每个国家、每个地区情况不一样，政治因素、宗教因素、文化因素、地缘政治都有可能影响到"一带一路"的建设。在欧洲最大的挑战是政治干扰，即对中国认知的变化。

◇◇ 7　您对下一步共建"一带一路"的整体建议是什么？

"一带一路"建设的大方向是对的，得到了国际上大部分国家的支持。实践证明，中国的倡议符合世界发展潮流，符合共建"一带一路"国家的利益。搞经济，谋发展，对世界和平稳定肯定有好处。这个大方向我们要坚持，下一步需要总结经验，做到量体裁衣，精准实施。具体包括以下几点。

第一，一定要把"一带一路"和所在地区和国家的发展对接起来，一定要把"政策沟通"做好。

第二，要有一个更高的站位，欢迎任何国家提出加强互联互通的国际合作方案。如果"一带一路"带动了其他国家或地区的类似计划，更加证明"一带一路"是正确的。

第三，欧洲的全球门户计划是冲着"一带一路"而提出来的，就是要和中国竞争。对此我们要心中有数。但我们仍可以推动"一带一路"倡议和欧洲的"全球门户"计划对接，可以对欧洲讲，仅靠"一带一路"解决不了全世界的发展问题，让我们一起努力。

（薛：除了外部挑战，中国在"一带一路"建设过程中是否存在需要修补的短板？）

我们走出去时是不是对外部世界有足够的了解？其实是边干，边学，边了解。这也会倒逼我们去加深对合作国家各个方面的认识。我一直有个看法，了解文化对发展经济关系十分重要。贸易和投资的基础是文化，两个国家即使文化各异，但相互欣赏，就会放心开展贸易和投资。尤其是投资，涉及投资时，首先需要了解这个国家。所以，"一带一路"要长远发展，一定要重视加强人文交流。

◇◇ 8　国企和民企在"一带一路"建设中如何实现优势互补？

国企在"一带一路"上发挥了很重要的作用，一开始是国企打头，许多央企、国企走在"一带一路"建设的前列。但中国经济不仅是靠国企，应该积极鼓励支持民企参与到"一带一路"建设中来。今后在"一带一路"上，民企完全可以参与，不要分那么清楚，两者相得益彰即可。

◇◇ 9　非政府组织如何参与共建"一带一路"？

世界正在经历百年未有之大变局，大国竞争日益加剧，经济全球化遭遇逆流。"一带一路"不仅是中国和这些国家的经济关系，还应该包括公共关系。前面我讲过了，人与人相处要相知，国家与国家相处也要相互了解。中国企业走出去的同时，要加强与其他国家的人文交流。欧洲国家有很多机制，如英国文化协会、西班牙中心、法国文化中心、歌德学院等。因此，中国在海外设孔子学院也是希望加强国家之间的交流了解。欧美一些国家对孔子学院的排斥与它们对华态度政策变化有关，中国无论干什么都被其贴上一个标签，对孔子学院、"一带一路"都是这样。在这种情况下，人文交流特别重要，能减少一些欧洲人对中国的不信任，能减少一些对中国的错误认知。

中国和欧洲之间如果交流赤字、信任赤字很大，如何合作？从这个意义上讲，中国的非政府组织在"一带一路"建设中可以发挥重要的作用。西方一些非政府组织一直用有色眼镜来看中国。但欧洲与美国看中国还是有区别,美国把中国作为战略竞争对手,对华战略里面遏制中国的成分越来越大。欧洲对华政策中的竞争性正在显著增大,但仍然看重与中国的接触和合作。

◇◇ 10 智库和高校应该如何参与共建"一带一路"?

智库应该先行,走在共建"一带一路"的前面。

第一,智库要加大对外部世界的研究,要不断提高研究水平,对各国有全面、客观、准确的分析和判断。智库不仅要具备"人无我有"的能力,还要具备"人有我精"的能力。这是智库的责任。

第二,"一带一路"建设遇到问题,智库要帮助提出解决问题的建议。在与欧洲国家开展"一带一路"建设上,欧方肯定有信息不对称和误解,智库要想办法帮助解决这些问题。

第三,智库要和对象国智库加强交流,加强对它们的了解,把我们的想法和他们多交流。疫情严重限制了中外智库的交流,现在一定要重启对话和交流。中国的研究机构、智库和高校需要多和欧洲有影响力的智库举行研讨会,就一些重大问题进行共同探讨。

(薛:欧洲所在这方面有规划么?您今年已经出访了,对么?)

我 2023 年已经出访了两次。欧洲所的很多同事正在或已经计划访欧,主要是和欧洲智库合作开展一些学术交流活动。

(本文主要内容以《"一带一路"上的中欧合作——专访中国社会科学院欧洲所所长冯仲平》为题,发表于《丝路瞭望》2023 年第 11 期)

2.10 "一带一路"倡议与中东欧：刘作奎

【核心观点】中国提出"一带一路"倡议的原因有三个。中国与中东欧共建"一带一路"十年，从2013—2017年的高歌猛进，到此后的走向平稳，这与中美博弈有明显关系。中国与中东欧国家合作推广"一带一路"是外交创新，并已获得一定的国际影响力。宁德时代在匈牙利近75亿欧元的项目资金是很有特点的代表性项目。2017年中美经贸摩擦与2022年乌克兰危机使得"一带一路"在中东欧国家推广遇到不少挑战。欧盟不愿和不符合其标准的国家一起做项目，但其标准与要求不太切实可行。美国刻意在中东欧塑造"中国威胁论"，中国有必要采取针对性措施。中国对与中东欧国家合作不能急，2025年又是一个窗口期。中国应重点发展与塞尔维亚、匈牙利和希腊三个国家的关系，下一步的重点是西巴尔干国家。"一带一路"建设不能搞多速，欧洲政治里已经不允许出现"多速欧洲"概念。

访谈对象：刘作奎，中国社会科学院世界历史研究所所长、党委副书记

访谈人员：薛力

访谈时间：2023年8月14日晚

访谈地点：北京朝阳门和祥记餐馆

录音稿整理：尹如玉，辽宁大学中国开放经济研究院助理研究员

录音稿校对：薛力

本文经受访者审定

◇◇ 1　中国提出"一带一路"倡议的原因是什么？

主要有三点原因。

第一,"一带一路"倡议的提出基于一份好的历史传承。沿着丝绸之路,中国同周边各族人民友好交往、和平生活、互利共赢、文明互鉴。好的历史传统应该传承下来,古丝绸之路这种精神符合中国发展同世界上所有国家关系的精神,应该以某种方式复兴、传承和发展。

第二,党的十八大以来,中国统筹国内国外两种资源、两类市场,解答时代之问,应对时代之变,出台"一带一路"倡议,体现了中国在应对全球化、应对新型国际秩序上努力形成中国方案和中国答案。

第三,"一带一路"是中国提供给世界的公共产品,体现了中国在全球治理和发展问题上的思路和方案,展示出中国追求和平发展以及"共商共建共享"的愿望,是积极回应国强必霸、修昔底德陷阱、中国威胁论等国际舆论污名化中国的一种应对举措,积极为中国营造良好的国际环境做出努力。"一带一路"倡议具体内容和推进形式会根据需要不断变化,不是一下子就酝酿形成的,而是根据形势需要不断做出科学谋划和科学改进。"丝绸之路经济带""21世纪海上丝绸之路"是陆续提出的,从最初致力于发展西部（西部大开发战略,从机构设置看,最初推进"一带一路"的办公室设在国家发展改革委西部司）,到后来聚焦欧亚大陆到陆海统筹,再到面向更广阔的世界市场,也是经历了不断变化。未来,"一带一路"会根据中国发展需要和国际形势变化进行一定程度的调整。

◇◇ 2　你对中东欧共建"一带一路"十年的整体评价是什么？

有喜有忧。从高歌猛进到现在的走向平稳,映衬着这样一种观点,即地缘政治是推广"一带一路"和平计划的最大障碍。美国是搞地缘政治的行家里手,对"一带一路"建设的干扰很大,不但在实际行动上,而且在"一带一路"发展理念上,美国均向中国发出挑战,积极进行污名化。这是"一带一路"建设不得不面对的严峻挑战。

2013—2017年,中国在中东欧的"一带一路"推广高歌猛进。贸易畅通、资金畅通方面,虽然中国与中东欧贸易额超千亿美元的目标是在2019年才实现的,但是从2013年到2017年(双边)贸易额一直是增长的。为实现资金融通,中国设立100亿美元专项贷款,还设立丝路基金等。资金融通促使投资实现井喷式增长,中国在中东欧国家大量投资基建项目,建设了很多标志性的工程,比如匈塞铁路、黑山南北高速、佩列沙茨大桥、比雷埃夫斯港等。这些都是世纪性工程,展现了中国基建优势。

2017年中美经贸摩擦开始后出现了新情况,某种程度上中美博弈的主战场在欧洲,重点是在中东欧。当时美国国务卿蓬佩奥一年四次到访中东欧,包括捷克、波兰、斯洛伐克和三个波罗的海国家,意图重点突破这些国家,游说和逼迫这些国家放弃与中国的合作。拉住"新欧洲",对付"老欧洲",这是一个美国屡试不爽的办法。在"一带一路"建设上,美国同样用这种办法,先突破新欧洲,再扩展到老欧洲。

(薛:请列举三个中东欧"一带一路"代表性项目?)

第一,比雷埃夫斯港。比港是中欧陆海快线建设的枢纽,如果匈塞铁路建成,它将通过海铁联运的方式使得中国货物到达欧洲时间比以前减少7—11天;第二,中欧班列。欧亚大陆行经欧洲的中欧班列有90%通过波兰,中东欧对班列正常运营至关重要;第三,匈塞铁路。目前在匈牙利段面临的问题有两个,一是能源危机导致的物价上涨;二是缺人,很难找到高质量的技术工人。但随着时间的推进,这些技术问题会得到解决。

此外,我还可以再举一个更厉害的项目,即宁德时代的项目。它是新中国成立以来最大的(对欧)投资(项目)——将近75亿欧元的项目资金投到了匈牙利。宁德时代的这个投资具有战略意义的地方在于,它是在产业链上游的投资,而控制产业链的投资是最有竞争力的投资。宁德时代在中东欧的发展是很有潜力的。

◇◇ 3　中东欧对"一带一路"项目作何评价？

一开始（中东欧国家）都比较积极。前四年签署的"一带一路"备忘录实现了 17 个国家全覆盖。2017 年中美经贸摩擦开始，到 2019 年欧盟委员会出台《欧中关系：战略展望》政策文件，把中国定为系统性对手。后又经历了三年疫情，2022 年又发生乌克兰危机，"一带一路"在中东欧国家推广遇到不少挑战。中国与中东欧国家人员往来少，中东欧国家对"一带一路"态度明显分化，波罗的海三国退出"一带一路"，"17+1"变成"14+1"。美国和欧盟均出台了应对"一带一路"项目的方案，与中国争夺在互联互通上的话语权和影响力，争斗比较激烈。

（薛：为什么欧盟不能够和中国一起做呢？）

欧盟不愿和不符合欧盟标准的国家一起做项目，这是它们长久以来就存在的偏见。欧盟认为中国的投资方式是国家行为而不是市场行为，是在制造"债务陷阱"；认为我们的投融资不符合欧盟标准，过程不透明。所以欧盟呼吁透明的、可持续的互联互通，意思就是公开融资、公开招标和公开竞争。但从过往经验看，欧盟这种做法在第三国的实践恰恰是失败的，对于大型基建项目的投资，民营或私营企业一般难以承受，很难在公开市场筹得资金。当然，欧盟在自身市场内部通过使用结构基金来推进基建是取得成就的，但这种成就也是靠政府在背后强有力支撑。

◇◇ 4　"一带一路"倡议推出后，中国的外交政策发生了哪些变化？

中国与中东欧国家合作推广"一带一路"，这完全是外交的创新。在"一带一路"倡议之前，我们没有把这片区域作为一个整体来发展外交关系。即使在冷战时期中国和东欧在一个阵营，但也没有尝试把东欧作为一个整体（来）

发展（中国—东欧）关系。东欧的概念很复杂，我们重塑了东欧概念。东欧有冷战时期的"老东欧"概念，有转型之后的"中东欧"概念。中国作为一个大国重塑了这个区域：把16个国家捏合在一起，而且这一概念还被国际社会所接受，后来波罗的海三国的"退出"使得（中国—中东欧）合作受到影响。但总体来看，中国这种外交创新获得了一定国际影响力。

◇◇ 5 "一带一路"倡议推出后，中国的国家形象有什么变化？

中国形象不应该和"一带一路"画等号。"一带一路"会对中国形象有影响，但最核心的还是美国话语权对中国形象的影响，是美国在塑造中国在中东欧的形象。这是很现实的问题。美国（在全球）把中国当作不同制度、不同发展道路、具有威胁性的体系性对手，在中东欧（蓄意）用"债务陷阱"、用"经济投资获得政治影响力"这种污名化"一带一路"的做法，就是要（在中东欧）塑造"中国威胁论"的形象。所以，中国在中东欧一些地区形象的改进有赖于中国采取针对性的措施。

在形象塑造上，实力就是话语权。在对中东欧国家投资上，欧盟和美国是大头。在经济问题上，欧盟是绝对主导方；在安全问题上，美国是欧洲的绝对依赖者。也就是说，在经济和安全上，欧美对中东欧国家具有"卡脖子"的能力。这意味着，中国在中东欧国家形塑国家形象，需要系统应对来自欧美的挑战（这将是一个长期过程，中国需要有规划、有耐心。我认为，随着时间的推进，中东欧国家会越来越多感受到，与中国合作的价值是欧美所不可替代的，匈牙利、塞尔维亚、希腊等国家对此已经有深切的感受）。

◇◇ 6 "一带一路"倡议在中东欧推进过程中主要遇到哪些挑战？

美国因素和乌克兰危机这两个因素是"一带一路"在中东欧推进过程中遇

到的主要挑战。在基建项目的互联互通方面,中国在中东欧当地已经形成相当的影响力了。对于(所谓的)"债务陷阱",我们也在采取切实有效的举措。但是,美国针对中国大搞地缘政治(竞争),再加上乌克兰危机,导致"一带一路"项目(短期内在中东欧)很难快速推进(对此,我们也要有清醒的认识)。

◇◇ 7 您对下一步推进"一带一路"的整体建议是什么?

其实有很多可以做。

第一个建议是,中国对与中东欧国家合作不要急。现在的问题是,乌克兰危机之后,中东欧国家对安全的需求是第一位的。它们当前的首要关注是安全问题,即能够活下来。中国在这个阶段不能硬推,只能冷静观察。中东欧对中国存在需求的窗口期还是有的。比如 2008 年全球金融危机后,中国企业开始大规模进入中东欧,形成一个窗口期。2020 年之后中东欧国家通货膨胀和能源价格上涨,能源转型又无法满足社会需求,又形成一个窗口期。华为等企业就找到机会了。现在,中国的光伏产业(特别是太阳能设备)又都回到中东欧了。可见窗口期的重要性。

(安全问题固然不可或缺,但属于暂时现象。经济与民生是永恒的主题。)中东欧存在选举周期,现在当道的(极)右与(极)左力量(靠打安全牌上台,这不大可能持久),到一定时候会回调,就像钟摆到一定程度后会摆回来。这时候政策就会集中(侧重)解决民生,发展叙事就会重于安全叙事。我的判断是,到 2025 年,搞地缘政治的这些中东欧政治家肯定面临(向民生政治)的转型,新生的政党力量也会强调民生政治。这时候中国的机会又来了,又是一个窗口期。中国与中东欧合作的逻辑是互有需要,("一带一路"倡议的重点是经济与民生)。中东欧国家对中国没有需求时,很难开展"一带一路"。

(薛:我们是不是也要效法欧盟关于"多速欧洲"的概念搞个多速中东

欧？您如何对中东欧 17 个国家进行分类？我们在推进的时候应该分成哪几类？）

第一个建议是，中国现在应重点发展与塞尔维亚、匈牙利和希腊这三个国家的关系，下一步是发展与西巴尔干国家关系。这些国家很务实，不愿意谈地缘政治，对我们没有敌意，愿意吸引投资，比如北马其顿、阿尔巴尼亚、克罗地亚、斯洛文尼亚、黑山、波黑等。我们和波罗的海国家的合作受地缘政治影响很大（条件不成熟时，不必勉强推进，放一放更好）。而对于波兰、捷克、斯洛伐克、罗马尼亚和保加利亚等国尽量推进务实合作。

第二个建议是，"一带一路"建设不能搞多速。中东欧国家已经受够了欧洲的气，很反对"多速欧洲"这个概念，认为这是在侮辱它们。现在，欧洲政治里已经不允许出现"多速欧洲"概念，将之当作一个失败策略。欧洲政客也避免提"多速欧洲"。中国不会搞"多速欧洲"。传统上，中国外交的主导思维是一国一策。现在的主导思维是共商共建共享。

◇◇ 8 高校与智库如何参与"一带一路"研究？

高校和智库有很大空间参与"一带一路"研究，大有可为。它是外交的重要补充，而且受众面比较大和广，更能体现去政治化和务实合作，夯实友好感情。现在面临一些阻碍，尤其是来自美国的压力，但在中东欧国家尚未受到根本性影响。中东欧高校影响力不及西欧和美国，因此，对中国学生吸引力没有那么大。但中东欧高校历史传统久远，专业特色突出，是可以开展高校合作的重要区域。

智库的情况则比较复杂，因为很多智库是官办的，深受政治关系影响。中东欧国家一些智库紧跟在政府后面发言发声，疏远同中国交往，导致正常交流比较困难。相反，一些对华关系比较友好的国家，智库交流比较活跃，呈现出官智"双向促进"的格局。总体来说，智库交流已经越来越重要。在需要尽力发展对华友好关系的国家，智库的作用举足轻重。但在该领域，美国的影响力和渗透度依然很大，提供了很多资助项目以影响智库的研究和行为。

◇◇ 9　国企与民企如何在"一带一路"共建中更好地发挥互补作用？

在中东欧的互联互通建设中，基本上是以国企为主，而高新技术、绿地投资和小而美的项目很多是民企在做。民企都在低调发财，完全融入当地社会。比如，在罗马尼亚，中国民企就做得非常出色，特别是做后备箱车灯、汽车内饰、方向盘和汽车底盘的企业，完全用当地人治理，（公司里）几乎看不到中国人的面孔，（也几乎）看不出中国企业的影子了。

整体上，国企和民企应该互相学习，互相借力，形成合力以取得更好效果。

◇◇ 10　中国的非政府组织如何在"一带一路"共建中更好地发挥作用？

我不做非政府组织研究，感觉中国在中东欧的非政府组织不多，开展的非政府组织活动似乎不多。不过，近年来企业在积极履行一些非政府组织职能，履行社会责任。

◇◇ 11　作为精通中东欧问题的学者，你有什么其他补充观点与建议？

第一，把现有项目做好就是成功。像中欧陆海快线、匈塞铁路这些项目还没有做完。这些项目都是不错的，一定要咬牙坚持下来。这些项目如果能做好，"一带一路"（在中东欧）就会有成就了，（坚持下去，中东欧的）互联通就会搞得很好。

第二，市场化是必要趋势，市场化能够有效降低风险，也使得项目变得可持续。在先期阶段，我们可以借助政府融资来提供支撑，但在运营阶段，要多依靠市场主体。

第三，中国在中东欧开展经贸和投资合作这十年，取得不小的成就，当然也面临很多挑战。中国—中东欧国家合作这些年的经历表明，只要我们敢于创新、勇于实践，是能够创造出很多机会和成果的。

第四，美国仍是中国开展各种区域和国际合作的主要障碍，中东欧又是深受美国影响的区域。未来想在合作上有所突破，还要保持战略耐心，把中美关系转圜好，中国—中东欧国家合作就会迎来更多机会。

（本文主要内容以《专访刘作奎：中国与中东欧"一带一路"建设稳步推进，前景可期》为题，2023年11月8日发表于光明网）

2.11 "一带一路"倡议与拉美：江时学

【核心观点】拉美学者对"一带一路"倡议的正面评价明显多于负面看法，尤其是那些得益于中国投资和中国市场的发展中国家。但中国在看到成绩的同时，也要重视"一带一路"在拉美面临的挑战，包括如何理解"'一带一路'自然延伸到拉丁美洲"的确切内涵，如何定义"一带一路"项目，如何处理一些拉美国家把"一带一路"看作是中国为其服务的战略这一问题，如何提防"美国因素"对于拉美国家参与"一带一路"的影响，等等。在应对上，应该"尽可能地与美国合作"。对于中国国企在共建"一带一路"中的作用，应该让外国（特别是欧洲国家）更多考虑投资的作用，而不必过于考虑资金是属于国企还是民企，"After all, money is money（毕竟，钱就是钱）"。中国媒体在报道"一带一路"项目时，要完整与准确，避免与事实不符合的夸大与拔高。

访谈对象：江时学，中国社会科学院研究员、上海大学特聘教授、新兴经济体研究会副会长、金砖国家智库合作中方理事会专家委员会副主席、亚洲和大洋洲地区拉美研究理事会主席、中国拉丁美洲学会顾问、中国拉美史研究会顾问

访谈人员：薛力

访谈日期：2023年7月29日下午

访谈地点：北京通州区弘府饭店

录音稿整理：李少康，中国社会科学院大学国际政治经济学院国际关系专业博士研究生

录音稿校对：薛力

本文经受访者审定

◇◇ 1　在您看来，中国推出"一带一路"倡议的原因是什么？

中国提出"一带一路"的动机，我认为主要包括以下几点：一是告诉世界，中国是一个负责任的大国，希望为人类的发展作贡献；二是希望转移剩余产能（又称国际产能合作）；三是应对美国的遏制；四是力求在国际经济领域获得更多的话语权；五是进一步扩大对外开放。

2015 年 3 月，国家发展改革委、外交部、商务部经国务院授权发布的《推动共建丝绸之路经济带和 21 世纪海上丝绸之路的愿景与行动》明确地回答了你的问题。该文件认为，"当今世界正发生复杂深刻的变化，国际金融危机深层次影响继续显现，世界经济缓慢复苏、发展分化，国际投资贸易格局和多边投资贸易规则酝酿深刻调整，各国面临的发展问题依然严峻。共建'一带一路'顺应世界多极化、经济全球化、文化多样化、社会信息化的潮流，秉持开放的区域合作精神，致力于维护全球自由贸易体系和开放型世界经济。共建'一带一路'旨在促进经济要素有序自由流动、资源高效配置和市场深度融合，推动沿线各国实现经济政策协调，开展更大范围、更高水平、更深层次的区域合作，共同打造开放、包容、均衡、普惠的区域经济合作架构。共建'一带一路'符合国际社会的根本利益，彰显人类社会共同理想和美好追求，是国际合作以及全球治理新模式的积极探索，将为世界和平发展增添新的正能量"。

"一带一路"的提出当然凝聚了各方的智慧。但我曾在一个会议听到这样的问题："一带一路"倡议出台之前有没有咨询学者的意见？据我所知，在"一带一路"倡议出台前，有关部门确实征求了学者的意见。当然，这个范围不可能很大。

但我自己有过这样一个亲身经历。在"一带一路"倡议出台后，有关部门曾委托一些智库就下述问题进行研究："一带一路"沿线国家的基本国情、沿线国家对我们的诉求，以及如何推进"一带一路"。毫无疑问，如果上述3个问题的研究工作在"一带一路"倡议出台之前进行，可能会更好。

◇◇ 2　您对共建"一带一路"十年的整体评价是什么？

不久前，复旦大学一带一路及全球治理研究院常务副院长黄仁伟在总结"一带一路"时说，以下七个方面做得特别成功：一是实现了"一带一路"的共商共建共享；二是"一带一路"的一部分重大项目给共建国家带来结构性变化；三是"一带一路"合作伙伴形成了一批新的产业基地；四是"一带一路"在实践中探索了新的国际投资和贸易规则；五是"一带一路"形成了新业态；六是"一带一路"促进民心相通；七是创建新的欧亚大陆通道，中欧班列为其代表。

南京大学国际关系学院执行院长朱锋认为，十年来，"一带一路"取得了以下成就：共建"一带一路"的国际大家庭不断扩容；跨国、跨境基础设施联通和国际贸易运输能力实质性提升；与共建国家贸易联系更加紧密；投资规模和资金融通渠道不断扩大；人文交流不断深入。

我基本上同意这些总结。其实还可以加一点：中国的软实力因"一带一路"而有所强化。为什么？因为"一带一路"是一个好东西，中国把这个好东西给了世界，理应得到赞赏。

◇◇ 3　您比较熟悉的拉美国家，对"一带一路"倡议的整体评价如何？

以拉美为例，据我所知有三种声音，一是认为"一带一路"是推动中国与拉美国家关系的一个好机遇；二是认为这是中国实施的一个地缘政治战略；三是不懂"一带一路"究竟是什么意思。总的说来，在我认识的拉美学者中，正面的评价大大多于负面的看法。

◇◇ 4 "一带一路"倡议推出前后，中国的外交政策有没有什么变化？

"一带一路"倡议写进了中国共产党的党章，因此它对中国外交的影响肯定是有的。例如，为了推动"一带一路"建设，我们的经济外交更有力，即更加重视对外经济关系。

顺便说一下，如何使外界深入理解"一带一路"，绝非易事。我在上海大学主办过多次国际会议。有一次，某拉美国家原驻华大使说，拉美人搞不清楚中国提出的很多概念，如战略伙伴关系、人类命运共同体、中拉"1+3+6"合作框架等，现在又有了"一带一路"。他说，搞不清楚这些术语到底有什么不同的含义、要达到什么目的。我也问过一些拉美的留学生，他们听说过"一带一路"，但说不出什么是"五通"。不久前遇到一些参加"一带一路"活动的非洲留学生，他们对"一带一路"的理解也不是很完整。

诚然，我们对外宣传"一带一路"的力度很大。但有些中国学者对"一带一路"的宣传，不太恪守实事求是，从而使政治宣传的味道很浓。

◇◇ 5 "一带一路"倡议推出后，中国的国家形象有什么变化？

刚才我说了，在一定程度上，"一带一路"强化了中国的软实力。但是，恕我说一句不雅的话：西方媒体真的是"狗嘴里吐不出象牙"。因此，它们对"一带一路"的报道和评论都是负面的。例如，它们经常说，"一带一路"在发展中国家制造了"债务陷阱"，是中国试图改变国际秩序的工具。其实，在绝大多数发展中国家，尤其是那些得益于中国投资和中国市场的发展中国家，对"一带一路"的评价是非常正面的。

印度尼西亚雅万高铁最近通车了。中国的高铁之现代化水平是举世公认的。但是，最近看到一张很荒唐的图片，源于美国政府支撑的彻头彻尾的反华媒体《美国之音》(*Voice of America*)。它在社交媒体上用一列不知从哪里搞来的几十年前的火车，当作中国在印度尼西亚建设的雅万高铁。不懂的人会问，中国为什么把那么陈旧的火车给印度尼西亚？

◇◇ 6 "一带一路"倡议面临的主要挑战是什么？您有什么建议？

应该说挑战不少。第一，有的发展中国家对"一带一路"的认识未必是深刻的，甚至可以说未必是完全正确的。它们认为，"一带一路"是中国为自己的利益服务。因此，它们只要被动地享受中国提供的投资和市场准入就可以了；第二，发达国家对"一带一路"的诋毁、误读、误解和误判时有所闻；第三，中国学者对"一带一路"的理解过于狭隘，认为它就是中国的对外投资；第四，虽然"一带一路"是共商、共建、共赢，但一些国家似乎认为，"一带一路"就是中国给钱。因此，在一定程度上，"一带一路"是一种单向投资。

当然，为了进一步发挥"一带一路"的作用，我们应该做得更多。以拉美为例，我们早已高调地宣布，拉美是"一带一路"（主要指海上丝绸之路）的"自然延伸"。这一延伸当然是应该的。但是，"延伸"以来已过去了多年。我们为这一"自然延伸"做了什么？拉美做了什么？有关部门要好好地考虑一下。

直接为"一带一路"服务的，可能是2014年12月29日由外汇储备、中国投资有限责任公司、国家开发银行、中国进出口银行共同出资建立的丝路基金。这是一个依照《中华人民共和国公司法》设立的中长期开发投资基金。它服务于"一带一路"建设，坚持市场化、国际化、专业化运作，为中国与相关国家和地区的经贸合作、双边多边互联互通提供投融资支持，促进中国与有关国家和地区的共同发展、共同繁荣。这一基金通过以股权为主的多种投融资方式,重点围绕"一带一路"建设,来推进与相关国家和地区的基础设施、资源开发、产能合作和金融合作等项目,确保中长期财务可持续和合理的投资回报。我希望国家应为进一步推动"一带一路"想出更多的方法和措施。

◇◇ 7 "一带一路"倡议以后在拉美地区应如何实施?

第一,有关部门要为"一带一路"延伸到拉美采取一些实实在在的措施。迄今为止,我好像没有看到延伸与不延伸有什么差别。也就是说,签不签"一带一路"合作文件,基本上无差异。一位欧洲学者曾问我:巴西不签"一带一路"合作文件,是否意味着中国以后不在巴西投资了,不与巴西进行贸易了。我说不会没有投资,不会没有贸易。她又问:那签与不签有什么差别?我说我不知道。

第二,要提防"美国因素"的影响。我们在拉美的一切行为都引起了美国的戒备和警惕,"一带一路"亦非例外。我们到美国的"后院",美国当然心里不高兴。因此,我们要尽可能地与美国合作,亦即开展中国—美国—拉美三方合作。此外,对于美国的攻击,我们完全可以一个耳朵进,一个耳朵出。

第三,拉美要改善自己的投资环境。此外,拉美应该知道,"一带一路"建设不是单车道,而是双车道。拉美不能坐享其成。

◇◇ 8 您觉得国企与民企如何在"一带一路"共建中更好地走出去?

中国的民企在国际上的存在感很强。哪里有阳光,哪里就有中国的民企。当然,我们的有关政府部门还应该为民企参与"一带一路"提供更多的激励。

关于中国的国企，西方的偏见很深。我曾在欧洲讲学时说过，你们应该牢记邓小平的话，"不管黑猫白猫，抓住老鼠就是好猫"。到欧洲来投资的中国企业，你们何必区分是国企还是民企。After all，money is money.（毕竟，钱就是钱。）

◇◇ 9 您认为中国的非政府组织如何在"一带一路"共建中更好地发挥作用？

在理论上，中国的非政府组织应该在国际上为"一带一路"发声。但在现实中，不容易。我们对非政府组织有一种根深蒂固的偏见或戒备心理，生怕它们在国际上帮倒忙。

◇◇ 10 我国的智库、研究机构和媒体如何为"一带一路"研究作贡献？

"一带一路"问世以来始终是我国学者关注的、最引人注目的研究课题之一。我曾说过，如果你没有写过关于"一带一路"的文章，没有参加过"一带一路"的会议，没有听过"一带一路"的讲座，那你就不是一个中国学者。我还说过，如果你爱他，那你就让他研究"一带一路"，因为关于"一带一路"的研究资料很多很多，很容易写；如果你恨他，那你就让他研究"一带一路"，因为真正能为"一带一路"提出真知灼见，非常难。

学术界要做的工作很多，最重要的就是出主意，但不要出馊主意。馊主意比没有主意更糟糕。

我自己在研究"一带一路"时遇到的困惑有两个。第一个困惑是，哪些国家参与了"一带一路"？

中国一带一路网有这样一个自问自答的问题：

问:"要签订了什么文件才能视为参与了'一带一路'呢?"

答:"一般的签署流程是:从签订意向书开始,然后签订备忘录、框架条款,再到签订正式的合同或协议。有时备忘录的应用范围会更广阔一些。例如,有时会把对一个合同或协议的某些修改叫作备忘录。"

由此可见,签署合作协议或签署备忘录都可以视为参与共建"一带一路"。但是媒体的报道似乎并没有将签署合作协议或签署备忘录作为是否参与共建"一带一路"的唯一标准。例如,中央电视台在2020年10月20日的新闻中说:"一带一路"项目在阿根廷开花结果。其实,阿根廷是在2022年2月阿根廷总统阿尔韦托·费尔南德斯访华时才签署"一带一路"合作文件的。

又如,《人民日报》在题为《谱写中拉"一带一路"合作新篇章》,以及《中拉拓展"一带一路"合作新领域》等文章中说,"一带一路"使2021年中国与拉美国家的贸易额高达4500亿美元。其实,巴西、墨西哥、哥伦比亚和巴哈马尚未签署"一带一路"合作文件。如果去掉这4个国家,那就不是4500亿美元了。我的一位墨西哥朋友(华人学者)告诉我,他统计过,签署"一带一路"合作文件的拉美国家在中拉贸易总额中的比重约为40%,未签署这个合作文件的4个国家及未建交国家占60%。这意味着,与"一带一路"有关的中拉贸易不足2000亿美元,不是4500亿美元。

我注意到,除媒体以外,一些学者在宣传"一带一路"时也说了不少假话。例如,一篇题为《"一带一路"走进他们的货币》的文章中写道,中国企业建造的科威特中央银行大厦以及马拉维的议会大厦被视为"一带一路"的成就。事实上,科威特中央银行大厦早在2008年就已开始动工,马拉维的议会大厦在2010年就投入使用。因此,这两个工程项目与"一带一路"倡议的关系是微乎其微的。

有些学者将某一年份的较高的世界经济增长率与"一带一路"倡议联系在一起,认为这一增长率是世界上许多国家参与"一带一路"倡议的结果。但是,对于"一带一路"如何促进世界经济增长,以及两者之间的因果关系何在等问题的分析,却只字未提。这就容易使人提出这样一个问题:世界经济增长率有高有低,难道某一年份世界经济增长率下降是实施"一带一路"倡议的结果？

我的第二个困惑是，何谓"一带一路"项目？

有人认为，不是所有中资企业到海外投资的项目都是"一带一路"项目。由于各种原因，中国政府暂未对外公布被认定为"一带一路"项目的清单，但从中国国务院各部委的公开信息所见，绝非所有到海外投资的项目都能算是"一带一路"项目。例如，中资企业到海外投资的房地产、酒店、影城、娱乐业、体育俱乐部项目等均不属于"一带一路"项目。即使所在地是共建"一带一路"国家，也不是所有项目都是中国政府认可的"一带一路"项目。

这个观点很值得商榷。"一带一路"包括民心相通，到海外投资的房地产、酒店、影城、娱乐业、体育俱乐部项目难道不能推动民心相通吗？

还应该指出的是，在总结"一带一路"的成就时，同一个项目（或者工程）在国内外的评价差别很大。关于媒体的报道，我认为要做到实事求是。我给你举一个例子。2017年5月9日，中国新闻网发表了这样一篇文章："'一带一路'缘何写入联合国决议？"该文章说，与2013年前刚刚提出时相比，现在"一带一路"赢得了更多有分量的支持。两个月前，联合国安理会一致通过了第2344号决议，呼吁各国推进"一带一路"建设，并首次载入"构建人类命运共同体"理念。

其实，这个2344号决议不是一个"呼吁各国推进'一带一路'建设"的决议，而是一个关于阿富汗的决议，尽管它提到了"一带一路"。

我们经常看到评估"一带一路"成就的各种报告。不少报告有不实之虞。例如，2016年的一个报告在评估"一带一路"的"贸易便利化"时写道："双边自贸协定谈判稳步推进。截至2016年6月30日，我国已对外签署自贸协定14个，涉及22个国家和地区，正在谈判的自贸区8个，正在研究的自贸区5个。"其实，该报告所说的14个协定，都是在"一带一路"问世以前就已经签字了。

我罗列这些例子并不是要否定"一带一路"的成就，而是希望学者和媒体在总结"一带一路"成就时要实事求是。

为了推进"一带一路"，我们设立了丝路基金（规模为400亿美元），主要是用于投资。希望今后能出台一些更多的为"一带一路"服务的措施。

（薛：好的，谢谢您，江教授。您肯定了"一带一路"倡议在拉美以及其他地区所取得的成就，同时也指出了存在的一系列挑战。您坦率地陈述事实、表明观点，有助于受众更好地理解"一带一路"，也有利于"一带一路"这个世纪工程行稳致远。）

（本文以《江时学谈"一带一路"在拉美面临的挑战与应对》为题，发表于《中国评论》2024年第1期）

2.12 "一带一路"倡议与南太平洋岛国：徐秀军

【核心观点】"一带一路"具有深厚的历史渊源和现实背景，从行动和理念两个维度给世界带来巨变。"一带一路"倡议的出台意味着中国真正成为对世界发挥影响的国家，为中国的国家良好形象的维持和正本清源提供了更多帮助。国际社会对"一带一路"的认知总体向好，发展中国家评价大都积极正面，持有深化合作的强烈需求和期待，东方工业园与中白工业园是两个显例。"一带一路"面临的挑战主要包括两方面，即西方的打压与遏制，以及资金来源。下一步共建"一带一路"的关键是落实"高标准、可持续、惠民生"理念。高校与智库、国企与民企、非政府组织等都要清晰意识到自身的优缺点，才能更好服务于"一带一路"共建。

访谈对象：徐秀军，中国社会科学院世经政所国际政治理论室主任、研究员

访谈人员：薛力

访谈日期：2023年8月26日下午

访谈地点：北京朝阳区社科嘉园

录音稿整理：张靖昆，中国社会科学院大学国际政治经济学院国际关系专业博士研究生

录音稿校对：薛力

本文经受访者审定

◇◇ 1　中国推出"一带一路"倡议的动因是什么？

"一带一路"的提出有很深的历史渊源和现实背景。

历史经验方面，中国在跨文明沟通与发展，尤其是在互惠共利而非损人利己的发展上，有足够丰富的实践。作为"古丝绸之路"的起点，中国长期以来积累了和海外世界沟通联系的宝贵经验。"古丝绸之路"跨越的范围广，联结不同的文明、宗教和种族。尽管交通不发达、语言不畅通，但是中国古人却可以很好地处理其中繁杂的关系并维持"丝绸之路"，可见当时已摸索出一套成熟的文明间的交往与相处之道。这种历史经验非常宝贵，是帮助中国建设好"一带一路"的文化遗产与精神动力。

时代需求方面，"一带一路"契合了当今时代急需解决的发展赤字问题。西方发达国家，尤其是作为最大发达国家的美国，不仅长期漠视与不履行应尽的国际发展责任和义务，还长期利用不公平的国际政治经济体系损害发展中国家的利益，从而造成日益严重的发展赤字问题。这导致世界经济中各种矛盾与问题不断累积到一个很高的水平，并在2008年集中以金融危机的形式爆发了出来。虽然2008年后世界经济短暂恢复，但没有从根本上解决发展动力不足的问题。在此背景下，国际社会格外需要能解决发展赤字的机制、平台等跨国的体系，来直面并解决亟待解决的问题。

能力建设方面，随着以经济实力为代表的综合国力的不断提升，中国有能力为世界创造发展动力和机遇。发达国家虽然也有技术资金等方面的优势，但是由于发展阶段上的差距，并没有与发展中国家的实际需求实现有效对接。而中国在过去几十年积累的丰富发展经验，与广大发展中国家的发展需求有很高的契合度。因此，中国经济与方案的借鉴性优于美欧等发达国家。"一带一路"倡议得到发展中国家广泛响应和积极参与就是证明，也表明中国在"解决发展赤字"上更能胜任。可以说，中国在这方面有先天优势，尤其是发展中国家看到了中国在减贫扶贫上的伟大成就后，这种优势在国际上更深入人心。

◇◇ 2　世界对"一带一路"倡议的整体评价如何？

"一带一路"给世界带来的巨大改变体现在行动和理念两个维度。

行动层面，"一带一路"的建设成果看得见、摸得着、有实效，并非口惠而实不至。中方在"一带一路"共建国家和地区的很多基建项目，是当地有史以来最大的乃至最重要的工程，创造了很多所在国家、地区甚至全球的同类工程项目的纪录。统计数据表明，中国与"一带一路"共建国家投资、贸易等方面的增长，高于中国与全球国家间投资和贸易的平均水平，在促进当地经济增长与就业等方面的成效非常突出。并且，支持各种合作项目的资金都是真金白银，实施项目靠的都是真抓实干。总之，这些项目真正做到惠及当地大众而非少数人。

理念层面，"一带一路"建设以"共商、共建、共享"为原则，日益展现"高标准、可持续、惠民生"的高质量发展理念。它们与创新、协调、绿色、开放、共享的新发展理念高度契合，给沿线国家乃至全球发展，都带来非常深远的影响。以前的现代化模式都是西方中心的发展模式，其原始积累都是靠殖民和掠夺，都建立在收割世界的财富之上。这注定了其不可持续。相比之下，中国"一带一路"的发展理念不仅要解决发展的问题，更关注可持续性的问题。它通过一个个务实的项目将新理念传播到包括发达国家在内的全世界，对于即使没有参与共建"一带一路"的国家，这些发展理念对它们都具有非常重要的启示。

◇◇ 3　你去过很多国家实地调研，他们对"一带一路"倡议整体评价如何？

国际社会对"一带一路"的认知总体朝向好的方向发展，尤其是在发展中国家，评价大都积极正面，而且有进一步深化合作的强烈需求和期待。在南太平洋岛国，给当地人提供医疗服务的"和平方舟"医疗船，以及以菌草种植为代表的农业支援项目，都在当地民众中有非常好的声誉。当地民众通过亲身经历和体会，对中国"一带一路"有了更多的了解，中国和"一带一路"也因此获得了更好的评价与名声。

不能忽视的是，一些发达国家对"一带一路"持谨慎和消极态度。它们更倾向于从地缘政治视角，或从政治竞争角度看待"一带一路"，因此表现出了较高的警惕性和地缘政治担忧。由于没有参与和缺乏了解，有些人产生了诸如中国投资"缺乏透明性""制造债务陷阱"之类的不实观点。有一些比较客观中立的学者也开始注意到，"一带一路"给世界带来很多积极影响。尽管他们不完全承认"一带一路"的积极作用，但也越来越认识到"一带一路"项目的积极影响与作用。很多发达国家的政客和学者表面上否定"一带一路"，但私下也对"一带一路"的成果表示认可。

◇◇ 4 请举几个你印象深刻或者比较有代表性的"一带一路"倡议的案例。

从实地调研了解的情况来看，代表性案例有埃塞俄比亚的东方工业园与白俄罗斯的中白工业园，两者都彰显了"一带一路"的理念。另一个南太的例子也让我印象很深。

埃塞俄比亚的东方工业园不仅体现了"成果服务于当地"的理念，更体现了"一带一路"真正打动人的地方。东方工业园专注于出口创汇，入园的企业越来越多，第一期已经填满，正在进行第二期开发。值得注意的是，园区做了许多基础但非常重要的工作，如协助埃方制定与园区发展相关的法律，这对于园区的发展非常重要，也切实满足了埃方的需求。

（薛：是的，那次出访我也在。据我了解，埃方已借鉴了中国经验，在全国推出十几个工业区进行招商引资。）

东方工业园不仅解决了当地的就业问题，也提供了高于当地水平的工资，让当地民众有了很高的获得感。更重要的是，它用现实反驳了西方的虚假宣传。

第二个案例是中白工业园。中白工业园位于白俄罗斯明斯克州斯莫列维奇区。它在环境（Environmental）、社会（Social）和治理（Governance）（ESG）责任承担上都让人印象深刻，彰显了高质量共建"一带一路"的"高标准、可持续、惠民生"的理念。它的建设标准非常严格，环保标准得到欧盟生态管理与审核系统（EMAS）的认可，是白俄罗斯率先达到欧洲标准的工业园。园区处理后的污水可以养鱼。在企业治理上，中白工业园对接经合组织（OECD）ESG标准，重视社会责任的承担，而非将利润放在第一位。企业对周边的居民进行帮扶，民众与企业互动也呈现良性状态。

在南太地区的瓦努阿图，中工国际承接多个道路建设项目，都如期保质交付当地使用，获得了很好口碑。有一个由澳大利亚和中方共同参与的当地城市发展项目，各修建一部分道路。项目到期后，只有一段由中工国际承建的海滨道路按照高标准建成了，而澳方由于成本高昂和效率低下，工程远超预算，一再延期，且质量也远不如中方。这个例子虽然小，但是也显示，很多时候发达国家参与全球基础设施建设方面的力不从心。

◇◇ 5 "一带一路"倡议推出后中国外交有哪些变化？

最明显的变化是中国真正成为一个对世界发挥影响、作出贡献的国家。以前我们国力弱，只能从别国得到帮助，但现在我们把自己的发展成就与世界其他国家共享，把我们的发展机遇也带给世界各国。中国的外交承诺也更有力、更有实际效果。中国的外交实践也为中国企业在当地的发展提供了帮助。中国通过签署双边备忘录，为双边关系加上了一个非常有力的注脚，向社会尤其是实业界传递了一个"两国已经结成了对子，风险低很多，可以来投资"的信号，为企业提供导向性作用。

还有一点,"一带一路"实际上救活了"多边主义"。以前,发达国家推崇的多边主义,很多时候只有形式,实际上还是单边主义或由少数国家主导,或是因为行动者太多而成为无效的多边主义。中国通过签署"一带一路"合作文件的方式构建了坚实的双边关系,在此基础上构建多边合作机制,如组建多边合作机制、召开"一带一路"峰会等。通过这种方式,虽然一些共建国家间并未签署双方"一带一路"合作文件,但可以通过中国这个枢纽和纽带把大家的合作共识连接与协调起来。具备这个基础,多边合作比较容易推进。所以我认为,"一带一路"倡议使多边主义有了坚实的双边基础。也可以说,"一带一路"是双边协调的多边主义,是对多边合作的创造性发展,并且行之有效。

最后,中国外交的实践也证明,"一带一路"是一个互惠平等倡议。"一带一路"不是一个国际组织,是基于平等自愿的伙伴关系;没有任何的强制,加入或者退出都是各个国家的自愿选择。通过"一带一路"倡议,我们把"结伴不结盟"的伙伴关系外交理念落到了实处,是对我们外交理念和承诺的有力证明。

◇◇ 6 "一带一路"倡议实施十年来,中国的国家形象有哪些变化?

最明显的变化是,中国在国家形象的维持和正本清源上,有了更多的海外朋友帮忙维护。一开始,一些"一带一路"共建国家对西方媒体的抹黑信以为真,但随着"一带一路"的推进与发展,他们观察到现实世界中的"一带一路"和西方媒体宣传的不一样,是真的在帮助他们改善当地民生。随着时间的推移,他们的信息鉴别能力得到了显著提高,中国在当地的国家形象也在变好。很多国家的领导人、高官和具有影响力的社会人士也开始站出来维护中国的国家形象。此外,中国在当地的投资不像西方国家的援助项目那样,将很大一部分资金用于援助国派出人员的工资和补贴上,而是真正用在提高当地"造血功能"上,更是直接驳斥了"债务陷阱"等谬论。

◇◇ 7　"一带一路"倡议面临哪些挑战？

我想把这个问题分为外部和内部两个维度进行分析。

外部挑战上，最明显也最大的是，来自西方世界的打压与遏制让很多成员对"一带一路"产生动摇。比如，意大利和立陶宛就因美国的压力退出"一带一路"。另一点就是误导性宣传带来的误解。一些失败的案例属于商业行为而非国家行为，按照市场原则出现亏损乃至失败是正常的。但是，掌握国际舆论话语权的美西方媒体对此无限放大，导致一些东道国对"一带一路"倡议的前景和项目产生误解，乃至信心动摇。

内部挑战上，资金来源是个问题。随着加入国家的增多，项目数量和要求在提高，资金的需求和缺口在上升。如何募集到更多资金并有效使用，以及如何进行募资模式创新以调动企业积极性，就成为一个重大挑战。另外，还有各个国家目标的协调问题。当下，缺乏足够共识的多边主义仍然强势，如何在日益增加的共建国家和日益复杂化的发展需求中协调和寻找共识，就成了一个挑战。最后是项目本身的问题。很多项目是高技术、高标准的，但中国完成建设交付后，当地缺乏运营经验、技术与人才储备，导致项目运转出现很多问题。这些问题被一些政客和媒体恶意关联，导致当地对"一带一路"产生怀疑。

◇◇ 8　您对"一带一路"倡议后续发展的整体建议是什么？

总的来说，就是要把"高标准、可持续、惠民生"的理念落到实处。

首先，要解决建设能力不足的问题。在动力层面，各方都有共识，已经解决得差不多。但能力层面是关键，要把相关理念落实到具体规则和行动中，就需要加强能力建设。为此，有必要建立高效的投融资机制，以便扩大资金来源并提高资金运转效率。

其次，进一步加强建设运营能力，尤其是软联通的能力。项目的相关方增多，外部问题与阻碍自然变多，软联通变得更重要。东道国的自我造血与盈利问题对"一带一路"的发展意义重大。

再次，要建立有效的评估与反馈机制，继续扩大信任与共识。随着项目数量增加，范围扩大，涉及到的有关方也越来越多，其对"一带一路"的看法必然是正负兼具。这势必会产生大量的问题。建立高效、准确、及时的反馈机制，是扩大信任与共识的关键。这样才能更好共建"一带一路"。

最后，学者需要在学理上真正将"一带一路"的实践经验进行提炼、总结与升华以形成理论，并转化为长效性的共有知识，真正帮助外界理解"一带一路"和减少外部认知上的障碍。

◇◇ 9　高校与智库如何参与"一带一路"研究？

首先，高校和智库需要明白自身的优势和使命。高校与智库最需要做的是，从理论上更好地认识"一带一路"到底是什么、到底带来了什么。高校和智库需将共建"一带一路"过程中的经验加以总结、归纳与提炼，使之理论化、体系化。换言之，仔细分析"一带一路"中的经验与教训，构建相应的知识体系，这是高校和智库必须做的。一旦形成理论成果，产生的影响将非常广泛，如进入别国教材，对该国的思想产生巨大影响。这种知识性成果一旦广泛传播，可以大大降低"一带一路"的阻力。

其次，需要找出"一带一路"国际合作与西方发展援助及相似倡议的真正不同之处，进行对比研究并加以传播。"一带一路"倡议的最大特点是，它是一个真正意义上的全过程合作倡议，而非西方尤其是美国那种、赢家通吃、无协商余地、成果也没有让双方合理共享的合作发展模式。全过程合作包括协商（consultation）、实现（actualization）、分配（distribution）三个环节，我称之为 CAD 模式。"一带一路"的原则是共商共建共享，真正体现了全过程合作。这种模式的创新，需要高校和智库仔细研究并传播。

另外，需要有的放矢、抓重点。过去，为了打开局面，我们圈定了一些重点国家。但现在形势变了，需要对国家进行分类。就具体国家而言，也需要进一步细化到领域与项目，建立本地化的推进模式，有针对性地选择与推进项目。规划与项目必须反映当地的情况，要和他们的需求对接。

◇◇ 10　国企与民企如何在参与"一带一路"共建的过程中实现优势互补？

我想从对政策的理解与利用上讲。首先，在政策上，国企和民企平等，不可厚此薄彼。很多时候，尤其是涉及对外开拓上，需要对民企进行一定帮助。其次，也是最重要的，民企和国企在政策的了解和利用方面，国企显著强于民企。国企对政策的关注和把握能力，掌握的海外投资经验和相关的智力资源，总体上优于民企。

下一步需要基于新时代的特点，加大力度引导民企更好地了解和利用国家政策，包括这些政策所具有的投资机会与盈利空间。这要求政府、国企、高校、智库乃至民企，采取新技术、新方法（比如网络形式）进行互动与沟通。政府与智库可以对企业相关人员，尤其是管理人员提供公益性的培训和指导。

◇◇ 11　非政府组织如何参与共建"一带一路"？

首先要明确，发展非政府组织的首要目标是助力"一带一路"在共建的过程中实现"高标准、可持续、惠民生"，其他目标服务于它。

其次，发展非政府组织的目标是更好实现与体现 ESG 标准。非政府组织是民间团体，要适应市民社会和大众已经成为利益直接相关方的时代特点。这种时代下，评估与反馈机制的建立与有效运行，对实现政策目标格外重要。而 ESG 强调企业的社会责任与盈利一样重要。所以，非政府组织需要建立高效准确且有效的评估与反馈机制，并把中国的成绩与理念传播出去。同时，非政府组织也要承担引导当地社会更好实现发展的责任。

最后，鼓励支持与加强管理并行不悖，需要同时进行。非政府组织是社会治理的重要部分，我国的非政府组织处于发展初期，需要给予帮助、鼓励和支持。但一些非政府组织做的很多事情确实存在不规范，乃至违法之处，需要加强管理。相关的规范要和国际通行规范对接。这样，中国的非政府组织在国际上可以更好地帮助中国提升影响力、维护中国利益。

（本文以《"一带一路"与中国外交——访中国社科院世经政所徐秀军研究员》为题，发表于《克拉玛依学刊》2024年第4期）

第三部分
"一带一路"倡议与对外经济文化

笔者研究"一带一路"十多年的一大体会是：伙伴外交与"一带一路"是新时代中国外交的两大抓手。其中，伙伴外交的重点领域是政治与安全，以及主要针对发达国家；共建"一带一路"的重点领域是经济与文化，以及主要面向发展中国家。企业则是落实"一带一路"的主要载体。因此，笔者从前政府官员、政府直属智库研究人员、高校研究者三个层面，探讨"一带一路"如何促进国际经济合作；并选择代表性国企与民营企业，考察它们参与海外基础设施建设、园区建设与运营的体会；最后再请两位研究者从话语权与文化交流的角度探讨如何共建"一带一路"。访谈的一大体会是：文化交流越来越受到重视，但如何画好"工笔画"、建设小而美项目，依然任重道远。

3.1 "一带一路"倡议与全球经济联通：陈文玲

【核心观点】"一带一路"倡议的提出是中国发展史、世界经济史和人类发展史上具有里程碑意义的标志性事件。这有五方面的原因。东道国整体上对"一带一路"评价积极、高度认同，但也有一些误解与误区。"一带一路"从倡议到响应再到行动形成燎原之势，推动了全球互联互通，提高了经济联通性，跨国经济合作的大格局、大外交的格局因而得以形成。"一带一路"共建过程中面临的主要挑战，外在的主要是美国对华战略围堵日趋强化，但这正说明中国做得好，因而引发美国的恐慌；内在的是中国自身能力和体制机制有待强化。为此建议下一步共建"一带一路"，要在提高国际化、市场化和安全化三个方面下功夫。

访谈对象：陈文玲，中国国际经济交流中心总经济师、执行局副主任、学术委员会副主任

访谈人员：薛力

访谈日期：2023年8月21日上午

访谈地点：中国国际经济交流中心310室

录音稿整理：李少康，中国社会科学院大学国际政治经济学院国际关系专业博士研究生

录音稿校对：薛力

本文经受访者审定

◇◇ 1 中国提出"一带一路"倡议的原因是什么?

中国提出"一带一路"倡议动因有两个方面:

第一,顺应世界发展大势。

几天前,中央电视台在采访我时提的一个问题就是:习近平总书记曾经说过"一带一路"倡议早5年或者晚5年都不行,这个时候提出来刚刚好。

(薛:哦,有意思。您能不能解读一下这个问题?)

我的回答是,2013年左右,百年未有之大变局即将开始。习近平总书记在2018年6月中央外事工作会议上提出了一个重大论断,即"当前中国处于近代以来最好的发展时期,世界处于百年未有之大变局"。中美大国博弈加剧,2020年暴发了全球新冠疫情,2022年又爆发了乌克兰危机。这证明了习近平总书记之后做出的重要判断:我们正处于百年未有之大变局之中。因此,共建"一带一路"这10年就是从百年未有之大变局拉开序幕,到百年未有之大变局进行中。这是非常重要的背景。

百年未有之大变局和百年未有之大乱局变乱交织,是"二战"以来世界面临的重大演化。典型表现为,世界出现的和平赤字、发展赤字、信任赤字、治理赤字"四大赤字"和其他赤字也有增无减。

和平赤字陡然上升,局部战争没有断过。例如美国发动的伊拉克战争、两伊战争、科索沃战争、阿富汗战争,全年的乌克兰危机虽然战场在乌克兰,但是战线却在全世界。

发展赤字有增无减,穷国和富国、穷人和富人之间的贫富差距越来越大。全球86%的人口是处于发展中国家和贫困国家,14%的人口是发达国家,发达国家占全世界的10%左右,是少数,但是他们占据的财富是大多数。

信任赤字上升得最快。"二战"以后世界有一定的规则和秩序,国际组织尚能发挥作用。但是现在国际秩序、国际规则失灵,国际组织也面临失灵的风险。全球的市场规则、国家之间的信任失灵,中美等大国之间的信任赤字是当前最大的赤字。

治理赤字风险陡增，全球治理失灵。"二战"以后建立的以美国主导的代表西方国家整体利益，向西方国家倾斜的国际秩序、国际规则、国际标准，由于发展中国家的发展与融入，开始向着有利于发展中国家的方向倾斜。因此，国际上70多年的和平环境以及规则、秩序、标准都逐渐受到挑战，比如WTO组织的仲裁机制失灵停摆。这主要是因为发展中国家在旧的体系框架下发展起来了，特别是中国，已经掌握和适应了这套规则，并在这个规则中寻找到了自己的发展空间和机遇。所以，美国认为这套规则已不能满足维护单极霸权的需要，带头破坏和放弃这一套规则体系。当前的全球治理实际上是处在一个空白期，新的东西没有治理标准和规则，比如网络空间、数字经济等。原来的那些标准和规则只要有利于发展中国家的，特别是有利于中国发展的，美西方都想放弃，并开始用其国内的标准和规则替代国际标准和规则，把中国作为最主要的战略竞争对手。

所以，"一带一路"倡议的提出首先是百年未有之大变局的产物，是应对、解决或者缓解、降低"四大赤字"的一种创造性的探索，也是在新的历史阶段寻求所有国家最大利益公约数的一种尝试。共建"一带一路"把全球发展倡议、全球安全倡议、全球文明倡议融为了一体，是寻找人类命运向何处去，决定世界前途命运的方向性探索。这也是习近平主席所说的，回答了世界之问、时代之问、历史之问。这个探索经过了发出倡议到共同响应，形成携手共商共建共享、互利共赢的局面。

现在人类社会最需要解决的几个最大的问题或者公约数，第一就是发展，发展是最大的公约数。一方面，20世纪民族解放运动中独立的150多个国家需要发展，他们还在贫困中探索；另一方面，发达国家也需要再发展，例如，很多发达国家实际上经济发展停滞，甚至后退了，很多老牌工业化国家，制造业等综合实力已经退出世界前10位，排在经济总量世界前10位的国家有3个是发展中国家。例如，印度GDP超过了英国，俄罗斯现排在第9位，未来发展中国家会越来越多。

（薛：俄罗斯承认自己是发展中国家么？）

金砖国家特指世界新兴市场，俄罗斯作为金砖五国成员之一，属于发展中国家的范畴。

第二，习近平主席宏大的国际战略眼光和超前的战略谋划能力。

共建"一带一路"顺应了世界发展大势，针对解决全球最深刻、最集中的难点。这体现了习近平主席超越了单个国家利益的局限性，提出了一个跨历史周期的、跨不同国家发展阶段的、跨不同文化习俗和宗教信仰的伟大探索和尝试。

2 您对共建"一带一路"十年的整体评价是什么？

我认为"一带一路"倡议的提出是中国发展史、世界经济史和人类发展史上具有里程碑意义的标志性事件。之所以称它为标志性事件，原因在于：

第一，它是中国向世界提供的第一个完整的、解决世界性问题的中国方案，且成为了全球的公共产品。我个人认为，它用古丝绸之路文化的精神赋能，成为了新时代一个全新的价值符号、取向和追求。这个价值追求不是霸权主义的，更不是要创造一个单极世界，而是要创造一个有利于发展，有利于世界上绝大多数国家和人民创造更好前途命运的一种新的平台、载体和通道。

第二，"一带一路"从"六廊六路""多国多港"开始，现在全球已经有152个国家、32个国际组织和中国签署了一系列合作文本，对"一带一路"高度认同，加入了"一带一路"的具体行动。"一带一路"成为了一个由国家提出的、在全世界响应度最高的倡议，实现了全球跨国经济行动。

第三，在共商共建共享的基础上，"一带一路"现在已经构建了立体化互联互通的格局。所谓立体化互联互通，一方面是原来以"五通"为内容推进进程，形成内涵更为丰富的互联互通。硬联通是重要方向，标准规则的软联通是重要支撑，民心相通的心联通是重要保障，这是软、硬、心方面的联通。另一方面是陆、海、空、网、冰立体化联通空间布局，陆上是"*丝绸之路经济*

带"；海上是"21世纪海上丝绸之路"；网上是网络化、数字化的联通；空中实际上是标准规则对接和空中航线加密，形成空中的网络体系；冰上丝绸之路，主要指北极航道。目前冰上丝绸之路的可能性增大，现在我们和俄罗斯在北极航道的重要城市已经开始展开合作，随着北极冰雪融化，北极航道会比正常的海运通道近50%。所以，冰上丝绸之路不仅仅是和俄罗斯的关系，我们将来要利用北冰洋去拉近和欧洲以及海上相关国家的距离，使国际航运进一步畅通，更加高效和低成本。此外，还有多领域的互联互通。比如说数字丝绸之路、创新丝绸之路、健康丝绸之路、绿色丝绸之路、能源丝绸之路等重点领域的互联互通。如果按照这样的方向推进，全球将形成一个经济联动性更强、民心文化联动性更紧密、产业供应链等联通性更强的世界。这对于全球来说是群体性的共享和赋能，或者说它是大家可以共享的平台。它的公共性体现在互联互通，可以产生乘数效应，可以使商流、物流、信息流、资本流、数据流等流动加快、流动共享、流量增加，这意味着将增加世界的发展水平和人类的财富。

第四，"一带一路"对推进全球治理发挥了重大作用，在公正、公平、合理、普惠、透明等方面的发展发挥了重大作用。共建"一带一路"提出来以后，我们的基本原则就是"共商、共建、共享"原则。十年的实践证明了它也是共赢的，所以还应该加上共赢。我们一大批铁路、机场等标志性项目没太多进行宣传，实际上我们周边国家很多机场都是中国和"一带一路"相关国家共建的，比如巴基斯坦首都机场、在建的瓜达尔机场以及老挝机场等。

（薛：这些建设的风格具有中国元素吗？）

这些建筑主要是依据东道国的认同设计的，不一定和中国一样。2022年10月5日，华春莹在推特的发文显示，共建"一带一路"的一些标志性工程已经印在了十几个国家的货币上面。例如巴基斯坦5卢比纸币上的瓜达尔港、斯里兰卡100卢比纸币上的普特拉姆燃煤电站，以及泰国20泰铢纸币上的拉玛八世大桥等。共建"一带一路"的一些工程已经成为一些东道主国家的象征性、标志性建筑。共建"一带一路"，中国政府没有采取胁迫、引诱与许诺等方式，却吸引了众多国家参加，主要是因为越来越多的国家看到了共建"一带一路"的美好场景与愿景。在我去过的这些发展中国家，我看到了他们对共建"一带一路"充满期待。

共建"一带一路"之所以能够推动全球治理，也是因为更多的国家参与"一带一路"，动员各个方面的力量，而不仅仅是中国提出、建设和投资。"一带一路"按照国际的标准和规则处理国与国之间的关系，坚持"共商、共建、共享"原则，补充和完善了全球治理体系。"一带一路"和万隆会议上中国提出的和平共处五项原则一样，是中国对于国际秩序、处理国家之间关系的新贡献。例如，中国在共建"一带一路"进程中，没有和一个国家发生战争以及重大纠纷，也没有向任何一个国家输出债务，输出中国国内的问题。所谓"债务陷阱"实际上很多是西方的话语陷阱，比如在斯里兰卡510亿美元的债务中，中国仅占10%，其大部分债务来源于国际组织和西方的一些金融机构。肯尼亚也是一样，很多债务属于国际组织和相关金融机构，而美国财长耶伦却将其栽赃给中国，主张中国减除这些国家债务，那么美国等其他国家为什么不削减债务呢？在阿富汗问题上，美国不仅没有减债，而且还扣押了阿富汗价值90亿美元的国家财富，这就是典型的双标行径。

可以说共建"一带一路"为全球治理带来了一股清流，使得国与国之间可以公平相处，通过和平建设实现互利共赢。这是对于单极霸权处理国际问题的一种挑战，即用我们处理问题的底线、原则和方法，以及处理国际问题的胸怀，是真正的大国负责任态度。因此，尽管美国聚集了全世界所有可以聚集的力量，采用了除战争以外一切可以采用的手段遏制打压中国，但是除了属于北约组织成员的意大利有摇摆，目前加入"一带一路"的国家仍然相当稳定，特别是大部分发展中国家。周边国家中除了与印度有种种的问题需要处理，总体上对"一带一路"都持积极态度，而且没有一个国家认为"一带一路"损害了它们的利益或者破坏了它们的稳定。相反，政治动荡多是由美西方导致或导演的。所以，中国企业通过共建"一带一路"走出去，给世界带来的贡献是历史性的。

第五，共建"一带一路"对塑造21世纪人类文明新形态提供了愿景，更多国家看到了中国就是他们的未来。我曾经参加了巴基斯坦、伊朗、阿富汗政府三边会议，当时巴基斯坦智库跟我们交流时指出，巴基斯坦很贫困，但是巴基斯坦3800亿美元的GDP实际上比中国改革开放初期富裕很多，中国的改革开放初期是3650亿元人民币，不到1600亿美元。换句话来说，中国的今天就是巴基斯坦的明天，巴基斯坦完全是可以通过共建"一带一路"，以及全体人民的努力实现属于自身的"中国梦"。例如，老挝以前缺电，我们有13个能源企业主要在老挝投资水电项目，现在老挝变成一个电力过剩输出的国家，实现了向泰国、越南、柬埔寨、缅甸送电。而且中老铁路建设建成在东南亚产生了非常大的影响，创造了一种憧憬。例如原来泰国在中国、日本之间左右摇摆，致使中泰铁路很长一段时间没有开工，但在中老铁路通车后，泰国很快下定决心由中国和泰国联合修建中泰铁路，当然日本也有参与，但是主要由中国主导。现在越南领导人访问中国，主要也是讨论越南高速铁路和中国的铁路、中老铁路的连接。现在中国速度、中国效率、中国力量、中国标准已经并将继续展现，中国企业和中国制造已经走出去参与全球经济发展。因此，我认为我们现在应该以计算GNP为主，而不是GDP。因为现在很多企业在国外产生的效益和巨大影响力，无法在GDP中体现出来。

所以看待"一带一路"需要从战略、从长周期、从它对中国全局性的影响上来看，而不是仅仅看钱走出去了，以及帮助别的国家建设等。实际上，帮助周边国家实现互联互通建设，也是帮我们自己打通了国际大通道。我们现在这些大型企业、特别是资源型企业有相当大一部分的业务都在"一带一路"相关国家，利润形成也在这些国家，资源等具有产权的权益油田、矿山等也是我们现在或未来的盈利点。很多学者对这些方面可能不太了解，国家只做不说，也没有进行宣传，而美国又对我们进行抹黑。我们也确实缺少类似十周年这种大规模的"一带一路"的宣传和辩驳，使得共建"一带一路"任人涂抹，但是似乎越抹越亮、越抹越红，这种对冲的力量反倒成为了一种助力。共建"一带一路"的3000多个重大项目，包括园区、港口、机场、通道、能源等已经成为现实，或者将成为现实。所以，我认为共建"一带一路"的力量和影响力是长期的，也是难以对冲的，但我们面临的困难也确实很多。

◇◇ 3 东道国对"一带一路"整体作何评价?

我觉得东道国整体上是积极的,是高度认同的,但是也有一些误解、误区,也需要进一步做工作。例如,甚至没有参加"一带一路"的印度国内的一些学者,也希望印度能够加入共建"一带一路"。在一次我接受亚洲介绍团的采访中,他们的一些学者问我,为什么不在印度进行港口建设,这样可能比在巴基斯坦更加合算。我的回答是,这主要取决于印度政府的态度。印度记者也提出了为什么中国在巴基斯坦投资这么多,而不在印度投资?当时我的回答是,他们应该首先问问印度总理为什么不愿意加入"一带一路"。巴基斯坦是第一批加入"一带一路"的国家,中国当然会进行重点项目投资。这是一个双向的选择。印度尼西亚的记者曾说,印度尼西亚很穷,他们需要借钱,又怕还不起,应该怎么办?我说要发展需要借钱,这是你们国家的意愿,而借钱还钱是原则,借钱用好钱是关键。其实,我们改革开放之初也从日本的"黑字还流计划"进行了很多贷款,"黑字还流计划"是中国那个时期在国外的贷款中借贷量最大、时间持续最长的贷款对象。

(薛:我们外来投资中"黑字还流计划"和华人华侨投资哪个更多?)

这两者中来自华人华侨的投资更多。实际上,来自我国港澳台地区企业的投资是最多的。香港主要向广东进行产业转移,香港也由 10 万家派生出来了 1200 万家企业,这些港资 90% 都落在了广东。澳门在广东也有很少一部分投资。台企则主要集中在苏州的昆山。改革开放伊始,第一波来自国外的最大贷款是日本的"黑字还流计划",境外产业转移最多的是我国港澳台地区。现在我们共建"一带一路",其中"一带"体现了我们沿陆上边界线 2.2 万公里边境线如何和周边国家建立互联互通关系,"一路"是沿着中国 1.8 万公里的海岸线。陆海两个维度实际上是我们的一个全球化大战略。通向海上就是通往全球,陆上就是我们将来稳固生态安全、领土安全、能源安全,实现亚欧板块、新欧亚大陆互联互通的"丝绸之路经济带"。

◇◇ 4 "一带一路"倡议推出后,中国的外交政策发生了哪些变化?

"一带一路"从倡议到响应再到行动,形成了一种燎原之势,也推动了全球互联互通,提高了经济联通性,跨国经济合作的大格局得以形成。我们也形成一个大外交的格局,实际上就不是着眼于某一点或当前,而是着眼于长周期和全局。中国在2035年基本实现社会主义现代化,到2050年左右实现社会主义现代化强国。通过共建"一带一路",处理好国内和国际的关系,百年梦想在扎扎实实推进。当前,我们在国际上面临着复杂局面。这不是因为我们做错了什么,恰恰是因为我们做对了,而且做得太好了,影响力太大了,难以对冲。随着中国的进步和强大,面临的反作用力当然也很强。共建"一带一路"影响力越大,反作用力就越大,面临的对冲意愿和力量也就越大。所以,我们看到很多针对"一带一路"的布局、对冲、抹黑等,我们面临着空前的挑战。但是,共建"一带一路"已经形成燎原之势,他国灭火队是无法扑灭的,除非自己熄灭。这种燎原之势是一种发展、合作、互联互通的大势,是通过提高经济联通性把世界联结起来的大势。无论是发展、和平,还是高科技,都需要转化为人类的财富。特别是科技,比如元宇宙和互联网不能半球化,如果美国想把中国从互联网根目录中抹去,那么所谓的互联网世界就不存在了。中国作为世界上134个国家的最大贸易伙伴,抹掉中国等于抹掉了大半个世界。科学技术要求的是更紧密的联系,更快的流通,更高的效率,给人类创造更多的便利和机会,我认为,互联互通的历史潮流是不可阻挡的,无论逆历史潮流的力量有多大。

◇◇ 5 "一带一路"倡议推出后,中国的国家形象有什么变化?

我觉得中国在世界的分量更重,影响力更大了,地位更高了,当然被对手打击的力度也更大了。

◇◇ 6　"一带一路"倡议共建过程中面对的主要挑战是什么？

第一，美国对我国的战略围堵遏制日趋强化，加剧了共建"一带一路"外部环境不确定性风险。以美国为首的国家对我国的政治挑衅、经济破坏、军事制衡、金融制裁、科技封锁、网络攻击、意识形态渗透、区域安全破坏、舆论抹黑等，将成为未来十年共建"一带一路"面临的最大外部风险挑战，一定条件下可能引发"黑天鹅"事件。

第二，当前百年未有之大变局加速演进，疫情影响深远，国际冲突仍在持续，全球政治、经济、社会、安全风险持续上升，和平、发展、信任、治理赤字有增无减，这也使得共建"一带一路"国家整体风险上升，部分国家可能爆发"灰犀牛"事件。

第三，中国自身能力和体制机制，仍不适应共建"一带一路"高质量发展的要求。未来 10 年国内自身面临的风险也不容小觑。首先，存量风险化解和增量风险防范需要高度关注；其次，重点领域面临"卡脖子"风险加大；再次，体制机制跟不上企业"走出去"步伐；最后，中国企业的国际化能力不足。

◇◇ 7　您对下一步推进"一带一路"倡议的整体建议是什么？

第一，共建"一带一路"的国际化程度有待提高。虽然全球有 3/4 的国家响应了"一带一路"倡议，但是响应只能说明一种寻求发展的公约数，并不代表这个行动的国际化程度就特别高。共建"一带一路"的国际化程度需要三个方面的提升。一是应该纳入国际组织中的重大倡议，形成类似联合国新千年计划这样的全球性行动、认知和共识，变成一个国际组织，比如转化成类似联合国全球互联互通行动，或者全球提高经济联通性和共同发展行动等。如此一来，中国的倡议就真的走向世界了。二是投资主体需要更加国际化，比如欢迎世界银行、美洲银行、法兰西银行等国际上更多的金融组织成为投资者，使得投融资更加国际化。三是以标准规则为主体的软联通更加国际化，在共建"一带一路"中，要着力推进现有合理的国际标准、规则，针对不合理的要提出完善、改革意见，而国际规则空白的领域要共同创造。

第二，共建"一带一路"的市场化程度亟待提升。尽管当前市场化程度已经提升了很多，但是还不够。有一些需要政府推动，但是政府的痕迹不要太重。在共建"一带一路"中，特别是一些重大项目一定要有市场的第三方评估、跟踪、评价、反馈、再评价这样一整套的体系，提高运营水平、投资效率，避免一些盲目投资和无效投资。要坚持商业原则、市场主导、企业主体、政府支持或者创造环境。除了重大的战略性项目，国家可以作为投资主体，或者国有企业做投资主体，其他的商业项目都要坚持盈利的原则。我们共建"一带一路"不是为了赔钱，而是为了营造更大的市场空间和战略纵深。短期赔钱，长期赚钱也行，但是不能是短期赔钱，长期也赔钱。

（薛：这如何与习近平主席所讲的正确义利观，多予少取进行平衡？）

两者之间是一种平衡关系，我认为对于特别贫困的国家要改革对它的援助机制，授人以鱼不如授人以渔。我们提出的重大倡议是公共产品，但是我们的投资、项目不能被看作纯粹的公共产品，因此提高市场化程度这一点至关重要，关系"一带一路"能不能行稳致远、可持续，关系到中国企业走出去的定位。除了具有特殊战略价值的项目外，比如瓜达尔港、吉布提港等，要以市场行为为主。当前美国在全球有大概800多个军事基地，而我们一个也没有，但是我们现在在全球拥有巨大的利益，因此不能没有布局。

第三，共建"一带一路"的安全化程度要提升。安全化程度提升不是要泛化安全，安全的重心一方面是增加人身安全，保障在国外工作的国民的人身安全。这些方面如果没保障，中国的企业在外面就很难持续。另一方面增加对企业权益安全的保障。企业走出去以后，投资收益的权益保障实际上也是需要的。另外，进一步保障全球产业链、供应链布局的安全。以上"三大安全"是当前我们共建"一带一路"安全问题中非常重要的。

◇◇ 8　您对自己的定义是什么？政治学家？经济学家？还是政治经济学家？

这很难定义，有人说是经济学家，有人说是智库专家。在国研室我们是专门为国务院领导提供决策咨询服务的。实际上，是体制内做咨询服务的工作人员，主要起草政府工作报告、一些重大文件等。相比于政治学，我经济学的文章发的更多，从知网上可以查到的经济学相关文章大概有1000多篇，我的独立专著大概有30部左右。我发表的最早的关于"一带一路"的理论文章，是在《人民论坛·学术前沿》上发表的，文章指出"一带一路"开启了世界经济新型全球化的伟大进程。

2013年习近平主席提出"一带一路"，2014年我们接受有关部委委托，做了关于"一带一路"的总体构想的研究。中国国际经济交流中心曾培炎理事长高度重视，原国家发展改革委常务副主任王春正同志任课题指导，我担任课题组长，完成了"一带一路"的总体构想这个重要成果。总体构想在2014年9月完成，在国家三部委《愿景与行动》出台之前，当时的发改委主任徐绍史和副主任何立峰做了重要批示，《总体构想》预先研究成果对修改国家"一带一路"愿景与行动规划起到作用，被吸收到了相关文件中。当时何立峰要求我们下一步在三个方面开展工作：一是要研究如何推进相关国家了解、参与推动"一带一路"建设；二是如何形成"一带一路"的国内合力；三是如何保持"一带一路"的热度与可持续性。

国经中心关于"一带一路"的研究，从曾培炎理事长提出建设亚投行的建议，到推出《愿景与行动》之前的总体构想的研究，在服务决策中是发挥了较大作用。共建"一带一路"研究也是我们中心的持续性研究课题，曾培炎理事长领衔完成了"'一带一路'理论框架与成功实践"，王春正执行副理事长领衔完成了"'一带一路'总体构想"，张晓强常务副理事长领衔完成了"高质量共建'一带一路'"等课题,在持续性的所有"一带一路"研究中,我都担任课题组长,亲自撰写并组织撰写,完成了相关研究任务。我们还参加了当时由发改委何立峰主持的"习近平经济思想"丛书中关于"一带一路"专题中的"习近平关于'一带一路'的重要论述"专章。我带领中心课题组参与起草的 2017 年和 2019 年关于共建"一带一路"白皮书的撰写。我本人也参加了很多关于"一带一路"的会议,最重要的就是习近平总书记主持的第二届、第三届"一带一路"座谈会,并在第三届座谈会上作为专家代表进行了发言。

(本文主要内容以《专访陈文玲:"一带一路"是寻求所有国家最大利益公约数的尝试》为题,2023 年 10 月 14 日发表于光明网)

3.2 "一带一路"倡议与外经贸：霍建国

【核心观点】"一带一路"国际合作在基础设施建设和贸易投资领域都取得了长足发展，特别是在西亚与东南亚地区，促进了东道国的就业与发展。中国与沿线国家的贸易额占比达到31%，超过与欧美日的30%。以中欧班列为代表的陆上贸易发展很快，大有潜力。发展中国家对"一带一路"的评价整体上优于发达国家。虽然近些年中国的投资增长较快，但发展中国家的债务60%—70%来自西方国家的政府与金融机构。"一带一路"的挑战主要来自美西方，有些项目被美国搅黄。下一步共建"一带一路"要注意几点：强化环保意识与项目的公开性；贸易投资要增加比例和速度、基础设施建设要量力而行；国企在重大项目和基础设施建设上发挥更大作用，民企在贸易投资上发挥更大作用。

访谈对象：霍建国，中国世界贸易组织研究会副会长、商务部研究院原院长、研究员

访谈人员：薛力

访谈时间：2023年8月22日

访谈地点：北京市广安门维景大酒店

录音稿整理：杜赫，北京大学国际关系学院外交学系博士研究生

录音稿校对：薛力

本文经受访者审定

◇◇ 1　从对外经贸角度，你认为中国提出"一带一路"倡议的动因是什么？

习近平主席在 2013 年 9 月和 10 月先后提出"丝绸之路经济带"和"21 世纪海上丝绸之路"的重大倡议。当时的历史背景是，中国希望寻求向西开放的突破口，我们寻求向西开放是一项重大选择，同时借用了丝绸之路这个历史概念。大家都知道，丝绸之路的历史终点是意大利，所以丝绸之路的开放概念并不是完全面向发展中国家的开放概念，而是包含了欧洲。

另一个动因是，扩大向西开放可以带动我国的中西部地区加快发展，也是我国推进开放型经济发展的一个新突破，是探索国际经贸合作新模式的一种大胆尝试。从现实情况看也存在这种可能，因为共建"一带一路"国家大多属于发展中国家，都希望发展开放型经济，也希望借鉴中国的成功经验，比如在建设出口加工区、产业园区和经济特区发展等领域，它们都很相信和推崇中国经验。所以"一带一路"的提出是有一定市场基础的。

当然，"一带一路"在起步阶段的规划设计非常宏大，提出了"五通"的发展目标，也规划了"六廊六路"。现在来看，"一带一路"实施效果最好的地区是东南亚和西亚。

总体而言，"一带一路"的提出拓展了我国外向型经济发展的新局面。

（薛：有数据支撑吗？我听胡必亮教授说，中国与"一带一路"共建国家的贸易额增长很快，现在我们与欧美日的贸易额已经不占大头了。）

十年前，中国同"一带一路"沿线国家贸易占我们贸易总额的 24%，现在占比已超过 31%，增加了 6 个百分点。但由于近几年国际形势的变化，我国对美日欧贸易也缩小了 6 个百分点。现在美国是 13%，欧洲是 12%，两家加起来差不多是 25%，日本现在是不到 5%。所以，现在美日欧加起来才相当于"一带一路"国家的总量。更准确地说，我们与"一带一路"共建国家的贸易额还要高一点。这也体现了开放格局上的大变化。

（薛：你这里讲的"一带一路"共建国家上是按 64 个国家的标准统计吗？）

我理解应该是全口径的，因为后续"一带一路"合作的国家是在不断增加的，凡是有意愿要加入"一带一路"合作机制的，或者说凡是同我国签了（共建"一带一路"合作文件）的都会归口到这里。如果按协定就应该是 140 个国家了，所以这个统计应该是动态的，如果锁定在最初的 64 个国家，增长应该没有那么高。

（薛：我听说商务部现在统计"一带一路"国家的时候，还是按 64 个国家统计。）

这个需要同海关统计方面核实一下口径，应以海关的统计口径为准。

［薛：我问一下海关总署相关人士吧……（微信联系中，一会儿后对方回复），海关一直采用的是 64 个国家的口径。所以，这种增长才更有说服力。］

是的。说明确实增长比较快。

◇◇ 2　您对"一带一路"十周年作何整体评价？

"一带一路"整体上已经取得了巨大成就，也开辟了一片新天地，在政策沟通、基础设施建设、贸易发展、金融合作、人文交流等领域都取得了显著效果。这也说明，五通建设的目标取得了丰硕成果。

当然这其中也会遇到一些问题，比如"一带一路"五通建设的发展不够均衡，我们跟中亚、东欧以及东南亚的联系会更密切一些，但和非洲、拉美、南太还是稍微差了一些。我们之前跟东盟、东欧的合作都开展得很好，但后来发生了一些变化。

我的总体评价是，我们在基础设施建设和贸易投资领域都取得了长足发展。最大的成就就是我们把"一带一路"打造成全世界都能理解的一个概念，都承认它是中国提供的一个国际公共产品。我们并没有刻意强调它是中国的发展战略，而是坚持称之为一种发展倡议。但是，我们在推进过程中不断寻求全球范围的大合作,强调"共商、共建、共享"的原则,根据不同国家的需要,或者通过和不同国家发展战略的融合,来踏踏实实地推动"一带一路"。

(薛:你现在总共走过多少国家?)

在商务部工作期间先后出访过70多个国家,退休之后去的就少了。这几年也去过美国、加拿大、瑞士、澳大利亚和日本等国家。

◇◇ 3 东道国对"一带一路"倡议有何评价?

这个评价要从政界、经济界和社会的角度去分析。经济界的整体反响会好一些,贸易部门或者是商务部门的反响最好,因为"一带一路"带来了一些合作机会。尽管是我们在承担这些项目的(资金与)建设,但项目对当地经济发展的拉动作用还是很明显的,确实帮助他们解决了就业和发展问题。

在政界,大部分还是认可的,特别是在发展中国家。一些国家,比如肯尼亚和印度,它们更愿意相信西方的一些观点,认为"一带一路"是中国培育势力范围的工具,是为了挑战欧美在全球的治理结构。欧美国家基本上都直接批评和否定"一带一路",起初污蔑它不环保,后来又造谣说不够公开透明,再后面又无根据地说存在腐败问题以及增加了发展中国家的债务。美欧把近年来发展中国家债务突破上限的问题,归咎于"一带一路"项目带来的国家融资贷款上升。

(薛:这方面有数据支撑吗?所谓的"债务陷阱"是真实的吗?)

发展中国家的债务由来已久。现在,债务超过预警线的国家有二十几个,其中像巴基斯坦和孟加拉都有一小部分中国的债务。但中国的债权并不占大头。这些国家的债务,实际上主要是国际金融机构的贷款和商业银行的贷款,并不完全是政府间或者来自国际机构的贷款。

(薛:民间贷款是欧美给他们的吗?)

主要是各种银行的商业贷款,这占到40%以上。来自西方的政府贷款大概有20%—30%。除了原宗主国和其他殖民国家的贷款外,美国、欧洲、日本也贷一些。中国也有一些，但中国占的比例较低。我们过去在做援外的时候，对非洲一些国家提供了一些低息贷款，金额规模有限。所以，欧美国家将债务问题的责任归咎于"一带一路"建设是不符合实际情况的，这缺乏实际依据，是在抹黑中国。

（薛：据说这几年中国给它们的各类贷款涨得比较快。）

这几年确实增长得较快，但规模有限。因为中国政府的无息贷款比例很小，两优贷款（"优买优贷"）比例很高。这一类应属于商业贷款，而不是政府间行为。但发展中国家有个错觉，认为反正都是中国提供的，大胆用没问题，而且不考虑还款安排，令我们很被动。这次习近平主席到南非又宣布对17个国家免除贷款。主要是以最不发达国家为主，体现了中国对发展中国家的支持。

回到你的东道国评价问题。这个要分类处理。政界方面，发展中国家大部分是拥护赞扬的。但是也有个别的发展中国家，考虑到它们和原有殖民地宗主国的关系，考虑到对欧美的一些援助的期待，他们有时候也会对"一带一路"持有负面评价。经济界和商界基本上是欢迎的。发展中国家的民间应该大部分也是欢迎的。发达国家的评价就比较复杂了。

所以，"一带一路"在促进发展中国家经济发展方面是作出贡献的，尤其我们建成了不少铁路，比如蒙内铁路、亚吉铁路、中老铁路、雅万铁路和在建的中泰铁路。包括马东铁路（指马来西亚东岸铁路）也谈好了，全长600多公里，是中马两国最大的经贸项目，比中泰铁路规模还要大，建好后效果也会比较好。

（薛：马东铁路在效益上跟中泰铁路能比吗？）

中泰铁路不是我们投的钱，是泰国自己出资，运用中国项目标准。日本跟我们存在明显的竞争关系。

（薛：日本承建的是从清迈到曼谷的铁路。但后来没有动静了。）

泰国是两边都照顾。至于清迈到曼谷的铁路没有动静，我不知道是因为资金问题还是其他原因。

（薛：日本不仅在泰国的铁路项目没动静了，在印度的高铁项目也没动静了，雅万也被中国中标并建成了。）

雅万铁路项目我们还是下了本的。但是，"一带一路"里面的"孟中印缅"经济走廊推动得较慢，"中蒙俄"经济走廊也没跟上。

经济发展的规律是"先有货、后有路"，我们的发展经验是"要想富先修路"。问题是，货源没解决，人员往来和货物流量还没有上来，但先把路修得很漂亮（这会带来一些问题）。比如亚吉铁路，货运量和客运量都比较小，效益也不够好，我们的 BOT 管理模式（Build-Operation-Transfer，建设—经营—转让）也难以发挥积极作用。相比而言，蒙内铁路好一点，是比较成功的，因为开通后是两国的合资团队共同管理、共同经营，而且我们也会培训他们的人员上岗来保持运转。中老铁路现在的经营效果也不错，也是我们自己在管。

（薛：中老铁路比原来我们想象的要好许多。原来我们担心，泰国段如果没有修通，老挝是内陆国家，经济不发达，本身没有多少货物可以运输。民众对高铁的需求也不大。）

对。我们把中老铁路做好了，如跟中泰（铁路也建好并与中老铁路）连上，再跟马来西亚和新加坡连上，回程时从越南回来，这就是泛亚大铁路。这最早是东盟提出来的，我们也认可。

所以，关于外部评价，总的来看，发展中国家认可的多，欧美国家批评的多。

◇◇ 4 从经贸的角度看，"一带一路"倡议推出后中国的外交政策出现了哪些变化？

"一带一路"对中国的形象产生正面影响，扩大了中国的影响力。从国际经济大格局上讲，我们现在主导全球治理还不是时候。我们并不追求结盟，无意跟欧美斗。但现在，在南半球或者是在"一带一路"沿线，已经形成了一个强大的阵营，这是一个大变化。美西方之所以要否定、要争夺、要破坏，反对"一带一路",恰恰表明它们对"一带一路"产生的影响力有忌惮。他们的"新冷战"思维也包含了这个概念。

第一大变化,是中国在"一带一路"的影响力持续上升,对国际经济贸易格局有积极的贡献。至少,中欧班列在改变国际贸易格局上作出了很大贡献,并产生较大的影响。因为传统贸易都是靠海运和空运,海运占90%以上,空运占3%—5%,陆运也就5%。开通中欧班列后,陆运的作用就发挥出来了。前几年受困于疫情,否则中欧班列发展会更顺利一点。从国际贸易结构和理论上看,中欧班列会改变整个国际贸易的格局。它的潜能很大,现在中欧贸易进展不太顺畅。如果顺畅的话,双方配合,国内再统筹一下,发过去的货物可以集中在西安、乌鲁木齐,统一装车、调度、发货,然后分销到各个站,回流的货也可以走陆路集中。我们要追求这种协调的效果。陆运成本会大幅度降低,应该是现有成本的40%—50%。这比空运肯定要便宜,比海运稍微高一点。

(薛:中欧班列2022年已经达到16000列,发送160万标箱。那么它占外贸额的比重是多少?海运原来是占90%以上。)

现在,我们的国际陆运总量估计占到7%—8%。海运还是大头,但陆运的增速还是比较快的。

(薛:你是说中欧班列所代表的陆上运输增速很快。)

对,而且最近返回的空箱稍微少了一些,刚开始都是满箱过去,空箱回来。现在能带回来一点。所以我说要解决陆运的往返运输问题,这是它增长的一个标志,还是有潜能的。

第二大变化,是加强了中国同发展中国家的经贸关系,促进中国和共建"一带一路"国家的贸易投资,也活跃了我们和大部分发展中国家的贸易、投资以及配套基础设施建设。

总之,"一带一路"倡议改变了我们的经济贸易格局。当然从另一个角度讲,在欧美市场份额的缩小也是一个损失。

(薛:我们做的是贸易增量,在保持与欧美发达国家贸易额甚至依然有所增长的前提下,增加与共建"一带一路"国家的贸易,对么?)

这是一种实实在在的增量。中美贸易摩擦和中美矛盾让我们和欧美国家的经贸关系不断紧张，使得我们的外部发展空间被压缩了。"一带一路"的贸易投资在某种意义上填补了其中的一点空间。如果没有"一带一路"的增长，我们的局面可能会更糟糕。所以从某种意义上讲，"一带一路"的提出是有远见的。

（薛：是的，而且我们跟日本和美国的贸易额也没减少。）

增长还在，但是份额在减少。

◇◇ 5 "一带一路"在共建过程中遇到了哪些挑战？"一带一路"倡议本身存在哪些需要改进之处？

主要包括外部挑战和内部挑战两方面。

从外部看，最大的挑战就是欧美国家对"一带一路"的抵制和诽谤。他们一直对"一带一路"持批评态度，认为中国是在借"一带一路"培育势力范围，主导国际贸易的一些规则体系。所以，欧美不只是对"一带一路"存有抵触情绪，甚至会不断搞破坏，跟我们争项目，甚至主动做说服性工作，让一些国家放弃一些和我们达成的协议项目。

其次，外部挑战主要涉及环保问题、项目的公开透明问题以及一些潜在的债务问题。欧美国家会在这些领域对我们提出质疑和谴责。虽然这其中有些是夸张的，但我们仍需要借鉴和吸收一些合理的建议，比如在环保问题上，我们现在都是高度重视的，前年我们还宣布所有的火电站都要停建，改成节能环保的形式，这也是一个大动作。

从内部看，存在的挑战或者不足，首先是基础设施建设的进度有些过快过猛，好在这几年在经过调整后已经有所好转。"一带一路"的定位是繁荣经济，而非修路架桥，我们不能只关注基础设施建设，更要关注贸易投资发展。要在基础设施和贸易投资之间取得一个平衡。甚至从某种意义上讲，贸易投资要加大比例、提高速度，基础设施建设要量力而行。我们的五通建设需要均衡发展。现在的情况是"政策沟通"跟上了，但贸易投资落后于基础设施建设，而金融合作是根据前面的需要来决定。

（薛：现在金融方面是不是有点跟不上？）

还可以，有条件的地区我们都建立了双边人民币互换结算机制。

◇◇ 6　你对下一步共建"一带一路"的整体建议是什么？

我有两条建议。第一条建议，要继续坚持"政府搭台，企业唱戏"模式，这其实是中国的传统优势。虽然有人批评我们的国企参与太多，但我认为让国企牵头是必要的。当然在项目建设中还是要广泛吸收民企参与。

我们需要改进的一点是，在未来的招标过程中要更加公开、透明、多元，不仅只有中国企业参加，要让全世界有兴趣投资的企业都有机会参与到项目中来，这样效果才会比较好。

（薛：有这种公开招标的案例吗？）

现在还不多，但是我们已经在按这个路子走了。

第二条建议，要协调推进、稳扎稳打、提质增效。协调推进是指五通建设要加强协调；稳扎稳打就是在基础设施建设上要更稳一点；提质增效是指在国际上一定要拓展多方面合作，在国内要注意吸收民营企业参与，避免形成国企大包大揽的投资格局。

◇◇ 7　智库与高校如何参与"一带一路"研究？

要把"一带一路"现有的发展经验总结和提升到一个理论高度，这是智库应该承担的责任和任务。具体而言，我们需要将在国际经贸合作领域的一些新路径、新模式打造成一种教科书式的范式。

商务部研究院早期参与"一带一路"框架任务的研究比较多，包括"向西开放"的内容和意义。其实"向西开放"的概念最早起源于 2012 年的中阿论坛，当时的目标指向就是阿拉伯国家和几个中亚国家，那时都说阿拉伯国家的资金成本低，所以主张加大和阿拉伯国家的金融合作。

习近平主席提出了"一带一路"倡议后，就是把"向西开放"的内容都装到了"一带一路"概念之中。当然，"一带一路"后期的设计要远比"向西开放"的规模和内容庞大。特别是在国家发展改革委牵头下，进一步加强了"一带一路"重大项目和几大通道建设，我们也参与了一些论证分析。

◇◇ 8　非政府组织如何在"一带一路"共建中发挥更好作用？

中国实际上也可以把现有的行业协会和一些学会、研究会理解为非政府组织。

（薛：有些人认为，那都是"二政府"。）

有的是"二政府"，有的也不完全是，（有些行业协会）对行业间的协调还是发挥了重要作用的。

我们的工程承包协会和一些学会，在未来"一带一路"项目投资中应主动扮演民间协调者的角色，一方面要加强和海外相关部门的沟通，另一方面在国内也可以征求意见，推动问题的解决。

◇◇ 9　你前面的建议中谈了国企参与共建"一带一路"的问题，这就涉及另外一个问题：国企与民企如何在共建"一带一路"中实现优势互补？

重点是要在民间贸易上发挥民企的作用。现在，国内对外贸易的62%都是由民企承担的，这个比例已经很高了。所以，在"一带一路"沿线的贸易和产业投资中，应进一步调动民企参与的积极性。国企应该在重大项目和基础设施建设上发挥更大作用，民企应该在贸易投资上发挥更大作用。二者形成各有分工的局面，同时也要注意协调合作。

另一点就是在进出口贸易和海外各类园区建设投资方面，要动员民企发挥更大作用，这些方面民企的投资效果会更好一些。

总体上看，我们在未来还是要加快贸易投资发展，稳定发展基础设施建设。

（本文以《"一带一路"与外经贸——访商务部研究院原院长霍建国研究员》为题，发表于《克拉玛依学刊》2024年第4期）

3.3 "一带一路"倡议与亚欧经济合作：胡必亮

【核心观点】"一带一路"的性质：西部大开发的延伸、国际合作平台、国际公共产品。对"一带一路"的评价方面，东南亚国家、中亚国家、非洲国家比较好，中东欧、拉美有的国家比较"负面"。中国的国家形象在非洲、中亚和中东提升很大，拉美和东南亚也有所提升。共建"一带一路"的重点应该在亚洲地区，尤其是在东南亚和中亚地区，适当地向西亚、非洲和欧洲地区拓展。共建"一带一路"的挑战主要有：有的国家故意污名化、打压"一带一路"，在建设项目中中国方面也有可改进之处，"一带一路"国际传播工作需要加强。所谓的"债务陷阱"缺乏数据支撑，世界上的绝大多数国家欠中国的债务不超过其债务总额的20%，由"一带一路"建设所形成的债务占比更少。下一步推进"一带一路"应该调战略，抓重点，调结构，防风险。第三方市场合作不仅可行，而且必须做得更好。

访谈对象：胡必亮，北京师范大学"一带一路"学院执行院长、"一带一路"国际智库合作委员会理事

访谈人员：薛力

访谈日期：2023年7月28日上午

访谈地点：北京师范大学"一带一路"学院

录音稿整理：郑舒文，中国社会科学院大学国际政治经济学院国际事务与国际关系专业本科生

录音稿校对：薛力

本文经过受访者审定

◇◇ 1　中国推出"一带一路"倡议的主要原因是什么？

我的看法是，主要有两个方面的原因。

从国内来看，通过共建"一带一路"，推进我国西部地区的对外开放，为我国西部大开发注入新动能，进而促进我国区域协调发展。

从国际来看，新时代我国需要加强向西开放，需要加强与中亚国家、西亚国家和欧洲国家的联系；加上2008年国际金融危机后，全球经济增长好长时间都缓不过劲来，需要注入一些新动能，我国希望通过创新的方式，重点加强与丝路沿线国家的经济合作，拉动区域和全球经济增长。

◇◇ 2　您对共建"一带一路"十年的整体评价是什么？

我觉得，要对共建"一带一路"十年作出一个整体评价，就必须清楚共建"一带一路"的整体定位是什么。只有结合其整体定位对其作出整体评价，才能把问题讲明白。我的理解是主要有三个定位，因此我从三个方面来作出自己的评价。

第一个定位是西部大开发的延伸。从这个角度来说，"一带一路"是相当成功的，这十年它为中国经济的长期可持续发展提供了重要支撑，这体现在贸易、投资、对外承包工程、西部大开发和企业发展等多个方面，同时有利于推进人民币国际化的进程。更重要的是，通过共建"一带一路"，我国西部地区已经成为向西开放的前沿地带，营商环境大幅改善、对外开放提质增效、经济增长持续加快，与内地各省的收入差距不断缩小，已经展示出了向西开放发展的良好前景。

第二个定位是国际合作平台。从这个定位来看，中国基于这个国际合作平台，在共建"一带一路"国家建设了许多重大基础设施项目，提升了这些国家的基础设施水平，降低了运输成本，促进了贸易发展，提供了新的就业机会，从一定程度上促进了这些国家的经济发展，也是值得肯定的。

第三个定位是国际公共产品。"一带一路"作为国际公共产品，我个人觉得主要在四个方面取得了一些积极效果：一是共建"海陆空天电网"全方位的基础设施，作为一种公共产品，直接有利于提升全球互联互通水平；二是"一带一路"推动了新一轮全球化发展，即推进了开放、包容、普惠、平衡、共赢的新型全球化发展；三是基于共建"一带一路"做增量的方法，从一定程度上改善了全球治理体系，尤其是对建立更加包容、普惠的全球金融治理、全球减贫治理体系具有重要积极意义；四是基于共建"一带一路"平台，使广大的共建国家有机会分享中国改革开放、发展经验。

◇◇ 3 您接触的东道国对"一带一路"倡议评价如何？

基于我到 20 多个共建"一带一路"国家的调研经验，从经济发展角度看，评价的差别比较大：东南亚国家、中亚国家、非洲国家对"一带一路"建设项目的评价都挺好的；但中东欧、拉美有的国家的评价就比较"负面"。我后来发现，这主要并不是对"一带一路"建设项目本身的评价不好，而是对我国的外资管理、金融开放、国企制度、劳工保护、环境保护、人权理念等方面有一些偏见。这些"负面"评价，实际上跟具体项目没有多大关系。

我们都知道，中国改革开放的一个重要特征就是表现出显著的渐进式。中国的发展进步，也是逐步提升的，都不可能一步到位。这一方面与我国人口规模巨大直接相关，也与我国文化传统、政治体制相关。但有些国家的人就认为，你都已经是世界第二大经济体了，应该这样，应该那样。因此，有些先入为主的想法就影响了这些人对"一带一路"及其建设项目的客观评价。

◇◇ 4 "一带一路"倡议推出后，中国的外交政策发生了哪些变化？

第一个方面，"一带一路"本身就是我国经济外交的顶层设计，因此它直接奠定了中国经济外交的新框架，对中国外交直接产生巨大影响。

第二个方面，"一带一路"为构建人类命运共同体提供了实践平台。基于这个实践平台，我国开始与世界各国和国际组织开展更加长远、更具战略价值、更加深入的合作。在共建"一带一路"过程中，我国已与老挝、巴基斯坦、柬埔寨、泰国、印度尼西亚等14个国家就构建双边命运共同体共同制定了行动计划；中非、中阿、中拉、中国—东盟等命运共同体建设也在积极推进中；中国提出的共建人类卫生健康共同体、全球发展共同体、人与自然生命共同体等倡议已得到很多国家的积极响应与大力支持。这些都是新时代中国外交的新内容，不仅有利于提升中国外交的全球影响力，更有利于为建设一个更加美好的世界作出中国更大的贡献。

第三个方面，"一带一路"建设为很多共建国家带来了实实在在的好处，因此我国的国际影响力和在国际上的正面形象，得到了更多国家及其人民的肯定和认可，为我国新时代外交工作，以及推动我国与更多国家建设更加亲密的伙伴关系打下了良好基础。

◇◇ 5 "一带一路"倡议推出后，中国的国家形象有什么变化？

在很多地区是提升的，尤其是在非洲、中亚和中东这几个地区提升很大，拉美和东南亚也有所提升。但有的国家，出于自身目的，故意将"一带一路"污名化，甚至故意打压"一带一路"，或者通过给"一带一路"抹黑而故意毁坏中国国家形象。

（薛：你觉得"一带一路"的重点应该在哪几个地区？）

重点应该在亚洲地区，尤其是在东南亚和中亚地区，适当地向西亚、非洲和欧洲地区拓展。

（薛：比较一下非洲和拉美，您觉得对于"一带一路"的推进哪一个潜力更大？）

当然是非洲，距离近，成本低，跟中国的关系更深一些。拉美实际上潜力很大，问题是有点太远，运输成本高，加上拉美有些国家的政治态度总是摇摆不定，因此政策上也存在一些不确定性。

（薛：拉美国家里面，你觉得哪几个潜力比较大？）

巴西的国土面积大、人口多、农业和矿产资源丰富、工业基础比较好，科技水平比较高，市场也比较大，而且在产业发展方面与我国的互补性比较强，因此合作潜力最大。阿根廷、智利的合作空间也很大，还有墨西哥、秘鲁、哥伦比亚等国家，与我国在"一带一路"方面的合作潜力都比较大。

◇◇ 6 "一带一路"共建过程中主要遇到哪些挑战？

首先，有的国家出于一己之私，故意污名化"一带一路"，进而采取各种手段打压"一带一路"。比如说，美国为了维护自己的世界霸权地位，因此采取了很多办法来对冲、打压"一带一路"，如推动构建"印太战略"和"印太经济框架"、部署"蓝点网络计划"、推出"B3W"基建计划，等等。目的就是试图对冲甚至破坏中国倡导的共建"一带一路"倡议与行动。日本、澳大利亚、印度、英国追随美国，对共建"一带一路"也持不友好态度。而且，这些国家也挑拨离间一些共建国家与中国的关系，因此使得共建"一带一路"面临着很大的阻力和困难，在有些地区的推进十分艰难。这纯属人为因素，是意识形态或地缘政治导致的。

其次，在建设项目方面，也有一些我们自己需要改进的地方。譬如说对于很多建设项目，可以采取更加开放的态度，公开向世界各国的公司招标，与其他国家的全球公司一起共建这些项目，而不是仅仅只是我国企业独自承建项目，尤其是在融资方面，应该更多元化融资，以减轻我国企业的资金压力，减缓投资风险；也需要进一步加强项目论证和管理，防范债务风险。

再次，在共建"一带一路"过程中，要做到更好地满足可持续发展要求，与相关国家共同为推进落实联合国2030年可持续发展议程作贡献。譬如要保护环境，要做到绿色投资，要通过项目建设为当地人民提供更多就业机会，促进减贫事业发展，履行好企业的社会责任，等等。

此外，目前也存在共建"一带一路"建设项目与国内产业发展联系不紧密的问题，需要加强国际国内产业链的一体化建设，国际国内要更加紧密地结合起来。

最后，就是我国的"一带一路"国际传播工作需要进一步加强，更好地讲述"一带一路"故事，更加有力有效地回应那些对于"一带一路"的误解甚至抹黑，使世界各国都能更加客观、更加理性地理解"一带一路"。

（薛：根据我的了解，数据不支持所谓的"债务陷阱"，这些国家债务的总体盘子中，欧美国家与国际机构占大头。但另外一个层面中国在很多国家的债权近些年增速比较快。）

是的。世界上的绝大多数国家（如果不是全部的话），所欠中国的债务，都不会超过其债务总额的20%，而由"一带一路"建设所形成的债务占比就更少了。中国制造"债务陷阱"的说法其实就是一个彻头彻尾的谎言。问题在于，很多发展中国家的规模本来就比较小，经济实力总体上就比较弱，如果一个大项目干起来，就显得比较扎眼，让人印象深刻；而有的国家的债务占比确实比较高，但由于是很多年累计形成的债务，因此人们的感觉不是那么强烈。共建"一带一路"是一个长期的过程，不要追求速成，也不可能速成，要在坚持高质量共建的前提下，走深走实，行稳致远。

◇◇ 7 您对下一步推进"一带一路"的整体建议是什么？

我的整体建议就是：调战略，抓重点，调结构，防风险。

第一，调战略。就是要重新制定战略规划，因为形势发生了巨大变化，现在要根据新的情况制定新的战略规划。

第二，抓重点。就是指"一带一路"投资要抓重点，要抓重点地区、重点国家、重点领域、重点项目。尤其要重视周边地区，与我国临近，风险可控。

第三，调结构。就是指"一带一路"的投资结构要调整，要加强对新领域的投资，如绿色、数字、科技、卫生等；既要继续搞一些重要的传统基建，也要搞新基建；既要做一些重要的大项目，也要做更多"小而美"的民生项目。

第四，防风险。就是要防范政治、汇率、利率等风险，提高投资效率。

◇◇ 8 国企与民企在"一带一路"推进中怎么样更有效地分工合作？

在共建"一带一路"前面这十年，总体而言还是以国企作为主力的建设阶段。因为这一阶段的主要任务是构建起"一带一路"的基本框架，如"六廊六路、多国多港"，基础设施建设项目比较多，大项目比较多，每个建设项目的投资也比较大，国企在建设这些项目方面具有显著的比较优势。

2023 年是共建"一带一路"十周年，以此为新起点，结合到当前的国际形势和国内形势的变化，在共建"一带一路"新征程中，民营企业应积极参与，有所作为。国企和民企也应该逐渐形成分工合作的良好格局，比如国企继续做基建项目，民企则更多地做产能合作项目；国企继续做大项目，民企更多地做"小而美"项目；国企更多地做资源开发项目，民企更多地做科技创新项目；等等。当然，分工不是绝对的，只是基于不同的比较优势而形成的差异化分工格局而已。

需要强调的一点是：不论是国企，还是民企，都必须加强"一带一路"建设项目与我国国内产业链、价值链的联系，从而国内产业可以为"一带一路"建设项目提供源源不断的动能，经验、管理、设备、技术、资金等各方面的供给，同时"一带一路"项目也可以从国外为国内经济、产业发展提供支撑，相互促进，共同发展。

（薛：您觉得第三方市场合作可行吗？）

第三方市场合作不仅可行，而且必须做得更好。目前的问题主要是发达国家政府在第三方市场合作上的态度不积极，发达国家的企业在第三方市场合作上有压力、有顾虑。因此，在当前形势下，客观上比以前更难了。但中国企业必须力争更多的第三方市场合作机会，进一步加强与全球企业的联系与合作，更主动地与其他国家的公司共建"一带一路"。这样既能减少资金投入，也能更好地防范投资风险，还能从一定程度上缓解建设项目的地缘政治压力。

（薛：有些国家反对与打压"一带一路"，典型如美国和日本，这是一些学者主张中国往西部扩展的一大原因。但中国投资和贸易的大头还是与发达经济体，这个问题怎么解决？）

近几年的情况已经发生了很大的变化。从 2020 年第一季度开始，东盟就已成为我国的第一大贸易伙伴了，整个 2020—2022 年东盟连续三年都是我国的第一大贸易伙伴了。总体而言，从贸易来看，你提到的发达国家或经济体，譬如欧盟、美国、韩国、日本、澳大利亚、英国加起来，2022 年与我国之间的进出口额大约为 2.8 万亿美元，只占我国整体的进出口总额的 44%。而同年我国与共建"一带一路"国家之间的贸易额也达到了 2.1 万亿，已经跟这些发达国家的贸易总额比较接近了。投资情况更是发生了大变化。近年来，我国对美国、欧盟、澳大利亚的对外投资断崖式下降，但对"一带一路"共建国家的投资不断大幅增长。因此，我国与共建"一带一路"国家之间的贸易和投资都在增长，将从很大程度上对冲我国与发达国家之间贸易和投资量的减少。

（薛：根据你对美国、德国、英国的研究，它们在与发展中国家合作时，是怎么操作的？）

它们一般会同时做两件事：一件事就是对发展中国家提供一些援助，另一件事就是想尽一切办法，尽可能多地让这些发展中国家对它们出口初级产品，包括资源性产品，成为它们经济体系中的重要一环。共建"一带一路"的基本思路是授人以渔，通过增加对这些国家的投资，帮助它们创建更好的基础设施条件，并与它们一起促进我国和这些国家经济的共同发展。

◇◇ 9　高校与智库如何参与"一带一路"研究？

高校参与"一带一路"建设，主要是通过两个途径，也可以说是发挥其两个独特优势：一个就是通过举办一些相关的人才培养项目，来为共建"一带一路"行稳致远提供优质人力资源供给，譬如说我们学院目前做的，就是从共建"一带一路"国家招聘优秀青年到我们学院学习，毕业后回到他们的国家，积极参与我国企业在他们国家建设的一些项目中去，直接为共建"一带一路"作贡献。当然，也有部分学生回国后从政的，也可以从政策沟通方面促进共建"一带一路"的发展。

"一带一路"倡议提出十年来，从我们学院毕业的来自共建"一带一路"国家的学员已经超过了 490 人，来自 80 多个共建国家，许多都已经在各自工作岗位上为共建"一带一路"作出了一些贡献。

高校的另一个优势，就是利用其专业人才比较多的优势，积极开展"一带一路"研究工作。一方面为政府相关决策服务，或为企业参与共建"一带一路"提供服务，另一方面则是开展相关理论研究，努力实现理论上的创新。

（本文主要内容以《专访胡必亮：推动高质量共建"一带一路"走深走实，行稳致远》为题，2023 年 11 月 9 日发表于光明网）

3.4 "一带一路"倡议与海外项目建设：王博

【核心观点】中工国际是"走出去"战略的先行者，也是"一带一路"倡议的实践者和亲历者。"一带一路"推出后，中国的对外投资发生了三方面变化。中工国际海外建设进行了一些探索，取得了一些经验与成就：尼泊尔总理普拉昌达称赞博克拉国际机场为尼泊尔"国家荣誉工程"；国企和民企之间可以抱团出海合作共赢，伊拉克九区油气中央处理设施项目就是证明；在哈萨克斯坦碱厂项目上，中工国际与土耳其公司的合作良好，是第三方市场合作标志性项目。公司主要挑战包括营商环境明显恶化、融资方式深度调整、行业竞争持续加剧使得以海外工程业务为主的企业都遇到了"两难一低"。建议政府尽快出台促进对外承包工程行业高质量发展的政策。

访谈对象：王博，国机工程集团党委书记、董事长、中工国际工程股份有限公司党委书记、董事长

访谈人员：薛力

访谈日期：2023年8月21日下午

访谈地点：中工国际工程股份有限公司（丹棱街3号中国电子大厦A座）

录音稿整理：李少康，中国社会科学院大学国际政治经济学院国际关系专业博士研究生

录音稿校对：薛力

本文经受访者审定

◇◇ 1 在贵公司看来，中国提出"一带一路"倡议的原因是什么？

第一，加强沿线国家的联系与合作，促进世界经济发展。在当前全球经济缓慢复苏的大背景下，加强区域合作是推动世界经济发展的重要动力。共建"一带一路"，有助于我国加强与沿线国家的联系与合作，推进经济全球化进程，开拓更广阔的海外发展空间。

第二，积极参与全球治理，承担大国责任。共建"一带一路"倡议已吸引世界上超过 3/4 的国家和 30 多个国际组织参与其中，拉动近万亿美元投资规模，形成 3000 多个合作项目，为共建国家创造 42 万个工作岗位，帮助近 4000 万人摆脱贫困。共建"一带一路"倡议是中国积极参与全球治理、承担大国责任的体现，是构建人类命运共同体的重要实践平台。

◇◇ 2 贵公司对共建"一带一路"十年的整体评价是什么？

中工国际是"走出去"战略的先行者，也是"一带一路"倡议的实践者和亲历者。在"一带一路"倡议实施的背景下，对外工程承包行业在 2013 年至 2017 年期间迎来了较快发展。中国企业在共建"一带一路"国家的签约额、完成营业额占全球的比例稳定在 50% 以上。共建国家一些旗舰型项目的启动和运营为"一带一路"倡议的落实奠定了良好基础，取得了丰富成果。以中工国际为例，自 2013 年以来，公司在共建"一带一路"国家签署合同额累计超过 100 亿美元，成为公司业绩强有力的支撑。

◇◇ 3 请您介绍贵公司参与共建"一带一路"的三个代表性项目情况。

（1）尼泊尔博克拉国际机场项目。中工国际与尼泊尔民航局于 2014 年 5 月 22 日签署了尼泊尔博克拉国际机场项目商务合同，金额为 24404 万美元，工期为 48 个月。该项目是中国政府援外项目，资金由援外无息贷款（25%）和援外优惠贷款（75%）组成。项目内容为新建一座符合国际民航组织（ICAO）标准的、飞行区指标为 4D 的国际机场，范围涵盖飞行区和航站区等主要设施建设，项目实施采用 EPC 工程总承包模式。

2022 年 3 月 26 日下午，王毅国务委员出席了尼泊尔博克拉国际机场项目建安工程竣工典礼。2023 年 6 月 21 日，开通从博克拉飞往中国不同城市的包机航班。在整个项目建设期间，中工国际积极践行 ESG 管理理念，得到了尼泊尔社会各界的认可，获评中国对外承包工程商会 2022 年度"中国境外可持续基础设施项目"。

（2）伊拉克九区油气中央处理设施项目。项目分为油包和气包两部分，业主为科威特能源巴士拉有限公司。原油部分于 2022 年 1 月 21 日签约，合同金额 5.94 亿美元，项目内容为建设一座日产 10 万桶的原油中央处理设施，为原油处理系统和辅助系统提供设计、采购、施工和调试服务。天然气部分于 2022 年 4 月 4 日签约，合同金额 4.12 亿美元，项目内容为新建日产 1.3 亿标准立方英尺的天然气处理设施，提供设计、采购、施工和调试服务。项目建成后，原油日产量将达到每天 10 万桶，天然气产量将达到每天 1.3 亿立方英尺。目前项目正在有序展开，上半年达到"100 万安全工时"节点目标。以上两个项目是伊拉克政府重点建设项目，也标志着公司进入油气行业，开辟了新的专业化领域。

（3）乌兹别克斯坦奥林匹克城建设项目。2022 年 12 月 30 日，公司签署了乌兹别克斯坦亚青会奥林匹克建设项目，项目金额超过 20 亿元人民币。

其中15%为业主自筹资金，其余85%通过主权商贷融资，项目投保中信保中长期出口买方信贷保险。项目内容包括主体育场、游泳馆、自行车馆、格斗馆、多功能馆5个体育场馆及10余个室外配套设施，总建筑面积超过10万平方米。该项目既是中亚最大的体育综合体，也是中亚地区第一个使用人民币贷款的项目，同时还使用了中国标准进行建设。

◇◇ 4　东道国对贵公司"一带一路"项目的评价？

尼泊尔博克拉机场项目，尼泊尔总理普拉昌达称赞博克拉国际机场为尼泊尔"国家荣誉工程"。中白工业园项目，2022年中白工业园管委会授予公司工业园高质量建设和成功经营奖。玻利维亚钾盐厂项目和玻利维亚糖厂项目均获得境外项目鲁班奖等。此外，尼泊尔主流媒体《共和报》、白俄罗斯通讯社等境外媒体高度赞誉公司为提高项目所在地民生福祉所付出的努力。

公司以"创造中国工程价值，建设人类美好生活"为使命，致力于打造高质量、可持续、惠民生的精品工程。中工国际不断提高ESG管理水平，建立健全ESG管理体系，在项目实施方案中融入绿色设计、绿色工程、绿色制造和绿色产业的ESG理念。为顺应国际发展趋势，在连续十年披露社会责任报告的基础上，公司首次披露2022年度ESG专项报告。2022年，公司入选《证券时报》"A股公司ESG百强榜"，成功入选"央企ESG·治理先锋50指数"。

◇◇ 5　从贵公司视角看，"一带一路"倡议推出后，中国的对外投资思路、政策发生了哪些变化？

主要体现在三个方面：

一是更加强调市场化和可持续原则，坚持共商共建共享，遵循市场原则和

国际通行规则,发挥企业主体作用;

二是更加强调法制化和合规体系建设,坚持市场化、商业化、法治化原则开展国际化经营;

三是更加强调新发展理念的传播,稳妥开展健康、绿色、数字、创新等新领域合作,培育合作新增长点,携手打造绿色、健康、智力、和平的丝绸之路。

未来,"一带一路"建设将继续贯彻新发展理念,以高标准、可持续、惠民生为目标,巩固互联互通合作基础,拓展国际合作新空间。要努力实现更高合作水平、更高投入效益、更高供给质量、更高发展韧性,推动各国企业间发展不断取得新成效。

◇◇ 6 贵公司认为,"一带一路"推出后,中国的国家形象有什么变化?贵公司的全球形象有什么变化?

"一带一路"倡议实施十年来,为沿线国家和地区提供了切实的产业和投资,给沿线人民带来了实实在在的获得感,中国的国家形象在不断提升。

中工国际始终坚持"授人以鱼,不如授人以渔"的理念。公司依托大股东国机集团的科研实力和雄厚的产业基础,对项目所在国当地的企业进行产业扶植,并通过吸纳劳动力、技能培训等惠及当地民生。从来自业主、媒体、政府等方面的积极评价和公司获得的诸多荣誉可以看出,中工国际积极践行 ESG 发展理念,赢得了很高的客户满意度、享有较高的美誉度。

◇◇ 7 贵公司认为国有企业与民营企业在共建"一带一路"中应该如何协调与互补?

国企和民企之间可以抱团出海,合作共赢。国有企业在"走出去"方面积累了丰富的经验和资源。民营企业具有敏锐的市场嗅觉和开展海外投资的需求，但是对于海外市场缺乏足够的了解和认识，风险管理能力较弱。因此，有必要携手出海，实现合作共赢。

伊拉克九区油气中央处理设施项目就是这样的模式。经过前期的战略研判，公司与民营企业进行合作，发挥双方优势，实现共赢。在国内市场，我们抓住长三角经济带诸多优秀民营企业境外投资扩张的契机，为他们"走出去"提供规划咨询、工程承包、成套设备服务。

国企和民企具有比较强的互补性，头部民企在某些领域核心专业能力强且决策效率高，在这方面国企可以和民企合作。国有企业进行细致、充分的可行性研究，为民企提供合规、可行的实施渠道。

◇◇ 8 贵公司在参与共建"一带一路"过程中，主要遇到哪些挑战？

（1）营商环境明显恶化。一些国家安全形势持续恶化；部分国家主权债务违约风险凸显；西方的长臂管辖、金融制裁等霸权行径，使国际化经营壁垒增加，合规风险持续增大。

（2）融资方式深度调整。主权担保模式不可持续，两优贷款受制于多个发展中国家债务问题，项目推动落实面临各种困难。同时，美元加息大幅增加了金融机构的成本，使存量项目面临巨大还款压力。融资领域的变化，使得中国国际工程企业虽然加大了市场开发力度，仍然出现业务规模收缩、传统市场下滑、优势领域失守等困难，一些头部央企的海外业务也出现了两位数下滑。

（3）行业竞争持续加剧。由于多种不利因素叠加，国际工程行业竞争加剧。当前很多工程承包企业，特别是以海外工程业务为主的企业，都遇到了"两难一低"的问题："两难"是签约规模大、风险可控的高质量项目难，项目签约后推动生效难；"一低"是项目毛利率和项目执行后的实际利润率持续降低。而且这种情况在短时间内很难改变。

◇◇ 9 贵公司下一步在参与共建"一带一路"上，是否有调整思路？有什么新的计划与安排？

公司科学制定"十四五"规划，明确了"转型发展、融合发展和高质量发展"三大发展战略，谋划了重点构建"设计咨询与工程承包""先进工程技术装备开发与应用""工程投资与运营"三大业务板块和"构建国内国际双循环相互促进的新发展格局"战略布局，奋力实现"二次创业"新目标。

对于国际工程承包业务，我们的总体定位是：聚焦"一带一路"重点项目和民生类项目，依托中国机械工业和公司大股东国机集团的科研实力和雄厚的产业基础，积极推动中国技术、装备、标准和品牌走出国门。

主要的战略措施如下：

（1）优化行业布局。在国际工程承包领域，重点开发工业工程核心业务，包括油气化工、轻工、机械、农副产品加工、新能源等领域；积极开发客运索道、智能仓储等领域的特色业务；着力开发农田水利、电力、交通等传统业务。

（2）优化市场布局。在海外积极打造支柱市场，确立重点市场作为潜在支柱市场进行培育，并进行动态管理或调整。

（3）优化资源配置。借助全系统在索道、物流、医疗、能源等领域的技术、人才、供应链等方面的优势，全球调配资源，推动海外工程业务的协同发展。

（4）加大业务创新。第一，在长期政治稳定、经济向好、法制健全的国家，聚焦公司具有项目执行经验较多的领域开展参股投资，带动 EPC 业务发展。第二，开展第三方市场合作。例如，在哈萨克斯坦碱厂项目上，我们跟土耳其公司的合作就很好。土耳其与中亚地区国家在语言、宗教文化、饮食习惯等相通，相比于我们更有文化优势，但缺乏融资和建设能力。而中工国际兼具设计能力和融资能力等，所以两方一拍即合，成功合作。这个项目是公司开展第三方市场合作的标志性项目。第三，扎根深耕项目所在国当地市场，注重工程后市场业务开发，包括备件供应、售后服务等，延伸价值链条，延长业务周期，增强客户黏性，获得工程项目溢价。第四，抓住行业龙头"走出去"的产能转移需求和机遇，利用公司已经建立的国际化营销网络，通过贸易带动工程的方式参与国内行业龙头企业在海外市场进行厂房、生产线建设。第五，提高现汇项目竞标的能力和成本管控能力。

◇◇ 10　贵公司对下一步推进共建"一带一路"的建议是什么？

当前，很多国家债务负担加重，主权融资不可持续，企业面临突出的融资难问题。

（1）建议政府主管部门能够尽快修订并出台促进我国对外承包工程行业高质量发展政策。比如，推动人民币国际化，尝试在一些试点项目中推动人民币的使用。

（2）工业类项目大多数是商业项目，融资、担保难的问题尤其突出。希望政府能对具有造血机能的"授人以渔"工业类项目，在项目开发、融资和审批阶段给予更大支持。

（3）建议金融机构加强创新，开发有限追索和无限追索的项目融资产品，探索更加灵活的投融资担保条件，创新推出适合投建营一体化、绿色低碳等项目的金融服务产品，更好地支持企业进行海外业务拓展和开发。

（本文以《专访王博：望政府加大对工业类项目融资支持》为题，发表于澎湃新闻网，2023 年 10 月 17 日）

3.5 "一带一路"倡议与国企走出去：廖军

【核心观点】"一带一路"有助于中国企业获得更大的外部空间，企业也有更多的投资机会，特别是在基础设施建设方面。"一带一路"倡议不但增加了中国对其他国家的了解，也增加了东道国对中国的了解、提升了对中国的信任度。这在非洲有明显的表现，当美西方说中国在非洲制造债务陷阱的时候，非洲国家的人自己会跑出来反驳美国。共建"一带一路"过程中的主要挑战是话语权不够，在企业社会责任、项目与产品的持续服务上也有改进的空间。在东道国官员培训、人民币国际化等方面，中国也可以加大力度。

访谈对象：廖军，中铁建国际投资有限公司董事长
访谈人员：薛力
访谈时间：2023 年 7 月 25 日
访谈地点：北京华润大厦 17 楼
录音稿整理：张靖昆，中国社会科学院 2023 级博士研究生
录音稿校对：薛力
本文经受访者审定

◇◇ 1 在您看来，中国提出"一带一路"倡议的原因是什么？

首先是为中国获得更大的外部空间，更大的发展纵深。如果周边国家稳定

住了，中国就会更加稳定。咱们的制度跟人家不一样，我们在外面处处受围追堵截，斗争无时不在。

其次，从微观角度来说，"一带一路"是为了让我国企业获得更大的利益空间和更多投资机会。

◇◇ 2 您对共建"一带一路"十年的整体评价？

影响还是很深远的。负面效应也有，但正面效应更多一些，尤其是在共建"一带一路"国家中，人们对中国的硬实力、软实力以及国际影响力有了更加客观、深刻的认识和理解。一些互联互通基础设施项目，比如，中老铁路，修成后带动了中、老、泰的共同发展，带动效应和示范效应很明显。正是基于此，已研究十多年的中吉乌铁路的建设现已提上议事日程。

◇◇ 3 依据您的体会，非洲东道国"一带一路"项目的评价如何？

东道国对"一带一路"项目的评价整体偏向正面，这在非洲最明显。1997年至2008年间，我在尼日利亚待了11年，见证了尼日利亚铁路的大发展，他们（原先由欧洲人修建）的窄轨铁路，现在都是中国人帮助修复和改造的，他们的标准轨铁路全都是中国人修建的。通过修建标准轨铁路，尼日利亚人基本掌握了现代化铁路的修建和运营技术，培养了一批现代化铁路建设和运营人才。尼日利亚人也深刻领会到了"要想富先修路"的含义。

从"一带一路"项目的合作中，非洲朋友看到了中国对非合作"真实亲诚"的态度，感谢中方对合作不附加任何政治条件。因此，当美西方说中国在非洲制造债务陷阱的时候，非洲国家的人自己跑出来反驳美国。

◇◇ 4 "一带一路"倡议推出后,中国的外交政策发生了哪些变化?

过去中国的外交服务以政治外交为主,现在的外交服务于经济建设,为"一带一路"服务,更加积极有为。现在我们去一个国家考察投资项目,首先都会去我国驻该国大使馆报到,大使和参赞都会非常详细地向我们介绍并分析该国的政治经济形势,提示风险点。反过来,如果中国企业在某国投资多,实施的重大项目多,我国驻该国的大使的影响力也必然更大。所以现在我们的外交真的是为民外交,外交为民。

◇◇ 5 "一带一路"倡议推出后,中国的国家形象在东道国有什么变化?

他们看中国更全面了。过去非洲很多人没来过中国,不了解中国。"一带一路"倡议提出后,我们有很多针对不同层级(非洲政府官员)的培训。过去他们觉得中国经济很好,其他方面不行。现在知道中国不光是经济(发展很快),文化也很丰富。

再一个是,中国人跟非洲人交往多了以后,对非洲人的了解也更充分了。没有"一带一路"倡议的话,中国人与非洲人的接触面可能没那么多。

总之,有了"一带一路"倡议之后,非洲人来中国的明显增多,中国人到非洲的也大大增多,这样彼此间的了解就更多、更深入、更全面了。

◇◇ 6 "一带一路"共建过程中主要遇到哪些挑战?

首先,话语权是最大的问题,中国人话语权还是太少,外宣也不够。中国人喜欢老老实实干活，干了很多实在的活，但做得多，说得少，甚至只做不说，这是我们的哲学。这一点比较要命（有必要对症下药，尽可能改进）。

其次，与中国企业在东道国存在的时间（与美西方国家相比）不够长有关。落实企业社会责任方面，开始做了，但总体上还有不少改进的空间。通常是给当地村庄建个学校，给学生送送书包、课本、足球什么的。修村庄里的路也是一次性，不关注道路的后期养护。最好能长期、持续性地展示存在感。这可能是因为我们的企业刚刚发展起来，还不知道怎么弄（此类事情），也可能与我们企业的发展思路没有调整好有关。

再次，我们对于项目的本地化上做得还不够好，导致产品的口碑受到影响。比如火车头的性能受气候、地理的影响较大（西方国家公司比较重视这一点）。但我们出口到非洲的火车头没有依据非洲的地理、气候条件进行相应的改造与强化，导致火车头如果不及时地保养和维护，就容易出故障，让当地人对于中国铁路设备颇有微词，认为中国产品质量不行。还有，没有培训足够的当地维修工人，没有考虑后续的零部件出口，导致有的火车头出现问题后，当地不是从中国进口相应配件，而是从别的火车头上拆卸零部件来用，直到没有可用的零部件为止。这也影响到中国产品的声誉。

◇◇ 7 非政府组织如何参与"一带一路"建设？

从国家层面，应该对怎么样发展非政府组织有一个大的思考，一个战略布局，构建中国式的和平队（Peace Corps）。目前我们在整体思路和重要环节上都不够清晰。国家和企业对于非政府组织的发展规划、相关规则等其实不太清楚。对于中国如何与东道国的非政府组织合作、如何资助它们来进行相关研究，从而提高中国的影响力，也缺乏思路、经验和意识。

发展非政府组织，首先要有一批有奉献精神的人。他们有信念使命，希望呈现人生的真正价值。他们做非政府组织不是为了钱，更不是为了挣快钱。"变成百万富翁、赚大钱"不是他们的追求，这种心态下不可能做好非政府组织。

还有一个就是钱的问题,通过非政府组织渠道把国内财政资金转到境外去,这方面卡得非常严,没法报账。因为这是政府的钱,管理上自然比较严格,因为要符合财务制度。怎么办呢?走出去的企业要在当地履行企业社会责任,需要从公司预算中切出一块资金。这些资金除了公司自己做项目、给中国非政府组织做项目外,也可以切出一部分去扶持当地非政府组织。

(薛:这个主意好,虽然不能全部解决非政府组织在境外资金来源的问题,但至少有了一个思路。我也接触过一些非政府组织,他们也普遍抱怨国内资金难以转到境外使用。我觉得,非政府组织有其不可替代的作用,中国应该大力强化。对此,政府应该提供专项资金支持,这些资金除了给中国非政府组织外,还可以拨出一部分给多边援助机构、境外非政府组织使用,以扩大中国在境外特别是民间层次的话语权。)

我们的非政府组织对外进行输出的能力、形式等也有些老旧。现在的文化交流就是设立孔子学院、建个文化中心。当地老百姓有多少人去?企业出钱做社会责任项目,政府资金也可以配套出一部分,效果可能优于政府自己做。

(薛:鲁班工坊这几年做得不错。)

是的,这是天津市政府搞的一个项目,确实做得有特色。

◇◇ 8 国企与民企如何在"一带一路"共建中更好发挥互补作用呢?

应该抱团。比如说,一个大型项目,国企资金投入比较大,可以作为一个头牵引其他国企和民企参与。我们(中铁建)的投资项目都会带动国内民营企业(参与)。国内一些优秀的民营企业,我们特别愿意与它们合作。它们的国际业务做得很好,机制上也比较灵活。只要是好的合作伙伴都可以合作,民企、国企完全可以实现互补。

海外工业园也是实现互补的不可忽视途径。龙头企业进入园区后,会带动整个产业链进去。我们当时帮埃塞俄比亚建了一个工业园区,把国内的龙头企业带进去后，它就把整个生产链带过去了。一家制衣厂，上游是纺纱、织布等，还有一些配套的企业，形成了一个产业链。

国内有很多优秀的民营企业，资金雄厚、有技术，也可以与国企共同投资，实现优势互补。另外，在海外做生意，也要考虑到东道国的宗主国是谁，我们非常欢迎与宗主国开展第三方市场合作，实现投资与管理的多元化，从而降低风险。

◇◇ 9　高校与智库如何参与"一带一路"研究呢？

考虑到非洲在共建"一带一路"中的重要性，我希望能成立一个基金，专门支持针对非洲的相关研究，可以由中国人来做，也可以由非洲人或者其他洲的人来做。中国只要把住成果的质量审核，而不必介入具体的资金使用过程。这样就会有很多高校与智库参与进来，从中会产生一些高质量的研究成果。

中老铁路是中铁工做的，但沿线的站房是我们中铁建修建的。我去过琅勃拉邦与万象。我知道上海社会科学院的一个研究人员，对中老铁路沿线的宗教问题进行了比较研究，就很有意思。有助于我们了解不同宗教对当地的影响，对于我们做好企业社会责任项目也有帮助。这样的研究，企业就可以给予适当的资助，其成果可以为企业社会责任项目提供参考。

（薛：这个有意思。我也在做文明比较研究，并且认识一些精通老挝语的人。也许可以向她请教一下相关的研究成果。后经查，是石丽博士，最终研究报告还没有出来。）

派医疗队、农业专家也是一个方式。这方面中国已经做了几十年，特别是在非洲，积累了丰富的经验，应该总结提高。

政府官员培训也是，包括司局级的官员培训。咱们可以对目标区域国家干部制定长久的、专业化的培训计划，以增强我们在目标区域的在地化持久存在。华侨大学、暨南大学、商务部研究院都在为发展中国家培训人员，也做得很好。

还有，陈元当行长时的国家开发银行研究院，做了很多针对不同国家的基础研究。他做这个事情是出于情怀。这不赚钱，但很重要，很多研究成果后来派上了用场。后来他离开了，不知道相关研究有什么新的进展。

◇◇ 10　您对下一步共建"一带一路"有什么建议？

金融方面有很大的提升空间。现在很多拉美国家对人民币的需求不小。本币兑换也是一个方面。东道国的人民币多了以后，我们去投资就可以用人民币来结算，这也规避了汇率的风险。而中国金融机构对他们的支持也会更大一些。

金融来源和组织需要多元化，这需要结合目标国家的历史和现实。很多国家有资源，如有石油与天然气，但没有钱搞基建，希望中国去投资。而基础设施建设投资大，回本慢，甚至难以收回投资，怎么办？一种办法是当地政府担保，利用资源换中国的贷款，这就需要政府出面协调。还有一种就是与其他金融机构组成银团联合贷款，特别是与一些国家的前宗主国金融机构合作。这些国家比中国更为了解这些国家，知道如何投资与规避风险，如何更好地实现投资的预期效果。比如我们在拉美地区收购企业，包括西班牙投资的企业，就是与西班牙的金融机构合作。在哥伦比亚投资与收购企业，也拉入其本国金融机构参与。有的项目股东有七八家，这样可以实现投资和融资多元。另外，运作项目的团队也可以多元化，以增加抗风险能力。

（本文以《"一带一路"与国企走出去——访中铁建国际投资有限公司董事长廖军》为题，发表于《克拉玛依学刊》2024年第6期）

3.6 "一带一路"倡议与中白工业园：胡政

【核心观点】本文访谈对象胡政，曾经在2015—2019年主持中白工业园建设工作。在其任内，中白工业园建设摆脱了此前的停滞状态，进入了快速发展期，招商引资也取得了明显成效。三年疫情与乌克兰危机对中白工业园影响巨大。工业园下一步发展，面临着股东调整、市场再定位、产品再选择，以及如何让入园企业能切实获得较好的经济收益等挑战。

访谈对象：胡政，中国深圳综合开发研究院"一带一路"发展研究首席专家、国务院发展研究中心欧亚社会发展研究所特聘研究员、中白工业园开发公司前首席执行官、招商局集团有限公司前副总经理

访谈人员：薛力

访谈时间：2023年9月16日下午

访谈地点：北京

录音稿整理：席寒婷，中国社会科学院大学国际政治经济学院国际关系专业博士生

录音稿校对：薛力

本文经受访者审定

薛：谢谢您接受专访。我们了解到您曾亲身领导和参与了中白工业园的开发建设，并且曾获得白俄罗斯总统为您颁发的总统致谢令，当时新华社曾发布

新闻，报道"中国公民成为首位获颁白俄罗斯总统感谢状的外国人"（新华社 2020 年 1 月 4 日的新闻报道标题）。我想您一定有不少亲身感受和实践体会，今天想请您围绕"一带一路"，谈谈"丝绸之路经济带"上的标志性工程——中白工业园。

  胡：那我就侧重从亲身参与践行"一带一路"倡议的角度谈谈在白俄罗斯参与中白工业园开发建设的亲身体验和感受。因为我曾驻外五年，不是短暂出差，也不是走马观花、蜻蜓点水，而是在那里生活、工作、实实在在地做事情。中白工业园迄今为止仍是"一带一路"上的典范项目，是"丝绸之路经济带"上的一个标志性工程。今年 9 月 9 日的《环球时报》有一版就是专门讲中白工业园。习近平主席提出，要把中白工业园打造成"丝绸之路经济带"上的明珠和双方互利合作的典范。此后，中央的一些领导都去过中白工业园，受到国内外的高度关注。我对中白工业园的价值定位有三句话：一是中白工业园是践行"一带一路"的标志性项目；二是中白工业园是中白两国的综合性战略合作平台；三是中白工业园是中国企业走出去，践行"一带一路"的重大探索实践。

  我为什么用这三句话定位中白工业园？首先，截至目前，中白工业园是中国最大规模的海外经贸合作区项目，也是目前欧洲最大的工业园区项目。中白工业园的规划面积是 91.5 平方公里，分为四期开发，目前已完成 8.5 平方公里的一期开发。海外的经贸合作区大都是民营企业在做，比如埃塞俄比亚的东方工业园、柬埔寨的西哈努克港工业园、泰国的罗勇工业园等。而中白工业园是招商局集团和中国机械工业集团两个中国央企控股开发运营的海外工业园，也是与白俄罗斯最大的合资开发项目（白方占股 32%）。

  我是 2015 年 2 月 9 日第一次到白俄罗斯，在此之前既没去过，也不了解。从那时到 2019 年底近五年时间里，我一直在做中白工业园项目。中白工业园一切都是从零开始。这个零是什么？就是没有路，没有水，没有电，没有燃气，没有通信。一句话，我们是在一无所有、一张白纸的基础上做起了中白工业园。在我 2020 年 1 月离开明斯克（白俄罗斯首都）时，白俄罗斯通讯社发布新闻，白俄罗斯总统卢卡申科专门为我颁发了致谢令，对中白工业园取得的成绩给予高度的肯定和褒奖。但我认为，这项荣誉不属于我个人，实际是嘉奖在白俄罗斯践行"一带一路"的所有建设者。

我在白俄罗斯期间坚持写"白俄手记"。今年正好是"一带一路"十周年，作家出版社在今年 2 月结集出版散文集《明斯克的冬》。这部散文集记录了我在明斯克开发中白工业园的难忘经历。

薛：为什么是"明斯克的冬"？

胡：因为我在白俄罗斯度过了 5 个冬天。白俄罗斯的冬天是很寒冷的，气候像我们的哈尔滨，这也表示我们的工作条件、工作环境很艰苦。另外，因为冬天的白雪像铺在大地上的一张白纸，我们的工作就是在这张"白纸"上作画。所以这本书的封面底色全是白色。这就是《明斯克的冬》书名的由来。

在以下部分，首先我回顾中白工业园的建设背景，然后讲述中白工业园的建设情况，最后谈论你关心的问题。

◇◇ 1 中白工业园的建设背景

2010 年 3 月，时任国家副主席习近平访问白俄罗斯。白俄罗斯总统卢卡申科向习近平主席提出，请中国帮助白俄罗斯参照中国苏州工业园模式建设一个中白工业园，原因在于白俄罗斯十分重视学习中国改革开放发展经济的宝贵经验。曾担任过四年白俄罗斯驻华大使、回国后又担任白俄罗斯内阁副总理、现在是白俄罗斯共和国孔子学院院长的托济克先生在他后来出版的回忆录中指出："我在中国工作期间，见证了改革开放所取得的成就。我明白这个经验对白俄罗斯来说非常重要。我开始关注工业园和经济特区。我希望白俄罗斯政府也建立这样的园区，不仅仅是为了生产现代的、有竞争力的产品，更重要的是在园区形成新的经济。" 2023 年 2 月 23 日，白俄罗斯总统卢卡申科访华前在接受新华社记者专访时，深情回顾了他与中国的交往故事。他介绍说，自己第一次以白俄罗斯总统身份访问中国是在 20 多年前。在那之前，他曾以议员身份访问中国，并参观了经济特区。总统回忆道："当时的中国还未达到今天的发展水平。让庞大人口中的每个人都吃饱穿暖，同时还要增强国家实力，这并非易事。但是中国下定决心实现这一切。"访问中国后，他认为中国将实现巨大发展，因此要向中国学习发展经验。白俄罗斯的发展离不开对中国经验的借鉴。总统向记者说："第一次访问中国时，我们研究了中国经济特区的经验。随后，我们借鉴中国经验建立了几个自由经济区，这也包括后来的中白工业园。"在这次重要的会见中，双方领导人就建设中白工业园达成了重要共识。

中国答应这件事后一直在做。但坦率地说，建设一个工业园不容易。中间还有选址、规划、管理体制、相关政策措施、融资等大量筹备工作要做，当时这件事由国机集团旗下的中工国际承包。中工国际做工程承包，更侧重于工程建设。直到2014年6月中白工业园才正式奠基。9月，国务院领导同志访问白俄罗斯时双方达成共识，将加快推进中白工业园开工建设。转年，2015年5月12日，习近平主席和卢卡申科总统视察中白工业园现场后，中白工业园开发建设进入了快车道。因此，自2016年开始，中白工业园管委会将每年的5月12日定为"中白工业园日"，这是中白工业园发展历程中的重要里程碑。

薛：据我所知，招商局集团是后来才参加到中白工业园开发建设当中来的，是在什么时候参加进来的呢？

胡：招商局集团参与中白工业园开发建设项目应当从2015年2月算起。由于招商局集团具有改革开放之初开发深圳蛇口工业园、后来又在福建开发建设招商局漳州经济技术开发区的园区开发管理实践，2014年末、2015年初时国务院国资委提出请招商局集团研究参与中白工业园开发。当时我担任招商局集团有限公司副总经理，还兼任招商局漳州开发区管委会主任、开发公司董事长，之前还担任过蛇口工业区党委书记，有这方面的工作经历，因此集团派我带领一个调研小组赴白俄罗斯考察中白工业园项目。招商局集团对参与此项目高度重视，调研小组6个人中有三位集团领导，有管财务的、有管海外的，还有园区总经理、物流集团总经理、集团区域开发总经理。由于时间有限，到了明斯克一下飞机我们就径直去了毗邻机场的中白工业园，当时正是白俄罗斯严冬季节，白雪茫茫。那时的中白工业园就是一片原始林地，什么都没有，连一间喝口热水、避避寒的房子都没有，就是站在雪地里听情况介绍。

对于招商局考察小组的到来，不仅白俄罗斯很重视，邻国立陶宛也十分关注。本来没有立陶宛的事，不知他们从哪里得到消息，我们一到入住酒店，立陶宛一个十几人的团队就找上门来，其中有立陶宛交通部的、有立陶宛驻白俄罗斯大使馆的，特别是有立陶宛考纳斯自由贸易区的主席等，非要见我们调研小组。考虑到立陶宛是白俄罗斯的邻国，又是波罗的海港口国家，我们就接受见面谈谈。可一见面，考纳斯自由贸易区的主席，一个比利时人，就不顾礼节地问我们，为什么要到白俄罗斯来投资工业园？知不知道美国人要制裁俄罗斯和白俄罗斯？然后就是要拉我们去立陶宛投资。我们感到很可笑，选择在哪里投资，为什么要在白俄罗斯建设工业园，我们有我们的考虑。当然，我们对他们拉投资也表示理解。

在白俄罗斯期间我们紧锣密鼓地开展了一系列调研，接触了政府、企业，考察了市场，特别是拜访了中国驻白俄罗斯大使馆，认真听取了使馆领导的意见和建议。当时我们一个重要的考虑就是基于白俄罗斯是一个内陆国家，中白工业园又是一个工业园区，必须解决好物流问题，特别是出海通道问题。作为内陆国家，物流如果不做上去，材料进不来，产品出不去，怎么办？解决好物流问题实际上是中白工业园的一项基础性建设，也是必不可少的投资环境。调研小组在调研过程中初步形成了一个叫作"2234"的方案，内涵就是：跨越两国（跨越白俄罗斯、立陶宛两国）、沟通两区（沟通欧盟和欧亚经济联盟两大经济区）、连接三点（中白工业园、立陶宛考纳斯自贸区、波罗的海的克莱佩达港三点一线）、融通四流（公路、水路、铁路、航空四种物流形式），打造中白工业园到波罗的海的克莱佩达港的物流主通道，投资建设占地1平方公里，集商贸、物流为一体的中白商贸物流园。

考察小组回来后，招商局集团立即向国务院国资委上报了考察报告，提出了参与中白工业园开发建设的设想。经国资委批准，招商局集团作为股东之一参加到了中白工业园项目中来，成为了中白工业园开发公司的股东，同时注册成立招商局中白商贸物流公司，成为了第一批入园企业。2015年5月12日，招商局集团在两国元首见证下取得了入园企业证书，开始了中白工业园开发建设的历程。

◇◇ 2 中白工业园的建设过程

从 2015 年下半年开始，中白工业园进入了实质性开发阶段。在以后的四年半时间里我们干了什么事呢？归纳起来就是十二个字：动起来、建起来、引进来、拓出去。

（一）2015 年：动起来。当时最重要的就是已经提出五年的中白工业园项目要真正动起来，这是中白双方的共识。动起来就是打开局面，见到成效。一是基础设施建设要动起来。首先为 3.5 平方公里首发区进行基础设施配套，修路、通电、通水、通燃气、通电信，进行建设用地开发，创造引进投资的必要条件。二是要入园企业动起来。当时的入园企业有 7 家，1 家白俄罗斯的、6 家中国的。真正能动的只有招商局 1 家。招商局带头先动起来，先把中白商贸物流园一期工程建起来。这包括 51000 平方米的仓储中心、20000 平方米的物流堆场、20000 平方米的交易展示中心、6500 平方米的商务中心，还有 3000 平方米的能源中心，总共 10 万平方米，投资 1.5 亿美元。

当时的中白工业园是一片次生林地，一切要从头开始。我们首先要钻林子清地，开发出建设用地来。但后来我们想快干也快不了，因为两国的标准不一致。中国设计的图纸到白俄罗斯要全部翻译成俄文，翻译后还不行，还要按照白俄罗斯的建筑标准来送审，而最难的是两国建设标准不一样。白俄罗斯的标准是苏联时期的标准，太落后。争论是难免的，但它也是一个必要的沟通过程，最后只能是争论小的先动起来，分歧大的加大协商力度。直到 2015 年 12 月 9 日，招商局的商贸物流园项目才被批准。当时天气已经很冷了，按照白俄罗斯的规定，气温低于零下 10 摄氏度就不能室外施工了。我说抓紧，两天后开工。2015 年 12 月 11 日正式动工，这是中白工业园第一个企业项目动工。我们实现了在 2015 年动起来。连同园区基础设施配套工程的动工建设在白俄罗斯引起极大轰动，中白工业园在 2015 年驶入动工开发的快车道。

（二）2016 年：建起来。历经严冬，2016 年 3 月 17 日中白工业园在料峭寒冬中提前全面复工。2016年是中国速度在白俄罗斯的一次集中展示。我们仅用了33天完成中白商贸物流园10万平方米建筑的基础工程，只用了103天实现6500平米商务中心的封顶，工程需要用9000吨钢结构，而俄罗斯的钢材不够，我们从包钢订材料，从国内调6个班列运送材料。2016年11月，我们的3.5平方公里首发区全部建成，实现通水通电通气。招商局的物流园工程基本完工。中白工业园建起了宽敞的明斯克大道和北京大道，实现了道路通；中国政府援助的110千伏变电站开始正常供电，给水、排水、污水处理开始运作，中国电信网络基站进入园区，一个崭新的现代化的工业园区雏形已经形成，我们实现了"建起来"的目标。而且首发区3.5平方公里市政配套建设工程预算是2.2亿美元，工程下来只用了1亿多美元，节省了一半的资金。2017年4月，中央领导来中白工业园视察时说：真没想到建得这么快！变化这样大！白俄罗斯主管建设工程的副总理加里宁组织白俄罗斯工程人员前来参观学习，对建设速度、建设成效大加赞扬，日新月异的中白工业园成为了白俄罗斯的一张亮丽名片！

（三）2017年：引进来。2016年底，我们实现了建起来。但当年中白工业园招商引资只引进了1个项目。招商引资事关园区兴衰成败，经过2016年的努力，中白工业园已经具备了招商引资的基本条件，2017年我们将"引进来"作为我们工作的重中之重，全力以赴推动招商引资。到了年底，我们总共引进了23个入园投资项目，合同投资额达到6.7亿美元。2017年中白工业园实现了引进来，工业园已打开局面。我们用两年半时间基本实现动起来、建起来和引进来。

（四）2018年：拓出去。2018年工业区进入快车道，我们提出再用两年时间在首发区3.5平方公里的基础上，利用原预算省出来的1亿多美元再拓展5平方公里土地开发，实现规划设定的一期8.5平方公里基础设施配套。我们实际只用了一年半时间，到2019年6月，中白工业园一期基础设施配套开发建设全部完成，完全具备了大规模招商引资的必要条件。经过四年开发建设，建成一期8.5平方公里范围内的全部基础设施，累计铺设园区道路30公里，建成给水、排污、雨水、电缆、照明、天然气、通行等各类配套管网总长314公里。形成建设用地 515 公顷，建成标准厂房 9 万平方米，中国政府累计援助资金 3.93 亿元人民币，建成 110 千伏电站、污水排放设施、中白科技成果产业化创新中心和园区企业员工公寓等公共配套设施。招商局集团投资 1.5 亿美元建成中白商贸物流园一期工程，园区道路、供电、供水、供气、电信网络、银行服务、公共交通、商务中心、员工公寓全部从无到有，实现零的突破。中白工业园已经成为一个具有一定的初期规模、基础设施配套较为完善、适应现代产业聚集的国际化产业园区和生态化产业城市的雏形。在不到四年的时间里完成了中白工业园创业期，一个崭新的工业园区矗立在了"丝绸之路经济带"，成为了"一带一路"标志性工程。快速崛起的中白工业园在欧亚地区产生很大影响。

进入 2020 年时的中白工业园已经完成了 1.0 版本的开发，进入 2.0 版本，中白工业园正是往上冲的时候，扩大规模、引进企业等各项条件都具备了，当时正在谈的几个大型企业都要去了。但全球疫情、接下来的乌克兰危机，以及白俄罗斯国内的社会动荡三大突发因素对中白工业园发展势头造成严重影响。这几年的中白工业园可以说在不断应变中顶住压力继续前行。虽然受到全球疫情、乌克兰危机的严重影响，但招商引资从不间断。截至 2023 年 6 月底，中白工业园共有来自 16 个国家的 114 家企业入园，协议投资额达到 13.56 亿美元。

以上就是我对中白工业园的简单介绍。

◇◇ 3 中白工业园实践与"一带一路"倡议

今年是习近平主席"一带一路"倡议提出十周年，结合中白工业园的具体实践可以使我们更加深刻地理解"一带一路"倡议的重大意义。

第一，"一带一路"倡议为企业"走出去"指明了一个方向。过去的"走出去"有三种形式。1997 年，江泽民同志在接见全国外资工作会议代表时，首次把"走出去"作为一个重要战略提出来。刚开始的"走出去"没有明确的方向指引，让你出去闯，基本形成了三种模式，第一种形式是大企业出去拿能源；第二种是发挥优势到海外去做工程；第三种是发挥性价比优势，民营企业在全球卖商品。现在看，传统的企业走出去模式已经行不通了，你要做工程就要参与投资，你做了工程还要运营，光卖商品不行，还要投资建厂，解决劳动就业，等等。"一带一路"为中国企业走出去规范了路径，指明了方向。"一带一路"指引下的"走出去"已经与国家战略紧密结合，而不是想怎么走就怎么走，这对企业影响很大。国家发展改革委、外交部、商务部联合发布《推动共建丝绸之路经济带和21世纪海上丝绸之路的愿景与行动》，提出要在关键节点建立战略支点，像中白工业园就是战略支点。这为中国企业走出去指明了方向。我认为，中白工业园的实践就是"一带一路"的一个具体实践。它之所以能成为"一带一路"的标志性项目，就是因为按照习近平主席提出的"一带一路"要求，根据国家的发展战略来推动建设中白工业园。

第二，"一带一路"倡议使中国企业得到锻炼。过去，我们的企业像游击队，"打一枪换一个地方"。搞工业园就不一样了，要有长远打算，要长于坚守。搞工业园就像生小孩，孩子生下来要抚育，让他慢慢长大，要投资、引进产业、引进企业，还要让企业赚钱，帮助它长久经营，而不是建完就走。我们建好埃吉铁路后要经营三年，盈利再走。人家不让你干完工程拿钱就走，而是要经营。工业园更需要经营，而且要几十年地经营下去。这对于我们企业的高质量发展，提高企业海外经营和管理能力等素质都提出新要求。

第三，"一带一路"建设要做长远打算。"一带一路"不是今天做，明天不做。有些事急不得，要狠下心做几十年才能见效。如同当初我们援助非洲，我们从新中国成立伊始就跟非洲发展关系，这么多年来跟非洲关系比较扎实。"一带一路"才建设了十年。我认为，要坚定信心，把"一带一路"作为长远发展，不能操之过急。操之过急往往就做过表面的东西，虽然好看却不起作用。要做一些示范性的东西，让人家看得见、摸得着。

第四，"一带一路"建设一定要坚持共商共建，我们千万不能包办代替。现在有些事情我们包办代替得太多，因此外方的依赖性也太强，这样的结果不是共商共建。共商共建就是要尊重人家。我们是在人家的国家里搞建设，要共商共建，多听人家的意见。可以建议和指导，但不要说教。共商共建非常重要，这也是习近平主席对"一带一路"提出的要求。包办代替可能伤感情，甚至会出现政治问题。白方在建设中白工业园的过程中虽然走过弯路，但他们总体上是配合的。为什么配合？首先，他们感受到了我们的真诚。我们真诚地做"一带一路"，真诚地帮助白俄罗斯发展。我们的真诚感动了它。例如，白方最初提出，享受中白工业园优惠的税收政策的最低投资数额是500万美元。白方认为，既然要享受它的政策就要有投资门槛。我们说，投资与享受优惠政策要有关联性，这个逻辑是对的。问题在于，500万美元的设限太高，这样会严重影响招商引资，至少在初期。我们建议降为100万美元，白方听明白了，索性就一下子退到50万美元。这还真让我没想到，这就是大家交流的过程。再举一例，当时白方提出的税收优惠政策是：自企业注册之日起，享受10年免税、50年减半征收的优惠政策。我提议这项政策改几个字，将自注册之日改为自盈利之日起，确保让企业享受到政策的优惠。因为如果企业在注册之日后的5年里不盈利，这个10年免税时间的一半就没了。最后，白方经过反复考虑接受了我的建议。坦率来讲，我们来谈事情要拿出东西来说服对方，让对方能接受。在这个过程中，对方会越来越认可你的东西。比如省钱，白俄罗斯作为股东怕我们的企业在过程中赚了它的钱，结果我们给它省了钱。他们很高兴，看出我们是真来帮助白俄罗斯。

再举一例，中白工业园建消防站。最初，白俄罗斯让开发公司投资建消防站。我说建个消防站用钱并不多，但消防安全是国家行为，白俄罗斯才是监督安全方，企业不能建消防站。白俄罗斯认为我说的有道理，它就出资建了消防站。由于中白工业园与明斯克机场毗邻，机场道路穿过中白工业园一区和二区之间，这条路谁来修？白方问我们，这条路如何建？我说这条路是白俄罗斯重要的国家道路，而且是一条通往机场的公共道路，无论建设还是使用、维护都应由白方负责。白方一想我说的有道理就接受了，很快就修通了道路。所以总体上讲，我在白俄罗斯是满意的。只是我在过程中费了一些口舌，耽误了一些时间。我认为这就是共商共建，就是沟通了解，这是必要的成本。虽然中间遇到挫折，走过弯路，但这不可避免，因此遇到这样的问题要秉持良好的心态，我们毕竟是在人家的家里做事情。

（薛：我同意你的说法。张蕴岭教授认为，"一带一路"其实是一种中国发起的、与西方不同的新型合作发展模式。白俄罗斯既为中白工业园投入32%的本金，也提供很多配套设施。中方如果能再说通道理，白方就承认，虽然最开始它有些依赖中方。对于中白工业园来说，最重要的是如何实现可持续发展。）

第五，"一带一路"要务实，拿出实的东西让人看。我们提出"一带一路"，人家有一个认识的过程。最有说服力的就是真办实事，这也是中白工业园能够成功的最重要原因。虽然中白工业园还有很多要做的事情，距离两国的期望还有很大的距离，但它在短短几年中实实在在地在白俄罗斯落了地，在过程中不断地解决出现的问题，加深了双方的了解。2017年，我曾在白俄罗斯出席白俄罗斯全国科学工作者大会，相当于我们的科学大会。当时大会就邀请了两国国家的代表参加并在大会上发言，一个是俄罗斯科学院主席，一个就是我，邀请我在会上介绍中白工业园。这是对中白工业园的认可和期望。所以我认为，我们践行"一带一路"一定要务实，不能务虚。

我举个例子。2015年6月，我在中白工业园入口处竖立一块牌子，上面写着，"时间就是金钱，效率就是生命"。这是改革开放初期蛇口工业园区提出的著名口号，得到邓小平同志的肯定，成了一句具有时代意义的口号。我曾担任过蛇口工业区党委书记，我把蛇口的这块牌子竖到了中白工业园的入口处，尽管标语翻译成了俄文，但白方看不明白时间就是金钱的意思是什么。我请他们来深圳、蛇口参观考察。大家在看完蛇口后都明白了什么叫"时间就是金钱，效率就是生命"。特别是经过2016年、2017年中白工业园的快速崛起，他们对中国人的实干精神信服了。现在这块牌子还立在那个位置，已经8年了。

第六，政府和企业要携手建设"一带一路"。"一带一路"既不单纯是政府责任，也不单纯是企业责任。政府要干政府的事，企业要干企业的事。政府不能代替企业做事，企业也做不了政府的事。政府要为企业在走出去投资方面创造更好的条件。有些事就是政府的事，比如投资保护协议、政策支持等问题。中白工业园项目就是一个政府支持、企业努力、同心合力、各负其责的典型案例，充分体现了政府和企业的合作，从中白工业园的发展中可以看到政府尽责，企业担责。比如，中白工业园要搞科技创新产业，需要建设科创中心，也就是我们说的孵化器。但孵化器要投入，要给入驻企业很优惠的条件，但让企业去投算不过账来，在商务部的支持下用援外资金支持中白工业园建设了科创中心，吸引了一批科技创新项目入园。中白工业园一个成功的原因，就是政府和企业各自做好了各自该做的事。

薛：2020年以后全球疫情、国际冲突都对中白工业园带来严重的负面影响。在这种情况下，你对中白工业园前景怎么看？

胡：你说的很对，我把这些称作突发因素，是突然飞来的"黑天鹅"。

一是欧白关系全面受损，中白工业园作为进入欧盟市场桥头堡的优势在目前的地缘政治环境下已不复存在。白俄罗斯地处欧盟与欧亚经济联盟两大经济体的结合部，是中亚进入欧洲的陆路必经之地，具有十分明显的区位优势，依托中白工业园进入欧洲是中国企业选择投资白俄罗斯的初衷；而利用中白工业园政策优势、地理优势进入欧亚经济联盟市场、进而延伸广大的中国市场又是欧资企业的理想状态。乌克兰危机爆发以来，白俄罗斯被西方国家视为俄罗斯的"坚定盟友"而遭受到全方位的高强度经济制裁，致使欧白关系降到冰点，一度看好中白工业园的欧美投资者均终止了投资方案。欧洲公司借助中白工业园和欧亚经济联盟关税同盟进入俄罗斯及中亚市场，中国企业借助中白工业园进入欧洲市场的投资战略难以实现，使欧美资本的进入受到极大影响。园区开发公司招商引资团队赴德国、波兰拜访客户，客户反馈均不理想，欧盟企业均表示短期内不会有投资计划。即使对中白工业园抱有兴趣的企业也表示，需等冲突结束后才能进一步研究实际投资事宜。随着冲突的进一步加剧，部分已入园的欧美企业也存在退园退租风险。将中欧班列铁路线引入园区对于园区发展非常重要，但这个工程的重要参与者——德国杜伊斯堡港务集团已宣布退出，相关项目延期推后。

二是中国企业受疫情和国际环境变化影响，对投资持谨慎态度。中国企业是中白工业园重要的基本支柱。截至2023年6月，园区114个入园企业中，中国企业 52 家，协议投资额 7.69 亿美元，占全部协议投资额的 56%。其中，2019 年 12 月前 50 个入园企业中有中国企业 22 个，协议投资额 6.34 亿美元，占 50 个入园企业协议投资额的 57%；2020 年至 2023 年 6 月，新引入的 64 个入园企业中有中国企业 26 个，合同投资额 1.35 亿美元，占 64 个入园项目协议投资额的 52%。受疫情管控、航班熔断严重影响和乌克兰危机影响，一直以来作为中白工业园投资主力军的中国企业迫于环境压力也减少了来往，交流受限，欧白紧张的国际关系也大大减弱了中国企业的投资热情，转而观望、谨慎对待。

三是经营条件恶化。疫情和国际冲突对包括中白工业园在内的白俄罗斯生产供应链造成重大冲击，原材料短缺，物流通道受阻，物流成本高涨，加大了企业运营成本，企业难以承受。白俄罗斯作为内陆国，畅通、安全、低成本的物流通道对其具有至关重要的意义，突发因素造成人流物流受到严重影响。以明斯克国际展会中心项目为例，该项目是中白工业园标志性重点工程，由于 2019 年开工不久即受到突发因素影响，先是欧盟对白俄罗斯实施"针对性"的经济制裁，造成水泥断供。白俄罗斯自身不生产水泥，市场上的水泥约 45% 来自立陶宛。受制裁影响，立陶宛方面在对白俄进行水泥禁运的同时，大幅度提高水泥价格，导致白俄市场水泥一时间供不应求，造成工程停工；明斯克国际展会中心通风机组设备在乌克兰危机前已下单采购，采购品牌为 AEROSTAR。该设备生产商位于乌克兰东部城市哈尔科夫。危机爆发后，项目订购的 19 台通风机组尚未来得及出场发运。最终，这批在乌克兰生产的 19 台通风机组途经斯洛伐克、捷克、波兰、立陶宛等国。历经波折，物流成本成倍加大，导致安装工作不得已跨越了白俄寒冷而漫长的冬季，该项安装工作较计划滞后了约 8 个月；明斯克国际展会中心项目酒店管理系统采用瑞典品牌 Vingcard 门禁系统，该品牌为国际一流门禁品牌，兼容 Oprea 或 Fidelio 等主流酒店管理系统。项目于 2022 年 7 月与供应商签署采购协议，因白俄罗斯受到金融制裁无法与欧盟进行资金往来，最终不得已终止合同。

四是受欧美制裁打压，白俄罗斯经济处于困境状态。在欧美制裁下，白俄经济雪上加霜，货币贬值，日用品价格成倍上涨。2022 年，白俄罗斯按可比价格计算 GDP 为 1914 亿白卢布（按白央行年度汇率折算为 730.56 亿美元），同比下降 4.7%；工业产值为 1696 亿白卢布，同比下降 5.4%；白俄罗斯实体经济吸引外资继续呈下降趋势；2022 年 7 月 15 日，穆迪评级机构将白俄罗斯评级由 B3 下调为 Ca，下调了四级。可以反映出白俄罗斯经济环境正在持续恶化，这对于中白工业园来说将是躲不开的漫长冬季。

越是在这种情况下，越是需要信心和毅力，需要从大局和长远考虑问题，并且以问题为导向，面对变化，应对变化。

1. 中白工业园仍将是中白政治经济合作的重要平台和抓手

中白全天候的战略伙伴关系需要实实在在的抓手和载体平台。中白经贸合作关系并不长，大约从 2008 年开始酝酿推动。回顾 15 年来发展历程，最具代表性、合作规模最大的项目就是中白工业园，得到两国元首高度认可并始终如一地予以关注支持，两国政府一直将中白工业园作为两国经贸合作的战略性合作平台，这得益于中白两国稳定发展的政治基础。2016 年 6 月 24 日，习近平主席在塔什干会见卢卡申科总统时指出："要以中白工业园项目为抓手，深化大项目合作，带动两国贸易、投资、金融、地方合作全面发展，推动'一带一路'建设。要加强人文交流，保持双边关系和各领域合作发展势头。"

中白工业园目前已经基本实现的价值体现在：（1）中白经贸战略性合作综合平台；（2）白俄罗斯国际合作的一张闪亮名片；（3）白俄罗斯经济创新改革的试验田；（4）"丝绸之路经济带"的标志性样板；（5）践行"一带一路"的探索试验基地；（6）中国企业海外发展可依托的重要资源。

中白工业园应当具有的价值主要是：（1）成为白俄罗斯经济增长的重要支撑点；（2）成为中白经贸往来的稳定性平台与务实抓手；（3）助力白俄罗斯使之成为白俄罗斯国际合作的重要舞台；（4）成为白俄罗斯经济发展制度创新的先行者；（5）成为白俄罗斯厂城融合发展的成功典范。

鉴于白俄罗斯的实际情况，尽管中白之间会有各种方式的合作，但中白工业园的坚实基础、合作项目的站位层次、已经形成的国际影响力、中白双方的期望是其他合作模式不可替代的，在一定时间内不可能再有这样大的合作项目出现。中白之间完全可以依托中白工业园推进两国经贸领域的各种合作，并可借助中白工业园发展多边多元第三方国际经贸合作。因此，预期中白工业园将作为中白两国经贸领域战略性合作综合平台长时间存在，并受到重视和利用。同时也应看到，中白之间这样一个重要的合作平台只要用好，是完全可以有所作为的。因此，中白工业园应当是研究中白经贸合作关系长期关注的目标。

2. 借鉴双循环理念，应对和适应白俄国际环境变化，积极发展内循环市场

白俄罗斯国内市场有限，是一个以外向型经济为主的国家。中白工业园基本定位就是瞄准欧亚经济联盟和欧盟两大经济体，走外向型经济发展之路。突发因素造成面向欧美的外向型发展受到严重阻碍，目前看是走不通了。因此，应建立新的经济循环理念，调整市场定位，及时转向包括白俄罗斯自身市场和欧亚经济联盟市场的内循环市场和向东看的外循环市场。

就内循环市场来说，包括白俄罗斯自身和欧亚经济联盟两个市场。应加强白俄罗斯国内经济与中白工业园的联系，充分利用中白合作优势、利用中白工业园政策优势，发展满足白俄罗斯市场需求、填补白俄罗斯制造业空白产业，重点鼓励加强进口替代产品生产，向白俄罗斯企业敞开入园大门，使中白工业园成为白俄罗斯重要的进口替代生产基地。同时由于欧亚经济联盟实行关税同盟，贸易来往密切，相互依存度高，因此欧亚经济联盟是白俄罗斯的类内循环市场。围绕两个市场实际需求调整产业引进方向、鼓励开发生产适销产品、抓住由于美欧制裁进口产品受阻、欧美企业撤资造成的市场空缺，积极吸引白俄罗斯本土企业和欧亚经济联盟资本，强化本地企业、本地市场、本地需求、本地产品，以宽松的积极政策鼓励发展进口替代产品。目前，中白工业园正在加快形成医药和机械制造领域的产业集群，这两个产业集群的主要发展动力就是在欧美经济制裁下，欧亚经济联盟急需替代原从西方国家进口的机械制造业产品，同时尚能够从包括中国在内的友好国家购买相关机床和设备，以开展进口替代产品的生产。

在充分利用和挖掘两个内循环市场的同时，积极实施东向战略，加大与中亚，与中国的经贸合作，拓展进出口贸易领域，发挥各自贸易优势，增加贸易额，促进经济发展稳定。

3. 调整产业定位，放宽引进政策，更加灵活地引进投资项目

产业定位是中白工业园聚集产业的政策指引。中白工业园从一开始就存在着产业定位过高，偏于引进高新科技产业，收窄了项目引进。招商引资关乎产业园区的兴衰成败，是产业园区生存发展的重中之重。特别是在外部环境十分不利的情况下，应面对现实，因应变化，对园区产业定位进一步作出必要调整。应当尽快对引进项目实行负面清单管理，扩大产业门类，降低引进门槛，加大优惠政策力度。这包括：放宽对装配加工业的限制、降低国产化率、延长实现国产化率的时限、降低进口零配件关税、发展保税加工、保税交易等；高度重视解决中白两国标准认证合作，对创新领域产品允许推广中国标准；加大中医药产业合作力度、实质性推动中医药产业落地等。

还有一个标准转化问题。白俄罗斯不接受中国标准，又没有自身标准，而是承认欧盟标准。要让中国适应它的标准。中国有些新产品计划投入白俄罗斯市场，白俄罗斯不能发生产许可证，因为它不知道这些新产品运用什么标准。要解决中白两国标准的对接问题，现在中白工业园的各方面建设都是将中国标准转化成俄罗斯标准，这需要改变。如果把这个门槛降下来，你看企业去不去？

4. 支持园区建立和强化产业引进和贸易流通双平台功能

中白工业园一直定位为产业引进平台，在一定程度上限制了中白工业园的多元化经营。中白工业园作为中白之间战略性综合经贸合作平台，应当允许其具有产业引进和贸易灵通的双平台功能。自2019年开始中国商品白俄罗斯展会定位中白工业园，在一定程度上是在为中白工业园开展贸易活动造势。中白工业园无论其品牌，还是经营能力都具备了开展贸易流通业务的有利条件。

2021年12月3日，白俄罗斯总统亚历山大·卢卡申科签署了《关于发展白俄罗斯共和国和中华人民共和国双边关系》的第9号指令。其中就包括鼓励发掘新兴业务发展机会，增加对华出口，并且将简化和加速白俄罗斯产品进入中国市场的流程列为重点任务之一，中白工业园可借此机会吸引国内知名电商或直播平台等领域合作伙伴，落地中白工业园开展新兴业务，将白俄罗斯特色产品销往中国。另外也可以充分发掘白俄罗斯本地自然资源，发掘中国市场需

求潜力,丰富白俄罗斯对华出口的类目及份额。新兴业务的开展还包括疫情时期线下交易展示、展览等商业活动的开拓,有助于盘活中白工业园的办公室、展览空间等空置面积。2022 年,中白工业园开发公司总收入 1348.5 万美金是由退税收入、不动产收入、基础服务收入、银行理财收入、土地收入构成,收入结构十分单一。2022 年中白工业园开发公司以白俄罗斯泥炭为绿色生态主打产品,推进白俄罗斯泥炭技术改良,产品升级,并对接中国市场需求,助力中国土壤改良、基质育种市场发展。9 月 22 日,中白首列泥炭班列已经从白俄罗斯顺利发出,销往中国市场,为该业务的进一步深入推进打下良好基础。

因此,应将中白工业园定位为中白两国开展大宗贸易的基本合作平台,特别在木材、泥炭、粮食等大宗农产品出口方面发挥中白工业园的重要作用,同时支持园区发展产品包装业,提升白俄罗斯产品包装质量。

5. 扩大园区开发公司经营领域,平衡开发公司经营收入

中白工业园地处首都明斯克近郊,但又规定中白工业园开发公司只能在园区内投资,这在一定程度上过于限制了中白工业园开发公司的经营领域和经营空间,缺少投资经营互补的机会。然而,中白工业园开发公司是保持中白工业园长期经营、稳定发展的重要保证,中白工业园开发公司经营绩效对中白工业园生存发展至关重要。因此,应当大力支持开发公司增加"造血功能",特别是解决开发公司经常性经营现金流的流入问题。白俄罗斯政府应支持中白工业园开发公司适度开展区外投资经营,允许中白工业园开发公司利用首都明斯克的有利条件适度开展区外投资经营。白俄罗斯政府应以优质项目、见效快项目、投资安全系数高、风险可控项目对中白工业园开发公司给予必要支持,以实现长短结合,经营互补,拓宽中白工业园开发公司改善经营的渠道,以支持中白工业园开发公司有能力持续投资经营中白工业园。

薛:对,生存第一。我把它概括成新西方主义和新东方主义的竞争对抗,这不一定是冷战,这种对抗还是趋势。中白工业园如果不改革,很可能保持现状就不错了。另外,我还想请你谈谈在海外与当地民众的关系,我想这方面你一定会有体会和感受的。

胡:是的,感受很多,例子也很多。"一带一路"倡议提出"五通",其

中就有一条民心相通。我的体会是：心通则事通。中白工业园规划面积91.5平方公里，就在明斯克近郊，当时当地老百姓反对建中白工业园，游行示威，他们说搞工业园肯定是污染的。有个村离工业园最近，叫小牛村。小牛村说他们并不需要工业园，对在他们的村子旁边建设工业园持抵制、厌恶、不信任的态度。我们请他们到工业区来参观，讲我们的规划、我们指定的环保要求，让他们了解我们产业引进的政策。小牛村是一个七八十年的村子，只有土路，一到雨天十分泥泞，招商局慈善基金会出资为村子修了泊油路。老百姓十分欢迎，村子还专门给这条路立牌子，叫中白友谊路。我说这条路才一公里长别立牌子了，他们说这条路意义重大。当地苹果太多，熟了掉下来也没人吃。我说收购掉下来的苹果，拿到食堂我们吃。老百姓没想到扔的苹果能换钱，结果老百姓说地上的苹果送我们，让我们摘树上的苹果。我们招当地人到工业园工作，有学物流的，就到我的物流公司来，好多当地人都到中白工业园做事。现在大家都理解了，我们真是给当地人民做事情。招商局的慈善基金每年给白俄罗斯的孔子学院10万美元，支持它搞中文教学。2016年白俄罗斯闹风灾，我们第一时间送过去10万美元救灾，受到政府和老百姓的一致好评。所以我认为，"一带一路"是非常现实的事情，必须通过这些实践才能使人类命运共同体落到实处。

薛：谢谢胡总，你给我们讲述了一个真实、生动、鲜活的中白工业园，让我们更加了解"一带一路"上的这颗明珠。期待中白工业园发展得更好！

（本文以《"一带一路"与中白工业园——访中白工业园开发公司前首席执行官胡政》为题，发表于《克拉玛依学刊》2024年第6期）

3.7 "一带一路"倡议与海外园区批量建设：吴广云

【核心观点】"一带一路"倡议有助于其他国家理解和接受中国企业。海外园区业务与利润在华立集团中占比不大，但集团依然重视这一块业务，这一方面是因为情怀，另一方面则立志于长远，希望能以园区为平台开展物流等配套服务。目前，集团经营的园区都是赚钱的，集团也在经营海外园区上形成了自己的一套方法，计划建设三大三小共六个海外园区。目前两个还没有确定地点，中亚与北非两个已经规划，泰国罗勇与墨西哥华富山两个工业园已经运营多年，为公司经营海外园区提供了主要经验，也聚集了大量的企业，并为园区所在地创造了数千到数万人的就业机会。希望中国政府加大对海外园区的支持力度，如商务部恢复国家级境外经贸合作区的认定工作。

访谈对象：吴广云，华立集团墨西哥华富山工业园常务副总经理

访谈人员：薛力

访谈时间：2023年8月4日下午

访谈地点：杭州余杭区五常大道181号华立集团总部

录音稿整理：苗蓓蕾，重庆社会科学院马克思主义研究所助理研究员

录音稿校对：薛力

本文经受访者审定

◇◇ 1　2023年是"一带一路"倡议实施十周年。请以华立集团的两个海外工业园区为例,谈谈你对"一带一路"的看法。

国家提出的"一带一路"倡议在国内形成一个支持企业走出去的氛围。国家层面宣传"一带一路"倡议后,海外一些国家对我们中国企业相对容易接受,也理解中国企业想要干什么。

◇◇ 2　请介绍一下你们的两个海外工业园区。

华立目前做了两个产业园(泰中罗勇工业园和墨西哥华富山工业园)。

罗勇工业园区于2005年开展,现在已经18年了。园区位于泰国东部海岸,靠近泰国首都曼谷(114千米)和廉差邦深水港(27千米),主要吸引汽配、机械、新能源、电子电气、建材五金等产业。园区总规划20平方公里(老区12平方公里、新区8平方公里),包含一般工业区、保税区、仓储区、商业生活区等。截至2023年6月,已有250家企业落户园区,带动中国企业对泰投资超45亿美元,累计实现工业总值超263亿美元,解决当地就业45000余人,中方派遣员工5000余人,是在泰唯一被中国政府批准的"境外经济贸易合作区"。它已成为中国传统优势产业在泰国的产业集群中心与制造出口基地,中国和东盟产能合作的重要平台。

墨西哥华富山工业园在墨西哥东北部,总规划10平方公里,预计吸纳100家中国及全球各地企业集聚,带动园区总投资超20亿美元,为当地解决3万个就业岗位。现在工业用地8.5平方公里,有30家企业入驻,如敏华控股(中国香港上市)、海信、圣奥、蓝思科技等知名企业。已完成开发超3平方公里,带动中国对墨投资超过10亿美金,雇用墨西哥当地员工10000余人,中方派遣800余人。园区2015年启动搞基础建设等，真正做起来是2019年。园区2018年通过考核，被认定为浙江省境外经贸合作区。

◇◇ 3 除了这两个工业园，你们还有别的计划么？

是的。计划再开发建设北非工业园（初定摩洛哥）以及中亚（初定乌兹别克斯坦）、东非、中越边境三个小型境外工业园。截至2023年6月，华立第三个大型境外工业园——北非工业园，经过前三年的实地调研论证，初步择址于摩洛哥卡萨大区，园区总规划10平方公里，分期滚动开发。主要面向汽车及零配件、纺织和服装、电工和电气、电子产品、新能源、农副产品加工、家具、家用电器等行业开展中摩国际产能合作；华立中亚工业园将择址于乌兹别克斯坦塔什干州的阿尔马雷克市，总规划3平方公里，分两期滚动开发。主要面向五金制品、电子电气、机械制造、金属加工、纺织服装等优势过剩产能的合作。

三大园区面积都在10平方公里以上。罗勇目前是20平方公里，华富山以后预计要做到10平方公里。摩洛哥工业园区也会达到10平方公里。小的园区基本上是3平方公里以内。

罗勇工业园面对的是东南亚、中东和欧洲的客户，墨西哥华富山工业园区针对的是北美市场。摩洛哥工业园区主要是面对欧洲市场，辐射部分非洲市场。乌兹别克斯坦的工业园辐射中亚。

罗勇工业园区是赚钱的，但不多。（从集团层面看），业务的重心是医药（武汉健民）与新材料（如华正新材）。海外业务从营业利润来说，可以忽略不计。做境外工业园是要点情怀的，如果单纯从商业回报率这个角度，做海外园区不是个好项目。投资这么大，回收期这么慢，干得不好还赔本。我们老板总的思路是，做企业挣钱的业务要做，不挣钱的事情我们也要做，像海外工业园这一块挣得少一点也要做。对企业来说挣钱很重要，但是也不能光为了挣钱。我们华立做工业园只是第一步，以后利用工业园这个平台载体，我们会做很多事情，比如成立物流公司，给工业园这些企业配套服务，这个就有生意了。让企业先成功,在工业园区里经营好,我们以后管理才能好,跟入园的企业才有很多合作的机会。

另外,我们还有柬埔寨农业园。这个农业园是由中国华立集团与柬埔寨GOLDEN BROTHERS合作开发建设的农业投资经营园区。园区2014年取得柬埔寨农业部与土地部批准的特许土地权证。园区总占地7200公顷,包含木薯农业基地、热带水果基地、桑蚕养殖基地,以及橡胶、黄豆种植等基地。截至2023年6月,已开发种植2015公顷,园区采用"自营+平台"模式,已吸引60多家企业(含个体户)参与园区种植与经营,累计带动当地就业3000余人,致力于在柬埔寨打造精品的中资海外现代化农业园区,促进中国从东盟进口优质农副产品。

◇◇ 4　你们建这么多海外工业园,有一些可复制的经验吗?

第一、制造业"走出去"要践行"地瓜理论"(习近平同志在浙江工作期间提出过一个著名的"地瓜理论":地瓜藤蔓向四面八方延伸,为的是汲取更多的阳光、雨露和养分,但它的块茎始终是在根基部,藤蔓的延伸扩张最终为的是块茎能长得更加粗壮硕大),利用好国内、国外的两个市场、两种资源,注重境内外联动发展,拉动国内上游原材料、关键零部件出口。

第二、有些市场,你不在当地设厂就拿不到订单,如泰国、乌兹别克斯坦当地的电表市场。

第三、制造业企业海外投资设厂,选址中国境外经贸合作区内将更安全、更高效,且能够形成抱团发展效应,获得生态服务,提高成功率。

第四、制造业企业在海外设厂后,通过参与国际市场竞争更有优势:提高获单能力、提高企业盈利能力。

第五、以市场需求为出发点,开发建设境外工业园。这不但带动东道国工业化发展,而且带动东道国人民就业,促进"一带一路"走深走实、民心相通。

◇◇ 5 泰国和墨西哥比较，两国官方的管理能力与国情有什么不一样？

东南亚人跟中国人的思维更接近。东南亚跟中国地理位置近，受中国影响比较大。墨西哥毕竟是西方文化，饮食、思维习惯和文化更加西方化，跟中国差异更大。墨西哥人信天主教，每个礼拜都要去教堂。

◇◇ 6 墨西哥治安如何？

整个墨西哥治安不太理想，我们工业园区所在的新莱昂州首府蒙特雷市还算好。这个市相当于中国的上海或者深圳，经济比较发达，治安相对较好，因为大家都有工作干，要上班的。吸毒和持枪的也见到过，但我们所在的新莱昂州首府蒙特雷市相对安全一点，当时选择工业园区的时候是把安全问题放在第一位的。中国商务部有个国别投资指南，墨西哥有很多州很危险，不能去，比如华雷斯。新莱昂州蒙特雷市是墨西哥人口第三大城市，经济第二大城市，最大的工业城市，最美国化的城市和英语普及率最高的城市，城市声誉排名墨西哥第一。城市人口 600 万，占新莱昂州 95% 以上的人口。

◇◇ 7 对于下一阶段的海外经贸园区建设，有什么建议？

我们有三点建议：

第一个建议：支持中国境外经贸合作区做大做强。推动恢复国家级境外经贸合作区的认定工作（当年商务部对于海外经贸园区的认定与支持，多方面支持了我们的工业园区建设）。

第二个建议：由于企业在外建厂，海外利润留存增加，对于正规手续对外投资的企业，大幅度降低海外利润汇回国的各种税率，吸引海外利润更便捷回国，反哺国内母公司，践行"地瓜理论"，而且有力鼓励企业合法报批对外投资。

第三个建议：支持中摩经贸合作方面，希望能把华立北非工业园项目纳入中摩双边经贸合作项目，这将有效提速开发建设，助力中国企业利用"摩洛哥制造"抢占欧洲市场。

（本文以《"一带一路"与华富山工业园——访华立集团墨西哥华富山工业园常务副总经理吴广云》为题，发表于《克拉玛依学刊》2024年第6期）

3.8 "一带一路"倡议与埃塞俄比亚东方工业园区：刘正华

【核心观点】中国推出"一带一路"倡议是对的，走出去是每个国家经济发展到一定程度的必经之路。中国商务部部长提到东方工业园是"一带一路"的纽带，埃塞俄比亚政府称赞其是标杆性工业园区。园区共创造就业岗位2.5万多个。园区遇到的挑战是话语权较小、与政府缺乏沟通机制、资金池与资金链问题。几点建议是：海外经贸园区的政府补贴很重要，对企业经营海外经贸园区有多方面影响，希望政府继续这方面的支持；东方工业园区（一期）赚了一些钱，但二期建设中的主要困难是7年没有土地证，这需要中国政府出面才能解决；企业建设园区投入的是真金白银，形成的资产却不能用于抵押贷款，这似乎不太合理；希望园区有机会代表中国政府使用一些政府资金，来为当地提供一些便民服务项目，并让地方政府享受到实在利益。

访谈对象：刘正华，江苏其元集团副总裁

访谈人员：薛力

访谈时间：2023年8月3日下午

访谈地点：其元集团张家港总部

录音稿整理：张少文，中国社会科学院大学国际政治经济学院国际关系专业博士生

录音稿校对：薛力

本文经受访者审定

◇◇ 1 中国推出"一带一路"倡议的原因是什么？

在"一带一路"提出之前，企业已经在响应国家"走出去"的战略了。东南亚经济发展对于我们有很多可以借鉴的东西。日韩正是在美国的帮助之下，先发展国内经济，有了一定经济基础后，再将技术、资金、产品逐步转移出去。这是每个国家经济发展到一定程度的必经之路，即一国的资源消耗、技术发展、财富积累到达一个临界点后，必须转移到国外市场继续创造财富。即便强如美国，也是如此。现在的美国国内几乎没有什么经济实体，留下的只有高科技企业的管理团队。

中国在自我积累的过程中承接了很多亚洲"四小龙"的产业转移，这被称为"引进来"。现在，中国的经济实力发展到了自我发挥的阶段，因此需要"走出去"。我国最强优势是基础工业，走出去的也正是这类。另外，中国国内实施机构改革和调整，强调高新科技发展，而多出来的部分必然需要另寻出路。因此，习近平总书记提出"一带一路"倡议，发展中国经济优势的同时带动世界经济增长，为世界交流提供重要平台。

然而，我们在走出去的过程中发现一些现象，常规产品（靠低廉劳动力、优惠政府政策、概念等创造价值、没有太大技术含量的产品）在海外市场形成了一种恶性竞争，因此我国推出常规产品的意义不大；非洲的水泥等建筑材料产品的价格比我国高出好几倍，但是由于距离遥远和高额关税，我们无法将本国的建筑材料卖给非洲；国外市场对工业发展兴趣很大，但其金融融入生产的程度不够，经济发展实力薄弱。我们的第一个项目是跟中非基金合作，当时恰逢胡锦涛主席提出中非共同发展基金，东方工业园于 2007 年 11 月在商务部第二次境外合作区招投标中成功中标。我们在埃塞俄比亚的矿区做水泥。那时，埃塞俄比亚的领导人对这个项目很重视，埃塞政府将东方工业园作为国家"持续性发展及脱贫计划（SDPRP）"的一部分，列为工业发展计划中重要的优先项目。当时两国的关系也处得很好。后来，"一带一路"提出之后，作为企业，我们能看到国家对我们走出去的认可和支持,因此做起来也更有信心。当时,企业是有国家补贴的,红豆集团拿了三年(海外经贸园区的政府)补贴,我们只拿到了一年。因为它们通过商务部认定的时间比我们早,话语权更大,与政府间有特定的沟通渠道。我们完全是一种企业行为,话语权很小,与政府沟通的渠道有限。当时规定的认定条件很多,包括面积(达到 4 平方公里)、具备土地证、拥有一定企业数量。我们企业 2007 年通过考核;2008 年进入投入生产的筹备和规划阶段;2009 年开始大规模基础建设;2015 年 4 月通过商务部、财政部确认考核,拿到土地证。通过考核认定后,拿了 1 亿多元补贴(按照投入资金的 30% 给予补贴)。之后,商务部不发预告,直接取消了补贴。

(薛:这我在海外园区调研时多次听到,也觉得商务部这种做法有问题,政府部门的行为太任性,影响到海外经贸园区的发展。我觉得,补贴海外经贸园区建设的设想很好,为大规模走出去的中小企业在海外落地与发展提供一个合适的小气候,具有重大的战略意义。在"一带一路"十周年之际,国家有必要重新考虑对海外经贸园区的补贴,并且大力强化对民营企业经营的海外经贸园区的补贴力度,这比在相关国家支持一两个大型企业更有意义。经营海外经贸园区难度大,通常不容易盈利,并且需要有长久经营的思路,政府不妨比照对待海外基础设施项目的思路予以扶持。)

我们当然希望政府能继续这方面的支持。但我们对商务部没有影响力,希望你们社科院作为政府智库,多为我们发声、出力。

(薛:客观上说,"一带一路"提出之后,国家对企业的扶持力度是否加大?)

就我们园区的情况来说,国家的扶持停掉了。按照产业方向来说,商务部的思路是对的,引导企业走出来,但国家(对海外经贸区的)补贴说停就停,不太符合我们的利益。没有这个补贴,企业该做的还是会去做,但考虑的事情会更多一些,做事情的方式也会不同。在没有补贴的情况下,我们一定会竭尽全力去赚钱,而不太会考虑后果和影响。接受了国家的补贴,我们企业就要履行一定的义务,不仅要做好本职工作,还要承担社会责任,维护国家良好形象。

◇◇ 2 "一带一路"已经推出十年,您觉得有哪些成效或变化,主要表现在哪些方面?

当时的政局非常稳定,现在出现了国家风险,包括内战、政变、疫情以及政府改革等。疫情期间,我们国内的人派不出去,国外的人回不来,影响了园区的发展。

(以下信息来自百度:2019年10月11日,挪威诺贝尔委员会宣布将2019年诺贝尔和平奖授予阿比·艾哈迈德·阿里,以表彰他"在实现和平和国际合作所作出的努力,尤其是在解决与邻国厄立特里亚边境冲突中的决定性作用",并且实现两国关系正常化。1976年,阿比·艾哈迈德出生。2001年,获埃塞信息技术大学计算机工程学士学位。2005年,在南非获密码学硕士学位。2011年,获由英国格林尼治大学与埃塞俄比亚国际领导力学院合作开办的变革型领导专业硕士学位。2013年,获美国阿什兰大学工商管理硕士学位。2017年,获亚的斯亚贝巴大学和平安全研究所博士学位。2018年成为埃塞俄比亚总理。阿比是奥罗莫族人,而奥罗莫族人与提格雷人存在冲突。)

(薛:梅莱斯总理去世于2012年,他属于提格雷人民解放阵线,1991—2012年担任领导人期间大力发展经济,埃塞成为非洲经济发展最快的国家,并且他领导的执政党埃塞俄比亚革命阵线大力学习中国的经济发展经验。中国也大力支持埃塞俄比亚,建设了首都轻轨等项目,一些大型水电站,还支持埃塞俄比亚成为非洲的航空枢纽,为此把亚的斯亚贝巴到北京的直航权给予埃塞俄比亚航空公司,每天在亚的斯亚贝巴转机的中国人有4000人。)

这十年来,埃塞俄比亚前几个政党过于激进了些。他们动用各种关系,举债搞建设,因此债务达到高峰期,而阿比的路线较为保守。对于我们而言,它要求我们企业二期再开工业园区,企业出口率达到80%以上,以及回来的美元需 70% 强制结汇。埃塞俄比亚货币比尔大幅贬值导致我们企业亏损严重。二期的土地我们交了 7 年的土地费用，但还没拿到土地证。因为埃塞俄比亚属于联邦制国家，州有一定的自主权，与国家签的合作协议，州是不会认的，我们还得慢慢理顺与州的关系。因此，我认为，"一带一路"推出以来，园区企业发展进步有限。

我们企业位于两大重镇塔博尔赞提镇和杜卡姆镇的中间，距离埃塞俄比亚首都亚的斯亚贝巴、博莱国际机场 30 公里，距离吉布提港 850 公里。原来在奥罗米亚州的规划总面积是 5 平方公里，已取得土地权证 4 平方公里，现在一期开发了 2.33 平方公里，二期开发了 1.67 平方公里。二期在等国家好的政策，机会合适的话还是会继续扩大工业园区。我们做东方工业园区（一期）赚了一些钱，因为我们当时拿的土地价格比较便宜。在最艰苦的时候，我们自己建厂，然后招商引资，并且要满足国家的条件，前期自己的企业入驻进去，后来自己的企业慢慢退出来，引进其他企业。现入园企业有 129 家，一期已经满了，企业分别从事冶金、建材、制鞋、制药、汽车组装、电力装备、纺织服装等行业。只有入园企业赚钱了，我们工业园区才能赚钱，东方工业园区靠厂房出租和自己的企业赚了一点钱，还有变电站给企业供电的一点溢价收入。靠物业费、管理费、水电费和污水处理费是赚不了钱的。但二期至今还没有拿到完整的土地证，州政府不同意，因此我们无法进行招商，那等于害了人家，我们自己也无法进行大规模投入。

（薛：如果中国政府或者大使馆能帮助协调一下园区与州政府的关系，帮你们拿到土地证呢？）

这当然好。我们努力了 7 年，也没有拿到，说明光靠我们自己已经有困难。我们园区的一期做得很好，有心扩建二期。现在就卡在土地证上。

（薛：我去那里的时候，园区接待人员已经告诉我，哪个地方属于二期开发，当时好像已经开始了初步的前期开发？今年过去了，现在还没有进行大规模开发，太可惜了。）

是的。当然，疫情的影响也是一个方面。但这个园区是我们公司发展的重点。现在疫情已经过去，希望能尽快开发二期项目。

（薛：华坚公司以鞋业代工为主，产品出口欧美。规模比较大，员工有4000多人，我看过他们在园区的工厂，大规模雇用当地人，中国员工仅仅占1/20。这给我印象挺深。他们现在的情况如何？）

华坚公司原来也在东方工业园区，后来搬出来，自己搞了个园区，比较靠近首都城区。它的具体情况我就不说了，你可以去访谈他们。

（薛：请在东方工业园区选三个代表性的企业做一些简单介绍。）

园区企业来自中国、日本、韩国、英国等。

（薛：我去的时候，重庆力帆汽车在园区有工厂，一个中国小伙子还娶了当地人。他们说，汽车不愁销路，就是外汇问题没法解决，配件进口受到限制。当时一辆汽车卖到15万—20万元，现在的情况呢？）

现在还在，但我们园区的汽车企业不算成功，他们当时投资了500多万人民币，（准备大干一场，因为当地还处于汽车普及化的初期）。但最开始没搞清楚埃塞的相关政策。埃塞汽车关税很高，并且排量和税收相关，尾气排放1.0以下、1.0—2.0、2.0—3.0的进口税各不相同，2.0以上征收100%的高关税。（应该先生产小排量的汽车，打开市场再说，不宜一下子追求高利润。但企业有自己的考虑，比如风险大，希望尽快收回投资成本。）

我们的东方钢铁厂是合资企业，比较赚钱。"一带一路"建设需要大量的钢材，我们有合作伙伴，且资金充足，所有资金投入可以赚钱，这应该是最成功的例子。我们的水泥厂开始比较成功，后来走下坡路了，因为水泥属于国家指导性销售，国家对其销售进行限价。（市场有需求，但埃塞俄比亚货币比尔贬值后我们不能提价，因此影响了企业生产的积极性，生产的产品不赚钱，我们没法多生产。）

云南三圣药业也在东方工业园区进行生产，投入也很大，但在生产过程中碰到很多限制性问题。材料是全进口的，但在外汇方面存在一些问题（外汇管制导致企业无法获得必要的外汇）。另外销售渠道也不太顺畅，触及当地药业集团的利益。他们用药靠进口，美国人在药品链上有很大的利益。

三圣药业现在不错，在当地有两个药厂，但（前期）摸索了很长时间，走了很多弯路。

◇◇ 3 您认为埃塞俄比亚对于东方工业园的整体评价如何？

就工业园说，商务部对我们工作表示肯定。当时的商务部长来视察工作时说到，东方工业园是走出去的企业中建设得最像工业园的，是"一带一路"的纽带。我们工业园的口碑和影响一直不错，经常出现一个企业带着另外一个企业进来。他们肯定是尝到了甜头之后，才会这么做。

埃塞俄比亚政府对我们高度期待，称赞我们是标杆性工业园区，表示要以我们为样板。李克强总理还去我们工业园区进行访问。我们的政治影响还是比较良好的。国内没有太多宣传，都是企业自己进行宣传。

（薛：这我听说了，埃塞俄比亚政府以你们为样本，推出了十几个工业园区，要求中国企业认领开发，以便推动埃塞俄比亚的制造业等。这可以理解。当时亚吉铁路已经建成，存在的问题是埃塞俄比亚可供出口的东西不多，主要是农牧产品，如芝麻、各种皮革原材料。而进口各种商品，存在很大的贸易逆差。还有大量的失业人口。对于人口上亿的国家来说，就业是个大问题，特别是年轻人的就业。）

是的。我们园区共创造就业岗位 2.5 万多个，为很多当地人解决了就业问题，周边形成了一定规模的街道，当地居民确确实实享受到了实在的好处。因此当地民间对我们工业园的印象不错。

我们对园区实现的是一卡子管理，每个员工佩戴一卡，凭借此卡进入园区工作、生活。我们不允许员工跳槽，特别是技术人员，以防止企业之间恶性竞争。

（薛：我对园区也有一些直观感受。一方面是工厂里大量的当地工人与数量不多的中国外派人员。这也与从中国外派员工成本比较高有关系。据悉，当时当地工人的月收入大约相当于 400 元人民币，而派出一个中方人员，需要的成本要高得多，除了工资，还有探亲开支。另一方面，工厂方面当时给了我一个生动的细节。当地人原来吃不饱，许多人每天只吃一餐。他们的传统食物是一种发酵饼，闻起来有点酸味，口感一开始也不好适应。现在想起来，应该是一种健康食品。饼不厚,但直径大约有我的手臂那么长,食堂里厚厚的好多摞,我还拿起一张拍照合影。他们告诉我,刚入园区的工人一餐可以吃两三块。可过了一段时间,就吃不动那么多了,半块到一块就够了。)

是的。另外,我们根据中国企业的需求,帮助埃塞俄比亚进行改革,制定和改革相关的法律,比如园区内的土地分割问题,他们原先说土地都是你们园区管委会的,你们自己分割给入园企业就行了。我们说不行,我们做分割没有法律效力,企业不放心,不敢大规模投资、建厂房等。我们坚持必须政府出台相关法律。在我们的建议与帮助下,他们制定了《工业园法》,由总理府制定,不必通过议会。允许对园区内的土地进行分割。为此我们前后努力了四年。还有关于企业退税的制度(我们也给了埃塞政府一些建议与帮助。中国在这方面有的经验,对于他们会有帮助的)。

(薛:他们的税率高么?)

埃塞俄比亚的企业所得税是25%,其中增值税是17%。

◇◇ 4 从企业的角度看,"一带一路"倡议推出后中国的外交政策发生了哪些变化?特别是在支持企业走出去方面。

政策变化对我们的影响挺大的。我们(江苏其元)投资公司到现在还在(银行贷款的)黑名单上。中国进出口银行(以下简称"口行")给我们投资公司贷款,是以商务部给我们的补贴作为担保,补贴是我们的第一还款来源。现在补贴的钱(说不给就)不给了,我们就没钱还口行贷款了。我们在海外市场赚的钱,第一需要滚动发展,第二拿不回国,因为埃塞俄比亚缺外汇并实行外汇管制。而如果一开始就没有那个补贴的许诺,我们做事情就会更谨慎一点。现在我们有点被动(原因有埃塞俄比亚州政府方面的,有中国政策方面的。我们现在不知道怎么办,有力气使不上)。

中国大陆缺少对走出去的企业进行国家级的布局,包括前期的筹备工作与后期的跟进工作。中国台湾这方面做得不错(一些经验值得我们借鉴),比如企业到大陆发展，银行服务也会跟进。中国大陆这方面动作很慢，鼓动企业走出去，但配套服务没跟上。也许在富裕的地方能够（做一些）跟进工作，而贫穷的地方就做不到。而企业都是带着商业目的行事，以盈利为主要目的。政府与金融服务没跟上，对中国企业发展带来了很多负面影响。

总体而言，中国政府（在企业走出去方面）缺乏产业规划、布局和引导。比如，明确在某个国家做哪些事情（产业），告诉企业你们去做，我们的相关服务会如何跟上。我们提倡企业走出去已经这么多年，政府能否总结出一些经验来？

（薛：我也有同感，早就主张商务部应该出台并发布中国企业海外投资项目指引，引导企业有目的地走出去。几年前问过商务部，说没有这方面的目录。这是实实在在为企业服务。）

是的。到现在政府还是在说，你们企业去做、去摸索，但就是不肯明确（制定政策规范），说明自己能给企业提供哪些实实在在的帮助。（给我们的印象是）让走出去的企业自生自灭。只是等到企业做大了，才来分享（企业奋斗的成果），并提供一点帮助。（刚刚走出去的企业是真正地需要政府提供一些帮助，却很难得到）这是对民企。而国企走出去，绝大部分是做工程承包，（通常）赚的是中国政府给项目贷款的钱，而很少实实在在做制造业。

我们一直在说国家很强大，但在国外发展的（民营）企业感受不够明显。

（薛：这可以理解。不过，我现在也发现，如果要求国家发展改革委等部门提供针对具体国家的中国产业向外拓展战略，并提供目录指引，实际上做不到。负责"一带一路"的地区开放司才多少人？根本不具备这种能力。）

哈哈，那倒也是。

◇◇ 5 这十年来，中国的国家形象以及你们公司的形象在埃塞俄比亚有何变化？

没太大变化。但有不少事情可以做，比如，资金链方面，中国能不能主动和非洲或其他地区的国家签订资金池协议，帮助解决中国在海外企业的资金问题。

（薛：那年就听东方工业园的焦经理说，企业在海外的沉淀资产不能用于做抵押贷款。我的想法是，企业投入的是真金白银，形成的资产却不能用于抵押贷款，这似乎不太合理。）

是的。（当然，沉没资产）不能贷款有许多原因。

我认为，中国（在支持企业海外发展方面出现这些不足，一大原因是）在经济与金融领域没有真正的高级人才，去研究解决这些问题，去设计解决问题的思路（提交给政府落实）。这是不是因为做这些研究不赚钱（而没人去做）呢？我不知道，呵呵。

还有人民币双边互换问题，以及贸易上用人民币进行结算。这既能解决东道国外汇不足的问题，还能解决中国在当地企业的外汇需求问题，也避免了汇率风险。

（薛：这是与人民币国际化有关的问题，已经有许多学者在研究。他们发现有一些困难，如东道国对中国的出口有限，人民币又不能用于东道国与其他国家的贸易。双边互换协定下的人民币的动用，需要中国方面的同意，这是另一个问题。归根到底，主要是因为人民币资本项目还没有开放。）

其实埃塞俄比亚并不是（因为）资本管制，而是埃塞俄比亚政府本身就没什么钱。埃塞俄比亚不如中国经济体量大，因此政府可动用的资金有限。中国20世纪八九十年代的外汇管制比埃塞俄比亚现在还严（但政府可以动用的资金比较多，因此在进出口管制上没那么严）。

（薛：其实，那是因为那时候中国可以出口的产品也多，虽然附加值有限。中国实行的是大进大出的经济模式，如"三来一补"。埃塞俄比亚现在还没有发展到那个阶段，加上政府能力也不能与中国相比，包括为外资企业用地提供"三通一平"。）

◇◇ 6　国企与民企如何在"一带一路"共建中更好地发挥互补作用？

这个我倒有一个想法。两者可以合作，但国企应该为民企做个榜样。目前由于国企做得不够，民企只能做国企该做的工作。例如，我们花钱请了20多个埃塞俄比亚的部级干部来园区考察，了解、学习我们的管理、运营模式等。等于我们民企做了国企的事情。这些事情如果由国企来做，有两方面的效果：一方面更能表现中国的良好国家形象，另一方面可以为民企的发展树立标杆作用。民营企业依据国企确定的模式去做，加上自己的一些特点与优势，就可以了。

国企经营的海外园区成功的案例不多，原因很多，其中一个是前期的资金如何使用，是先享受还是先生产？国企可能会先修建办公楼。而民营企业就不会。我们园区的办公楼，是5年后才修建。前期一亿多投入，都用于园区的发展。这方面的对比，你应该也知道。

（薛：我去过一些海外园区，有国企经营的，也有民企经营的。确实有一点不同。）

◇◇ 7 东方工业园在埃塞俄比亚遇到的困难是什么？

第一，话语权较小。

第二，缺乏沟通机制。既然我们是国家级工业园，（一定意义上可以说是在）代表中国的国家形象。因此，希望国家帮我们建立起和埃塞俄比亚的定期沟通机制，比如中国部级单位与埃塞俄比亚州级单位的沟通机制。这样，我们很多问题可以与国内人讲，比较容易沟通。外国人不一定能理解我们说的是什么意思。而官方出面说话，分量明显不同于我们企业。

第三，资金池、资金链问题。希望国家可以与东道国建立完善的资金池、资金链，解决企业发展对资金的需求，即"金融跟出去"。

第四，我有一个建议。中国政府可以在各个国家选定特定企业，代表本国政府使用一些政府资金（如中非基金），来为当地提供一些便民服务项目，并让地方政府享受到实实在在的利益，如一些地方党派的利益，一些团体的利益。这样对于我们改善与地方政府的关系肯定有帮助。而且，由企业出面使用资金，无论从形式还是效果，可能都优于中国政府出面（因为这些企业长期在当地，对当地的需求有更为深入的了解）。中国政府的重心则放在建立与当地政府的沟通机制，以帮助解决企业靠其本身无法解决的困难。

就我们东方工业园而论，目前面临的困难有两个：

第一、第二期项目方面，完善的土地证拿不到。联邦一级的土地证手续已经办妥，但州一级手续由于各种理由一直没有给我们办。我们需要有完善的土地证才能进行园区建设与招商引资。

这个事情靠我们自己很难解决，需要中国政府提供帮助。原因有两方面：一方面，州一级希望我们给更多的好处，包括一些地方在野党派给我们提的要求，还有各种官方机构的各种检查。这些让我们很为难。另一方面，埃塞俄比亚的国家体制是联邦制，联邦政府无法干涉州的经济管理活动。

我们已经在二期的土地上做了框架、修了基础路、建了围墙，但不具备合法性，不能对外招商。

第二，埃塞俄比亚国家招商引资的政策一直在变。国家层面的招商引资政策要求工业园内两期要实行不同的政策。具体而言，一期的企业是完全自由的生产、销售，可以内销，可以适当出口，政策在这方面没有太大限制。二期的企业要求 80% 的产品强制出口和 70% 外汇的强制结汇。对于我们来说，这难以管理，无法说服企业入驻。

对我们而言，在这种情况下继续开发的必要性不是很大。

（薛：顺便问一下，阿比政府与提格雷人之间的冲突现在怎么样了？）

阿比和提格雷人的矛盾在美国的强制干预下和解了。双方各让一步，提格雷方交出武器和部队，阿比不追究其责任，并且可能允许提格雷成员进入内阁。

（薛：你觉得中国也能发挥类似的调解作用么？）

我觉得，（随着中国的持续发展，与综合国力的持续提升）以后有可能，目前还有困难。不得不承认，（基于综合国力与"二战"后几十年的经营）美国在全球各地的影响都高（其他国家）一等，（在调解各国安全冲突方面）发挥的作用还没有别的国家能比得上。

（薛：你与一般的企业经营者不大一样。除了企业经营，还关注当地的政局变化与内在原因分析。你对埃塞俄比亚政治的解读，对我有启发。我去埃塞俄比亚是好几年前，对其国内政局新变化不大了解。埃塞俄比亚这个地方值得再去。谢谢了。）

不客气。

（本文以《专访刘正华：我们在埃塞，希望金融也"跟出去"》为题，发表于澎湃新闻网，2023年10月18日）

3.9 "一带一路"倡议与西哈努克港经济特区：钱文华

【核心观点】"一带一路"展示了中国与全球一体化的潮流，其初衷是实现中国梦。红豆集团的显著特色是党建引领，中组部为此专门发文号召学习红豆集团"三位一体"的中国特色现代企业制度。这是民营企业中唯一的一个。集团在企业经营中提出了八方共赢的目标，制定企业发展战略时提出了SWOT分析方法。本着上述原则，公司2006年开始经营西港经济特区，2013年以后进入快车道。目前已经成为中柬双方共同认可的"一带一路"示范项目，实现了多方共赢。

访谈对象：钱文华，江苏红豆集团董事、品牌文化部部长、柬埔寨西港特区公司董事

访谈人员：薛力

访谈日期：2023年8月2日晚上

访谈地点：无锡红豆工业园红豆杉庄

录音稿整理：郑舒文，中国社会科学院大学国际政治经济学院本科生

录音稿校对：薛力

本文经受访者审定

◇◇ 1 中国提出"一带一路"倡议的原因是什么?

这个问题比较宏观,是领导考虑的问题。在"一带一路"提出来之前叫"走出去"。从我们集团战略来讲,20 世纪 80 年代末是公司的产品通过外贸走出去。20 世纪 90 年代后,公司开始考虑走出去,比如尝试在日本建分公司。在美国建分公司是 2002 年。

(薛:那个时候主要是卖衣服还是卖别的?)

不仅是卖衣服,(分公司)同时是信息窗口。

2006 年我们到柬埔寨和其他国家调研,希望建设工厂园区。最终我们觉得最好是红豆这个品牌走出去,而不仅仅是做外贸、做 OEM(代工)。

第一个原因,中央提出"一带一路"倡议肯定是高屋建瓴。我个人理解,中国在新时代提出"一带一路"有划时代意义,展示了我们国家和全球一体化的潮流,是为了实现中华民族伟大复兴的中国梦。"一带一路"集合了全球内外各方面的情况。

我们的公司叫红豆,寓意就是要像一粒种子,在地底下长出来,生根发芽,再到成为参天大树。这需要一个过程,不是一天就能长成。在这个成长过程中需要阳光雨露。党和国家的方针政策对我们而言就是阳光雨露。从 1957 年发展到现在,我们一直坚持听党话,跟党走。我们公司的党建工作一直做得很好,还得到中组部的表扬和推荐。

我们企业发展战略的制定一定会结合优势(strengths)、弱点(weaknesses)、机会(opportunities)和威胁(threats)四个因素进行分析,即 SWOT 分析。还会做政治(politics)、经济(economy)、社会(society)、技术(technology)分析,即 PEST 分析。也就是说结合各方面的情况找一条路。我们国家就像种子突破地面,要受到很多的压力,也要找到一条很好走的路。"一带一路"就是一条很好的路。从历史上来说,从唐到宋,从宋到元,古丝绸之路海上一条,陆上一条。它一直是民间交流(性质)的商路，和政治没有关系。沿着这条路我们共生、共融、共存，大家一起来维护这条路，谁要是把它堵了，就会发生战争。

第二个原因，中国是全球第二大经济体，从制造业角度说虽然没有（国际）大牌，但中国制造的服装在世界排名第一。中国人勤劳，在欧洲国家有些街上的服装店基本上都是中国人开的。西方人也开店，但是到点就关门了，中国人是连夜干。人家就觉得我们破坏规则，不公平竞争。但中国人不是故意的，是本来就勤劳。发达国家对我们有看法，觉得你既然不讲规则，那我就拿出一些规则来，所以就出现壁垒，比如技术壁垒、绿色壁垒。

我们国家1949年成立，进入联合国得到了很多第三世界国家的支持。但我们结交的一大批亚非拉"好朋友"也发现中国人赚钱很厉害。可中国人只赚钱，不消费，把现金都拿回国了，抢了当地人的饭碗，跟抢欧洲人饭碗一样的。也开始对我们有怨言。这可能是不自觉的，也可能是有人在背后搞事。

所以发达国家打压我们，发展中国家对我们有意见。在这个情况下商务部提出要抱团走出去，把我国改革开放工业园区的成功经验复制出去，解决当地就业，推动当地经济发展。这样既解决了发达国家对我们打压的问题，也可以解决发展中国家对我们误解的问题。这个是走出去阶段。

"一带一路"倡议提出来之后，我们的步伐更快了。因为事实胜于雄辩，实践证明，参与"一带一路"的国家越来越发现我们的好，"共商、共建、共享"的过程也支撑了人类命运共同体（构建）。我们普通人理解（的人类命运共同体）就是你好，我好，大家好，一起奔向共同富裕。我们老祖宗就说要"美美与共、天下大同"。"大同"就是有饭吃、吃饱饭、吃好饭。无论是在发达国家还是落后国家的人都需要这三点。吃饱饭是什么概念？就是小康。什么叫吃好饭？就是我们现在讲的美好生活，要注重营养，注重身体，要长寿，既有物质的，也有精神文化的。我们红豆集团本部所在地东港镇的百岁老人，从2007年到现在数量逐年增长，比例超过了联合国的标准，成为了长寿之乡。长寿是吃好饭的体现，也是幸福美好生活的指标。

"一带一路"倡议最终就是为了幸福生活、美好生活，不是为了互相掠夺，我们不干这个事。"一带一路"对我们西哈努克港经济特区（以下简称"西港特区")是利好，因为 2013 年前招商引资比较困难，总共才去了 50 多家企业。2013 年"一带一路"（倡议提出）以后，招商数量直线上升，一下就有 100 多家企业入园。

◇◇ 2 您对共建"一带一路"十年的整体评价是什么？

2023 年是"一带一路"倡议提出十周年，西港特区奠基十五周年，总共 175 家企业入园，整个全满的话差不多 300 家。园区的运营和其他方面做得都很好。这个园区在当地成果卓著，提高了当地老百姓的收入。过去，一家一年只有 300 美金的收入。现在一个人在厂里工作，一个月就能拿到 300 美金。在当地我们招收了很多工人，有的甚至全家都在特区厂里工作。10 年前的茅草房和吊脚楼现在都变成楼房了。过去，最好的家里面也就一辆摩托车。现在摩托车、汽车都有。这都是看得见、摸得着的。

（薛：园区的员工数量有多少？）

近 3 万人。中资企业大概占到 60% 左右，还有 1 家爱尔兰企业，3 家美国企业，日本、韩国企业也有。我们现在把它打造成国际化园区，现在可以说欣欣向荣，已经完成了 1.0 版建设。1.0 版和 2.0 版的区别在哪？首先招商的对象有所变化。以前以轻工业为主，比如箱包、衣服、木料加工。现在以产业的龙头企业带动，形成一个产业链。第二就是我们投资办了个热电厂，因为像轮胎厂这样的工厂对电力、蒸汽需求比较大。我们弥补了柬埔寨的工业空白，这些都是"一带一路"倡议提出后的变化。

（薛：3 万工人中的中国人有多少？）

中国人有 1000 多人，95% 都是柬埔寨当地人。本地差不多 60%—70% 的家庭都在特区工作。我们在里面提供培训，有专门的学校。

（薛：大部分在本地培训，少数高技术人才到无锡来培训。）

对。这 100 多家企业去年进出口额差不多 20 多亿美元，占整个国家进出口额的 4.8%。中国驻柬埔寨大使王文天说，西港特区是当地经济的引擎，也是当地老百姓的金饭碗，是"一带一路"样板项目。

（薛：西港特区是你们公司的王牌项目，你能否选择两三个代表性的企业做一个简要的介绍呢？）

那肯定先介绍一下我们红豆。红豆去投资的是制衣工厂，叫兴利制衣有限公司。这个工厂做西服和裤子，是做外贸的。

（薛：为什么不叫红豆？）

红豆起源的时候，最早做外贸的公司叫兴利公司，20世纪80年代末跟香港合资。

（薛：企业目前的经营情况怎么样？）

目前生产单子来不及做。接单部门在国内，订单生产之后直接发货出口欧美。目前里面的员工有上千人，生产管理、现场管理都很整齐、很规范。

（薛：公司管理层占多少？中国人占多少？）

管理者大概10来个，厂长、管技术和设备的是我们中国人。大部分是他们柬埔寨当地的人，包括班组长，有的已经上升到车间主管了。

（薛：2022年柬埔寨人均GDP是1780美元。你们那个工厂员工的收入是多少？）

每个月五六百美元是起码的。我们员工的收入在柬埔寨名列前茅。

（薛：类似西港的工业园区还有吗？）

有30个工业园区，也有日本、韩国办的。我们是发展得最好的，解决人口就业是最多的。

美国人在那里办了一个圣诞树方面的工厂，美国人在那边管理，用柬埔寨当地的人。单子也是从美国接，在特区工厂进行生产包装。

◇◇ 3　柬埔寨对贵公司的评价如何？

2008年西港特区奠基的时候洪森首相去了，他说这个园区是他的亲儿子，还和我们的董事局主席周海江说要把西港建成柬埔寨的"深圳"。他对我们一直非常关注。中国"一带一路"国际合作高峰论坛在北京举办的时候,他到中国来也专门讲到西港特区,说西港特区是"一带一路"的典范。在其他活动中,甚至两国公报里面都会讲到西港特区。今年2月洪森首相访华,他们提出要建工业走廊,就是以我们西港特区为示范,延伸到西港省作为多功能特区来推进经济建设。

当地老百姓的评价,我印象最深的是之前的西港省长"润明"到特区旁边的村里"微服私访",当地老百姓说西港特区是他们的金饭碗。老百姓家的孩子一般都要去出家当一段时间和尚,他们搞活动的时候要先把和尚请到主席台上面接受参拜。西港特区建成发展后,当地村民就把我们园区的总经理请上去跟和尚坐在一起,接受村民参拜。这体现他们对西港特区的尊敬和拥护。

媒体经常讲西港特区对当地的贡献,无论是社会责任还是经济发展等方面。当地媒体和海外媒体都有。

◇◇ 4 "一带一路"倡议推出后,中国对柬埔寨的外交与投资发生了哪些变化?

我认为提升了战略合作伙伴关系。

第一,从高层来说,总书记、李总理、江苏省委书记,从上到下和柬埔寨的交流互动对接更加频繁。因为这个特区,江苏省跟西港省成为友省,无锡市跟西港市成为友市。交流增多,为西港特区发展营造了更好更便利的环境。

第二,法律方面。中柬两国签订了政府协议,我们(董事局周)主席作为代表跟他们的劳工部部长专门签了一个劳动方面的协议。除此之外还有好几十个协议,从法律层面(为园区发展)提供保证。

第三,金融方面。柬埔寨一直不实行外汇管制,"一带一路"之后我们国家的金融机构大力支持西港特区,比如进出口银行、国开行、中行等都来为我们提供服务。

(薛:海外工业园区的问题是,很多企业在当地的沉没资本不能用于贷款抵押。)

这是个问题，我们也在推动海外资产怎么抵押。比如园区内企业的抵押不行，我们特区公司来进行担保行不行？相信未来会有突破的。

（薛：从"走出去"到"一带一路"，是从零散的走出去变成有规模的、有意识的引导。）

◇◇ 5　"一带一路"倡议推出后，中国的国家形象和公司形象有什么变化？

我想引用一个在柬埔寨生活很久的华裔的话来回答这个问题："从来没有像今天这么样感觉到我的腰杆直了。"他的意思是，我们原来在这个地方靠单打独斗，靠乡亲会、宗亲会这种方式。但是西港特区建设之后，首相都来了，还邀请了很多华裔来参加，觉得我们腰杆子挺起来了。他说"你看距离我们西港特区3公里的国际机场是法国人在经营，（特区）门口的4号公路是美国人撤离柬埔寨的时候建设的，离我们12公里的西港唯一港口码头是日本人在运营。只有西港特区是中国人在运营，不是小打小闹，是国家与国家之间的项目"。

（薛：中国商务部推动的海外园区一般都叫经贸合作区，为什么这个叫西哈努克港经济特区呢？）

中国都叫经贸特区、经贸区、经贸合作区。到海外之后，用洪森的话说，就是想到了深圳，深圳对中国而言意义非凡，所以是特区。柬埔寨对所有国家认可的经济特区有独立的政策，所以我们把它建成了特区。它有一系列的（优惠）政策。

◇◇ 6　国企与民企如何在"一带一路"共建中更好地发挥互补作用？

要市场说了算，不要人为分割，没必要。国企和民企都是企业，一定要严格按照现代企业制度、公司制来做。

至于如何克服现代企业制度中存在的问题，比如为了内部利益最大化而牺牲当地社会、生态利益，或者牺牲小股东利益。这方面要当心，要主动积极履行社会责任。

（薛：你们公司提出了很有特色的"八方共赢"模式，是怎样做出的呢？）

红豆集团在无锡土生土长，它脱胎于合作社，是一个人民公社的社办企业。区别于浙江的一些企业，江苏的乡镇企业从苏南模式来讲就是集体经济。周海江（董事局）主席接任集团总裁后，一直探索实践中国特色现代企业制度，这就是"三位一体"的中国特色现代企业制度。第一是党建，真正做到听党话、跟党走，学习和贯彻党和国家方针政策是民营企业发展最大的机遇。政策不是拍脑袋想出来的，干企业也一样，20世纪80年代是卖方经济，靠胆量冲出来就可以了。20世纪90年代慢慢地市场化，对现代企业制度建设要求更高。

这一套东西是西方的发明，他们更早地进入市场化经济。西方国家能持续领先就是因为发明了一套现代企业制度，首先是产权、治理结构，然后才是人力资源管理制度、财务制度等。不管国企还是民企，中国企业发展都在学西方这套东西，但千万不要去照搬照抄。我党提出一切要从实际出发，要实事求是，在这个过程中要找到规律。

我们周海江主席从深圳大学毕业，学的就是经济管理专业。他在大学里对现代企业制度非常痴迷和崇拜，但进入企业摸索探索后发现了一些问题，称之为现代企业制度"天花板"。比如华尔街企业做假账、日本公司的核泄漏，这些国家的企业比我们更早更好地建立了现代企业制度，但是它们还是为了内部利益最大化而牺牲生态利益、社会效益，影响了国家形象。如果中国的企业照搬照抄，早晚有一天也会碰到这个问题，所以党的建设非常重要，社会责任也非常重要。西方媒体可能会说西方也讲社会责任，但是他们往往是依靠媒体的事后监督和企业家的良心，而在制度上没有这样做。

经济发展是否可持续、是否走得远关键在于制度。现代企业制度有天花板，所以红豆集团首创了"党的建设+现代企业制度+社会责任"这样一个

"三位一体"的中国特色现代企业制度。

习近平总书记早提过中国特色现代国有企业制度,"特"就特在把党的领导融入公司治理的各环节,把企业党组织内嵌到公司治理机构之中。党的二十大报告中更是写到了"完善中国特色现代企业制度"。微观层面,我们红豆一直在做这样的探索和实践,我们企业的宗旨就是"共同富裕、产业报国、八方共赢"。我们把这套理念很好地用到了柬埔寨,主要讲共同富裕和八方共赢。

(薛:你还提到了"四角战略"。)

"四角战略"是柬埔寨提出的国家发展战略,跟我们国家的"一带一路"倡议实际上是契合的。

(薛:党的领导和现代企业制度在国内市场已经做了。)

对。红豆20世纪90年代就成立了党支部,2011年红豆集团党委就被评为"全国先进基层党组织"。2012年中组部专门向全国发文,学习红豆集团"三位一体"的中国特色现代企业制度。这是新中国成立以后,中组部第一次发文号召全国党组织向民营企业学习。我们是第一个,也是目前唯一的一个民营企业。

现代企业制度是基础,党的建设是灵魂,社会责任是使命。社会责任就是你为什么要干企业?就是为了尽责任、勇担当,就是我们红豆概括的"八方共赢"。

(薛:"八方共赢"是指哪八个方面?)

"八方共赢"就是为股东、员工、客户、供方、合作伙伴、政府、环境、社会(社区)八方建立共赢关系。与股东共赢,就是要保证股东特别是小股东的投资安全及权益,争取到最大的回报;与员工共赢,就是给员工提供发展平台,让员工与企业共同成长;与客户共赢,就是要为顾客提供性价比更高的物品和超值服务;与供方共赢,就是要与优秀供方形成战略合作关系;与合作伙伴共赢,就是与加盟商、代理商、中介服务等,形成共生共荣的生态圈;与政府共赢,就是要在解决就业、缴纳税收、维护稳定上多作贡献;与环境共赢,就是要做到人与环境协调可持续发展,达到生态平衡;与社会(社区)共赢,就是要带动和改善周边社区发展,支持各项公益事业,促进社会和谐。

（薛：公司名字为什么叫红豆呢？）

我们最早以前叫山花。后来，老董事长周耀庭（现任董事局主席周海江的父亲）觉得这个名字有点土，请大家一起来商量名字。那天老董事长在村里喝喜酒的时候听人谈起红豆树的事情，一下想到了王维的相思诗，想到了红豆这个名字，立刻回来组织大家讨论。有人提到这首诗："红豆生南国，春来发几枝。愿君多采撷，此物最相思。"大家都觉得"红豆"好，我们附近有一棵红豆树，有1500多年了。小孩子生病了就把红豆放在枕头下面，认为可以辟邪，送给老人代表健康长寿，送给爱人代表相思。

（薛：红豆的英文商标怎么翻译？）

就是HODO。之前就是用拼音HONGDOU，2002年到纽约开公司的时候发现外国人不理解名字的含义，也不会发音，回来以后就改进了，学习借鉴了索尼、海尔国际化的LOGO（标识），用HODO，这样更简约、更国际化。我们那时候商标注册非常早，所以一想到红豆两个字，1984年国内的全部都注册了，国际上也注册了。

当时国家工商总局请我们周海江主席去到新疆讲课，就是因为红豆对品牌保护非常重视，是民营企业里面第一个有商标的企业。

我们老董事长（周耀庭）还讲了一个故事。中国人喜欢红颜色，红色是喜气，代表好运吉祥。"红"字左边是绞丝旁，这体现红豆是做服装起家的，右边是个"工"，代表工人。丝来自蚕，"蚕"由"天"和"虫"组成，虫是天上有的，从前老百姓是穿不到丝绸衣服的，都是神仙穿的。中西方很多时尚服装都是王宫里传出来的。"豆"是种子、是希望、是勃勃的生命力，一个豆子长成参天大树不容易。红豆从事服装行业，就是要让更多人穿上奢侈品级的舒适服装。

◇◇ 7　目前公司发展主要遇到哪些挑战？以西港为例。

第一，人才。所有的事业想可持续发展，关键是人才。人才不是一个两个，应该是个团队。比如说去海外，国际化、复合型人才就显得更加重要。目前西港特区的发展主要有几类人才。第一类是金融人才，因为我们提出的 2.0 版里有证券化。第二类是管理型人才，比如职业经理人。第三类是招商人才。因为 2.0 版的招商要求提高了。

第二，整体规划。西港特区前面发展得不错，那么后面的发展就需要进一步的规划，需要进一步地处理好一些关系，比如说我们跟股东之间的关系、跟柬方合作伙伴之间的关系、跟当地政府的关系。现在是新时代，如何进一步营造更好的发展环境也需要综合考虑。

如何实现自我良性循环发展。如果出了问题，后面不平衡了怎么办？经营管理的高质量需要考虑。党的二十大报告里面说推动"一带一路"高质量发展，对我们而言面临的课题就是如何高质量地推进西港特区的发展。

（薛：2.0 版跟 1.0 版主要区别在哪？）

第一是招商对象不同。从前是你只要愿意来，轻工业、出口转贸易等都可以来。现在要选商了，优先引进产业龙头企业和电气耗能大的企业。

第二是发展重心不同。以前主要是招商，现在是招商外还要搞 170 多家企业的配套，生活的、商业的、教育的、卫生的、医疗的等。所有这些都在特区里面。在我们国家这是政府的事情，但柬埔寨是私有化国家，这些事情都要我们特区公司自己管。所以，我们要借助与政府之间的良好关系加快建设西港特区的 2.0 版。无锡市已经把这个列入重点工作。江苏省委书记来了之后，同样把高质量推进西港建设发展作为省里的（一个）重点（工作）。

◇◇ 8 您对下一步推进"一带一路"的整体建议？

第一个建议是，要继续坚持原来的成功经验。西港特区和商务部有一个协调机制，每年都会召开两国政府副部长级会议，主要是解决西港特区自身无法解决、必须由政府协调解决的困难。这是个机制，要继续坚持。

（薛：你能不能举几个协调机制确实起作用的例子？）

我们前面已经开过了好几次会议了，每次开会都比较有成效。

比如，西港特区内的企业享受9年免税，这是从2008年奠基开始算的。西港特区中已经投产满9年的企业要开始交税了，但特区内还有很多没开发的空间，那么新招商进来的企业按理应该继续享受9年免税的优惠政策。可这个不能光靠企业，必须要国家批准。我们通过协调机制解决了，由洪森首相签字颁布法令，以立法的形式实施。

所以这个协调机制不能弱化，要强化，前面疫情没办法，有三年都没开会了。至于说企业层面，按照游戏规则去办就行了。

（薛：疫情对你们影响大吗？）

没有影响是不可能的，但也还可以（承受）。这离不开我们西港特区公司的经营管理团队，真的能打仗、能吃苦。刚刚卸任的曹总经理的父亲去世他都没办法回来，在那边三年都没回来。柬埔寨也有疫情，我们红豆秒改生产线做防护服、口罩，一下捐给他们100万只口罩。

第二个建议是，我们国家在全球有很多无条件援建项目，说给柬埔寨的援建项目能不能有一些援建到西港，这对我们是一种助力。我们自己也建立了一个学院，叫西哈努克港工商学院（SIBT），培养技术人才，效果不错。另外，在我们特区里面，中国政府援建了西哈努克省中柬友谊理工学院，现在发展就很好，大大支持了特区可持续发展。

第三个建议是，金融方面看能否出台鼓励政策，尽快解决海外企业，特别是（在共建）"一带一路"国家（投资的中国）企业在国内上市的问题，以及园区企业通过资产质押在国内金融机构融资贷款的问题。

上面这些建议如果能够得到落实与执行，将切切实实解决我们企业面临的相关挑战，使得"一带一路"上的中国企业行稳致远。

（本文以《"一带一路"与西哈努克港经济特区——访江苏红豆集团董事、柬埔寨西港特区公司董事钱文华》为题，发表于《克拉玛依学刊》2024年第6期）

3.10 "一带一路"倡议与国际话语权构建：王文

【核心内容】"一带一路"倡议提出后，中国的外交政策真正走向了全球性大国外交，是"外交再平衡"的体现。中国提出"一带一路"倡议的动因有三方面，十年来的成就整体可以打 85 分。各国对"一带一路"倡议的整体评价包括三类："无保留的拥抱""有条件的合作"与"全面的抵制"。"一带一路"共建过程中，主要挑战包括"知识挑战""运营能力的挑战"与"国内挑战"（经济下行压力越来越大）。对"一带一路"要有一种"持久战"的心态，以一个 40 年、50 年甚至 100 年的思路去建设"一带一路"，很多问题就会迎刃而解。建议是：金融国企在海外应该给民企提供一些金融支持和金融服务；进行"一带一路"国家的人才培养，智库做更多的国际传播和宣讲，要做理论上的深化研究。正在做"一带一路"学，并提出了 7 个要点。

访谈对象： 王文，中国人民大学重阳金融研究院执行院长

访谈人员： 薛力

访谈时间： 2023 年 8 月 15 日

访谈地点： 中国人民大学重阳金融研究院

录音稿整理： 杜赫，北京大学国际关系学院外交学系博士研究生

录音稿校对： 薛力

本文经受访者审定

◇◇ 1 中国提出"一带一路"倡议的动因是什么?

主要有三点原因。第一,"一带一路"倡议的提出是希望借"丝绸之路"这个概念来唤起整个欧亚腹地的发展中国家和欠发达国家对于其自身繁荣历史的回忆,为进一步实现共同合作、互利共赢找到历史依据。

第二,中国在成为全球 GDP 第二大国后并没有立即提出一个清晰的对外战略和设想,外界对中国的动向也并不明确。"一带一路"的提出为中国在对外发展领域提供了清晰的目标和导向,能够向世界表明中国在未来要做什么。

第三,关于"一带一路"的提法,我们在 2013 年 9 月和 10 月由习近平主席分别提出了"丝绸之路经济带"和"21 世纪海上丝绸之路"的合作倡议。2014 年初,应该是英国的《金融时报》在一次报道中第一次将这两个概念捏合到一起,提出所谓的"一带"和"一路"。所以,"一带一路"的提出也是我们在重塑全球治理进程中不断努力和探索的重要体现。

◇◇ 2 您对共建"一带一路"十年的整体评价是什么?

如果可以打分的话,我觉得"一带一路"整体可以打 85 分。即使到不了 A+,A- 的分数还是有的。

首先,五通的进展总体而言还算顺畅。我们与 150 多个国家实现了贸易畅通,在 10 年间翻了一番。在金融领域,我们现在也有超过 4000 个项目,有近 5 万亿的项目额度,人民币的国际化进程也在不断推动。

其次,"一带一路"拓展并重塑了中国的世界观。过去,我们关注并了解的大多是一些欧美等西方国家。现在有了"一带一路",我们的国际视野也变得更为开阔,更多来自中东、非洲和中东欧的国家开始进入我们的视野,这也让我们的世界观变得更加完整。

"一带一路"的提出让中国的经济贸易呈现出"再平衡"的趋势。以贸易领域为例,在"一带一路"提出前,美国占到我们贸易总量的 20%,欧洲占到 17%—18%,日本也能占到超过 10%。总体而言,西方国家的贸易占比能够达到 60% 左右。但十年后的今天,西方七国对我们的贸易占比已经下降到了 30% 左右,比之前少了近一半,因为我们目前更多倚重于亚洲贸易,现在亚洲贸易能够占到大概 55%。这就是"再平衡"的体现。现在我们与俄罗斯的贸易也起来了,能够达到 2000 多亿元,我认为今年可以到 2500 亿元,明年可能到 3000 亿元,2025 年前后中俄贸易甚至可以超过中日贸易。

(薛:真的有这么大的潜力?)

是的。

(中俄过去主要的贸易合作不是油气跟资源吗?你认为现在的潜力具体体现在哪方面?)

潜力还有很多,比如制造业,俄罗斯现在是我们汽车出口的第一大国。过去,俄罗斯买汽车、手机等产品都是买欧美国家的,现在被制裁后全部都要买中国的,实际上这就是经济贸易的"再平衡"。另外,我们国内西部地区的发展也出现了这个趋势,这十年来成都、重庆以及新疆的一些城市发展迅速,这不只是国内经济的"再平衡",也是中国对外经济的"再平衡"过程。

◇◇ 3 你走过 100 多个国家,你觉得这些国家对"一带一路"倡议的整体评价如何?

我觉得整体评价大概分三类。第一类就是"无保留的拥抱",比如巴基斯坦和塞尔维亚,只要是来自中国的(项目)就积极合作。

第二类是"有条件的合作",像俄罗斯、哈萨克斯坦以及中亚的这些国家,它们是在互利共赢、相互信任的基础上进行全面对接。

第三类就是"全面的抵制",比如印度。印度现在是全世界最抵制"一带一路"的国家,比美国还抵制。在美国的媒体上至少还可以提起"一带一路",但在印度的媒体上,坚决不能出现"一带一路"这个说法。

(薛:他们有这个默契,还是政府明确规定不许提?)

政府明确规定不许提,在印度不可能有任何一个研讨会的名字是"一带一路"。我们曾经几次向印度的智库提出要开"一带一路"的会议,印度的智库明确地说讨论中印合作可以,但标题不能叫"一带一路",可以改成"互联互通"(Interconnection)。

(薛:印度的抵制主要是因为克什米尔还是有其他原因?)

主要还是因为"中巴经济走廊"和"孟中印缅经济走廊"的提出。印度认为我们事先没有跟他们商量,缺少对他们的尊重。同时,他们也认为"一带一路"侵犯了他们在南亚的"势力范围"。

◇◇ 4 "一带一路"倡议推出后,中国的外交政策发生了哪些变化?

"一带一路"提出后,中国的外交政策真正走向了全球性大国外交,是"外交再平衡"的体现。过去,中国外交过于偏向美国和欧洲。现在有了"一带一路",外交更加平衡了。虽然美国仍然是最重要的国家,但它的重要性在下降。我们外交的关注点、精力的投入以及资源的运用也更加侧重一些"一带一路"国家。

◇◇ 5 "一带一路"倡议推出后,中国的国家形象有什么变化?

过去,我们过于关注在西方国家中我们的国家形象是怎样的。而在"一带一路"提出后,特别是伴随着外交上的转向,我们也开始更多关注全球到底是怎样看待中国的。我们最近刚做完一个项目，探讨的问题就是中国的国家形象现在出现了"大分化"：一方面，在西方国家眼中，中国的崛起显得咄咄逼人，给它们带来了威胁，它们因此就不断通过媒体来对我们进行抹黑和打压，使得我们的国家形象受损严重；另一方面，在"一带一路"国家，中国的国家形象就非常好，这也是"一带一路"建设带来的外溢效果。

（薛：我顺便问一个问题，你原来提到过"债务陷阱"。根据我的一些分析，其实有关"债务陷阱"的说法是缺少数字支撑的，你是否做过相关的专题研究来证明这种说法本身就是一个话语陷阱？）

当然了，"债权帝国主义"这个词最早就是我翻译的，叫Creditor Imperialism，是印度学者布拉玛·切拉尼（Brahma Chellaney）在2017年首先提出的，之后又有了"债务陷阱"的说法，我也曾写过文章进行反驳。

（薛：先有"债权帝国主义"，后有"债务陷阱"？）

对。

（薛：他提出这个概念的时候只是coin the term吗？还是有数据支撑？）

他也没有数据支撑，我觉得他完全就是臆断。我们后来还专门做过一些研究，其实中国的债务在"一带一路"国家的平均值也就在10%—15%左右，所以当地国家绝大多数的债务跟中国几乎没关系。更重要的是，这些国家对于中国的债务是具有可持续偿还能力的。中国的投资主要集中于基建领域，当地的地价会随着交通、环境的改善而不断上涨。对中国制造"债务陷阱"的指控完全是无稽之谈。

◇◇ 6 中国新时代的外交概念，包括"一带一路"倡议、人类命运共同体、伙伴外交、全球治理等有何关系？

我认为"一带一路"是过程和路径，人类命运共同体是目标和结果。有关这方面的内容我在同中国人民大学刘伟校长合著的《新时代中国特色社会主义政治经济学视阈下的"人类命运共同体"》一文中有具体论述。

◇◇ 7 "一带一路"共建过程中，主要遇到哪些挑战？

主要面临三大挑战。第一个挑战是"知识挑战"，多年来，我们了解的知识都是美国和欧洲的知识，但对"一带一路"国家了解甚少。所以，尽管"一带一路"已经走过10个年头，但我们对它仍只是有一个模糊的概念。我们每天都在报道美国、欧洲、日本的东西，但对于"一带一路"国家的基本国情、发展状况等内容却缺乏报道和普及，这导致我们在和"一带一路"国家进行贸易往来时会遇到巨大的阻碍。以俄罗斯为例，其实我们对俄罗斯根本就不了解，很多人现在都认为俄罗斯不行了，认为俄罗斯现在很危险。但我去年去了俄罗斯的21个城市，也见到了普京，我的总体感觉是俄罗斯还是非常稳定的。

第二个挑战是"运营能力的挑战"，不论是战略运营、区域运营还是项目运营都存在比较大的问题。现在我们的企业出去之后基本都是各干各的，不善于像日本那样搞公共外交、民心工程。

第三个挑战是"国内挑战"。中国国内面临经济下行压力，这会影响到"一带一路"在海外的发展形势。

◇◇ 8 您对下一步推进共建"一带一路"的建议是什么？

我们还是要有一种"持久战"的心态。"一带一路"和"中华民族的伟大复兴"都是我们有史以来提出的第一个，也是最大的全球性产业。这么大的一个产业到今天也才刚刚经历过10年，坦率地讲我们对它还没有完全搞清楚，还需要时间去深化它。如果我们能以一个40年、50年甚至100年的思路来去建设"一带一路"，我相信很多问题就会迎刃而解。所以，我最大的一个建议就是要放慢脚步、稳扎稳打，追求高质量发展，保持一颗平常心。

（薛：你曾经说过，其实在"一带一路"项目中真正亏钱的是少数，大部分还是可以的，有的则是"闷声发大财"。有关这个问题你是否做过专门的研究？）

大致是有的，过去10年，我曾到访过近100个国家，整体上至少有三个趋势是肉眼可见的。第一个趋势是，到"一带一路"国家经营的公司和个人越来越多，如果总是亏钱的，为什么还会有那么多人去呢？第二个就是"民心式"的工程在这些年越来越多了，现在包括"中老铁路""蒙内铁路""雅万高铁"在内的"民心工程"不断涌现。如果它本身是失败的，绝不会出现这么多的"民心工程"。第三，中国企业的全球化进程是没有改变的，民企和国企都在不断国际化。所以，这三方面趋势证明"一带一路"还是挣钱的，那些说它亏钱的是不符合常识的。当然，也有学者提出"一带一路"风险大，这种说法对不对？对，但这只说对了一半，因为风险往往也意味着利润。在经济学中利润是跟风险成正比的，而且往往是风险越高，利润就越大。

◇◇ 9　国企与民企如何在"一带一路"共建中更好地发挥互补作用？

国企和民企都是"一带一路"推进过程中最重要的力量，也都应该是平等的力量。所以我认为首先就是二者之间要互帮互助、抱团取暖。

（薛：目前已经开始这么做了吗？）

我觉得目前开展协作的有，但仅限于那些大民企和大国企之间，而小民企却总是被国企看不起。

我认为我们的金融国企在海外应该给民企提供一些金融支持和金融服务。我也呼吁国家应该给予民企更多的支持。

◇◇ 10　非政府组织如何参与"一带一路"共建？

中国的非政府组织在海外基本上没有起作用。主要原因在于非政府组织在中国并不受鼓励,实际上一些非政府组织更多的还是政府组织(GO)。理论上讲非政府组织本身在国内就不发达,所以到海外去就更不能期待它起什么太大的作用了。

◇◇ 11　高校与智库应如何参与"一带一路"研究?

我认为主要有三点。

第一点就是关于"一带一路"国家的人才培养,像我们人民大学就建立了丝路学院,每年都会招几十个学生。

(薛:本科生还是研究生?学制是多久?)

两年制的研究生,给硕士学位,面向全世界招生。我们会给他们提供竞争性的奖学金,大概有一半的学生可以拿到奖学金。

(薛:是不是有些学生拿不到奖学金也愿意来?)

也愿意,中国人民大学的硕士学位还是有吸引力的。当然,我提到的人才培养也包括对本国的人才培养,我们需要教授给他们更多关于"一带一路"的知识。

第二点是智库还要做更多的国际传播和宣讲,这一点大家也都在做。

最后一点是要做理论上的深化研究,我现在就在做"一带一路"学,也提出了7个要点。要弄清到底什么是"一带一路"学,什么是"一带一路"研究,"一带一路"属于经济学范畴还是政治学范畴?还是安全学范畴抑或是管理学范畴?

(薛:你是准备写一本书么?)

在思考这个问题,也写了一些小文章。实际上理论深化就是制度研究的重点。

◇◇ 12　您有什么其他补充观点与建议?

如果有一点要补充的话,我想聊一下如何讲好"一带一路"的学人责任。

"一带一路"为我们这批学人提供了一个更好的国际化机会，同时也倒逼我们前进。过去，大批的中国学者都是在拾西方的牙慧，沿着西方的文献抄抄补补，缺少自己的原创知识和话语权。"一带一路"提出后，这种学术上的逆差得到了扭转。我们开始向外传播我们的知识，我们的知识也开始变得有价值了。

（薛：你刚才提到了学者的责任，你原来是一个知名报纸的知名编辑，然后又主持一个智库的运作，人大重阳的影响力不必多说。那么，你对于自己的定位是怎样的？你同"一带一路"的关系又是怎样的？）

其实我并没有想那么远，我认为这就是一份工作，我要把它做好。过去在媒体是为国家呐喊，现在则是为国家思考，工作的性质没有发生变化，变化的只是岗位。我们这一代人要为下一代更强的中国知识分子铺路架桥，要做好他们的榜样。我们把目前的工作做得更扎实一些，后人才能更好地乘凉。

（本文以《专访王文：推进"一带一路"要有持久战心态》为题，发表于澎湃新闻网，2023年10月18日）

3.11 "一带一路"倡议与文明共存：陈凌

【核心观点】陈凌教授基于在新疆与中亚多国的考古经历及其成果，深切感受到"一带一路"不能仅仅是推动参与方的经贸往来，只有同时推进人心、文化上的往来，才能让参与方、让世界连成一体；西方文化传统上喜欢划分势力范围，中国的文化传统则是"务广德而不务广地"，不干涉他国的发展道路选择，是多元价值观的体现；包容性强、区域广袤是中华文明持续发展的两大原因；考古挖掘的共同经历与共建"一带一路"大大增加了中亚国家对丝绸之路的认知与认同，从中、哈、吉三国联合挖掘古丝绸之路并成功申请世界文化遗产的事件中可看出，这一领域大有可为；丝绸之路提供了文明互学互鉴平台，应大力强化此方面研究；与经济相比，文化同样能够创造价值，而且其价值更为长远和可持续。无论是古丝绸之路，抑或当今的"一带一路"，二者皆为多部乐章合奏而成的"交响曲"。

访谈对象：陈凌，北京大学考古文博学院教授
访谈人员：薛力
访谈日期：2023 年 7 月 9 日
录音稿整理：李少康，中国社会科学院大学 2020 级国际关系专业博士研究生
录音稿校对：薛力
本文经受访者审定

◇◇ 1　作为一位考古学者，您觉得中国推出"一带一路"倡议的原因是什么？

中国提出"一带一路"倡议有自身变强大这一背景，即国家政治稳定、经济发展的成就在世界获得认可。"一带一路"倡议向世界传递了中国立场。

"一带一路"倡议的出台，首先说明了一点：谋求发展要尊重各国的发展道路选择，各国人民都有追求幸福的权利，而不是在旧有的世界分工体系下，后发展国家成为发达国家的附庸。其次，"一带一路"在经济领域推动所有方互补，互通有无。不仅中国发展起来，中国还利用已有积累带动沿线国家发展。这是"一带一路"经济维度的考量。

如果"一带一路"仅有经贸往来，而彼此间缺乏相互了解，那么这种经贸联系将很脆弱。"一带一路"旨在从人心、文化、经济上让世界连为一体，这是构建人类命运共同体的基础和支撑。

（薛：这与我的理解相同，我认为"一带一路"主要侧重经济和文化，伙伴外交侧重政治和安全。）

西方政治惯于划分势力范围。我们中国则不是。这是中国的一种文化传统，古语云："盖自古为天下者，务广德而不务广地。"（《新唐书》志　第二十七地理）因此，"一带一路"不存在强制性的对外价值输出。

（薛：根据您的逻辑，中国"一带一路"是不是需要把中国价值观推出去，否则中国将无法实现"一带一路"的建设？）

中国推行的价值观是允许大家自行选择发展道路，是相互尊重的价值观。

（薛：您的意思是，要在不同的价值观基础上推进对外经济交往模式。）

中国推动"一带一路"旨在向世界传递这一信息：我们都可以有自身的发展道路，彼此间需相互尊重。"一带一路"呈现的是多元价值观。它的提出，对冲了西方所谓的"普世价值"，所谓的只有一种发展道路，只有一元的价值观。

◇◇ 2　您本人跟"一带一路"倡议有什么特定的关联性？

我研究的是古丝绸之路。我最感兴趣的是探讨中国如何选择特定道路。我在研究过程中从古代寻找证据，关注民族大融合和对外交流，关注中国文化与外来文化的关系，以及在近现代西方的冲击下中国如何坚持自身发展道路。

中华文明具有持续发展力，这源于两大深层次原因：

一是中国文化包容性强，这体现为自觉和非自觉的不断学习，以及中国文化较强的自愈力，其背后的基础是，中国在历史上持续位于世界发展前列。

二是中国区域广袤，各区域间具有很强的互补性。

基于这两点，中国道路得以长久持续。研究丝绸之路要比较文化和区域间的差异，以及中国接收和输出的文化。为此，我去中亚进行丝绸之路调查，包括 2011 年、2012 年带队到中亚进行挖掘工作。

（薛：基于中亚的挖掘工作，您总结出的基本结论是什么？）

第一，他们认可中国一些考古方式的有效性，所以他们能够接受我们提出的观点。第二，2014 年丝绸之路正式申遗成功，我参加了中国、吉尔吉斯斯坦、哈萨克斯坦三国的申遗过程。我在这一过程中感受到，每个沿线国家都阐发了对自己国家文化遗产进行价值认定的意愿。

（薛：您在 2014 年中、哈、吉三国联合申遗过程中有什么体会？）

首先，丝绸之路经过该地区。当然历史上存在不同民族、政权活动，但现在国家边界就在这里。其次，每个国家在申遗过程中都要对其遗产作价值阐释。在这个过程中，沿线国家一方面确实对古代丝绸之路充满敬意，另一方面也特别希望自身文化价值得到世界认可。

古丝绸之路是当时世界相互联系的主要动脉之一，而且它由国家推动，例如，汉武帝派张骞凿空西域。其后又包括国家保障，如烽燧线的建立。在丝绸之路开辟前，民间交流是零散的、自发的。有了国家保障后，这种沟通交流以常态化方式展开，其广度、深度就不同了。

沿线国家为何对丝绸之路如此认定？主要是大家觉得丝绸之路对人类历史具有很强的推进作用。我们在申遗或者在研究的过程中发现，因为丝绸之路是共建的，所以感受到丝绸之路的亲和力，大家似乎找到了共同身份。

世界遗产委员会专家将古代丝绸之路划分为 54 个廊道（段）。目前，做得相对深入的是中哈吉联合申遗过程中做的这一段，其他的 53 段还没有做。因此，这方面的系统研究与挖掘还大有可为。

（薛：是的。仅做了一段，就成功申请了世界文化遗产项目。如果全部做完，其作用与影响力可以想见。我有一个小疑惑：这种挖掘是您个人与古代丝绸之路间的一种联系，与现在"丝绸之路经济带"的提出有何关联？）

"丝绸之路经济带"是国家经通盘考虑后提出的。习近平总书记也一再强调丝绸之路精神，即深入挖掘古丝绸之路究竟为我们带来什么启示。这既是对古丝绸之路的肯定，也是对我们继承这种精神的向往，同时也是对未来的一大愿景，即希冀"一带一路"能够如同古绸之路一般，为人类文明带来重要推进作用。

◇◇ 3　您对"一带一路"倡议提出十年的整体评价是什么？

过去十年，国内对"一带一路"的认知已从政策转变为普遍参与。每个地区的执政者、企业、文化界人士对世界的了解，与此前相比完全不同。

（薛：国内企业参加"一带一路"的主要目的是参与其中以获取商业利益，这与挖掘文化有何关系？）

首先，古丝绸之路首先主要由商人推动起来，后来才转变成国家行为。现在的"一带一路"同样如此，每个企业和团体走出去都会带来交流。这种交流一方面拓展了其各自的眼界，从而对世界和自身定位获得更为清晰的认知。其次，作为中国的使者，它们在走出去的过程中也向国外展现中国。

大家谈论成果时，更多关心的是基建成果、经贸成果，因为此类成果肉眼可见。文化则是隐性的，"一带一路"提供了一个不断凝聚共识的平台，该成果对于世界文明将产生持久性影响。

◇◇ 4 中亚对"一带一路"倡议的总体评价是怎么样的？可侧重文化谈一下。

首先，这些年"一带一路"的发展确实促进了中国与中亚国家的共同发展，与以前相比，双方关系更加亲近。其次，他们对中国的发展充满向往，给予很高评价，渴望与中国交流。

（薛：我指的是东道国对"一带一路"的评价。）

正因为它们认可中国的发展，才愿与中国交流，否则"一带一路"将难以推行。"一带一路"推动双方加深了解，其对"一带一路"的评价也更加正面。从文化和考古专业角度看，"一带一路"倡议提出前，中亚对中国了解少。现在它们很认可中国的考古研究方法，进而认可中国文化。

◇◇ 5 "一带一路"倡议推出后，中国的外交政策有什么变化？

通过积累外交经验，中国外交变得更加成熟、更加灵活。国家的发展促使我们对中国道路越发自信。我们除了关注自身以外，也更加关心全人类的发展问题。

◇◇ 6 "一带一路"倡议推出后，中国的国家形象在中亚发生了什么变化？

中国基于自身发展经验，将中国发展模式及绿色发展理念传递给世界，尊重并肯定他国的发展权利。"一带一路"不仅促进双方经济交流，还分享国家治理和环境整治经验,为中亚国家提供宝贵经验。因此,它们对中国的评价是正面的。

(薛:那么,接下来是否将导致一个问题,即它们认为中国是先发展起来才搞治理的,它们也要先发展再治理。)

中国许多技术和理念的输出,一方面是同时进行的,另一方面没有保留。例如中泰铁路,中国不仅帮助建设,还转让技术。以前,中国高铁受西方卡脖子很严重,但是中国没有反过来卡后进国家,而是不吝惜同国外分享高铁技术。中国的此种作为产生了正面影响。

◇◇ 7 "一带一路"倡议面临哪些挑战?

应加强中央统筹。每个人、每个单位对"一带一路"的理解肯定不同。从积极面来讲,这反倒会推动一些新尝试的产生,应及时把这些尝试纳入国家更为宏观的考量。经济上,我们原来有些企业在走出去的过程中存在过度开发的问题,造成了环境破坏。现在我们已逐渐意识到这个问题。文化上,应该不断推入纵深、寻找共同话题。另外,要先从中国周边做起。国家将来应在宏观上进行国际交流统筹和内部统筹。

◇◇ 8 您对"一带一路"倡议的下一步整体推进有什么建议?

"一带一路"倡议的实施在文化方面相对弱些,不如经济方面。和经济一样,文化同样能够创造价值,而且它的价值更长远、可持续。将来要寻找经贸和文化间的关联,彼此之间相互服务,找到共同、合理的地方。

(薛:具体到您研究的领域,可采取哪些措施进行改善?)

习近平总书记一直强调文化自信,强调保护中华传统文化遗产。国外同样存在这类问题,中国在保护、传承、利用好国内文化遗产的同时,要把这套理念同国外多交流。

（薛：您是说要进一步挖掘丝绸之路吗？）

不仅如此。丝绸之路提供了文明交流平台。从文化角度看，我们需意识到，除了"一带一路"平台，还需鼓励研究国外文化，同时鼓励国外研究中国文化。挖掘历史文化，认识各自在人类文明中的角色。只有尊重各自历史文化，才有可能讨论各自的文化价值观，并产生交叉认同。例如，国外对做专项研究的机构支持力度很大。中国在这方面相对较弱，需强化。

（薛：区域国别研究现在就是做这件事情。）

但力度要加强，政府要投入更多人才，而且要更具有导向性，引导或支持学者去关注一些更深层次的宏观问题。比如，中国只有写出被世界认可的世界史，才能真正具有文化话语权。我们要通过"一带一路"倡议，对沿线地区和国家进行深入的历史文化研究。

◇◇ 9 高校与智库应该如何参与"一带一路"研究问题？具体到历史研究而言，您认为西方式的世界史写法，主要不足在哪里？

西方史的写法背后都有价值观支撑。如果我们完全接受，就等于默认其价值阐释。

要甄别哪些应该接受，哪些可以不接受，或者我们可以发展出另外一条道路。西方历史学界主要是基于西方文明的。例如，西方最流行的建筑史是《弗莱彻建筑史》，其内容基本不包括东方的部分，因为西方历史学界对东方缺乏认知。因为东方与他们不是一个系统的，就变成文化的他者或者异类。他们是从凌驾他者的角度来诠释历史的。

（薛：我最近的思考体会是：一切历史都是历史的历史，因为一切都在变化。通过跟您谈话，我收获一个重要启发：一切历史都是地方史和领域史。所以，西方仅仅提供代表其自身的一种地方史和一种领域史。基于中华传统的包容性价值观,我们应该提倡更多的区域史和领域史,这样才能展现出世界不仅存在西方和非西方这两个区域,还包括众多不同领域。基于不同区域与领域的、丰富多样的多文明历史,才是全面深刻的。)

所以,下一步在文化领域共建"一带一路"的过程中,应该探索另一种世界史书写模式。因为所有文明没有高低、优劣之分。

西方学者提出的一些文明发展框架、模式等,包括涉及中国文化遗产的很多理念,也是从其自身经验出发,缺乏东方要素支撑,或者说东方要素支撑不足。如果我们没有意识到这个问题,而是直接拿西方那套理论框架来分析,从起点来说便是否定自己。这是一个十分关键的问题。

(薛:我现在也做不同文明的比较研究。我一直认为,不同的文明可以分成两个部分:一部分是共同的,这构成了不同文明交流的基础;另一部分是特异性的,这构成了每个文明的特色。我们现在做的就是挖掘特色,以求实现更多的互相了解和彼此平视。)

2019年,我在北大举办丝绸之路展览的时候讲了一句话:丝绸之路从来不是单行道,也不是单向道。

(薛:应该是什么呢?)

丝绸之路不是单行道,因为它不是走一条路;也不是单向道,即不是走一个方向。丝绸之路应该是一个由多部乐章合奏而成的交响曲。丝绸之路因为提供了各种可能,才得以在人类历史上产生如此大的影响力。如果只有一个声音,那就是独奏。古丝绸之路也好,现在的"一带一路"也好,二者追求的都是不同乐部的和谐合作。"一带一路",包括古代丝绸之路给予我们的启发是,我们是要寻求多种声音,而非一个声音,这是一个方面。另一个方面是,这样的发展过程能够促进各个地区文化的丰富性。文化的丰富,才是人类命运共同体的最有力支撑。

我所谓的文化的多样性包含两个方面:一是自己内部的多样性,就是每个地区的文化都是你中有我,我中有你。大家互相借鉴,互相学习。二是世界的多样性,即每个地区都有各自的文化。保持内部与外部的两种多样性,才是世界应有的模样。如果各个国家的民众都意识到保持内外两种多样性的必要性,世界就会变得更加宽容。

◇◇ 10 您通过研究得出了一个重要结论：新疆是一个多族群、多文化的聚集区。这是一个学术研究结论，但也具有很强的政治意义。

（薛：怎么理解这一特点？）

第一，从客观历史来看，游牧民族产生文字比较晚。有文字后才能够统一行动和制度。第二，中亚的地理环境决定其生态较为脆弱，只能实现有限发展，整体力量有限，无法形成多部门经济。这决定了其文化必须是多元的，因为很多需要的东西必须从外面进来。第三，那个历史时段，中华文明、波斯文明等比较发达，处在丝路沿线地带的各个地区当然会受到发达地区的影响。这就导致了中国新疆、中亚地区文化融合性很强。

◇◇ 11 "一带"和"一路"哪个更重要，或者取决于哪个方面？例如，文化上可能"一带"更重要，经济上"一路"更重要？

二者其实都很重要。

（薛：没有分类上的区别吗？是否各有侧重？）

实际上这是历史发展的必然。中国古代对外交流存在两种可能性：陆路和海路。到汉代时期，海路基本延伸到了东南亚。另外一半主要由波斯湾、红海沿线的商人开通。

（薛：海上丝绸之路鼎盛于宋代，最早的海上丝绸之路可追溯到哪个朝代？）

汉代。不过那时航海技术还不够发达，所以是近海航行，中国船只仅能到达东南亚一带。另外一半路程主要由波斯湾周边的人发展起来，东西方各走一半。魏晋、唐代以后，中国人就能够航海到那边了。

（薛：晋、唐以后中国人就走到波斯湾一带了吗？）

是的，这在学术上有论证。后来航海技术实现了进一步发展。但到了明代，郑和其实也仅是近海航行。真正能够跨越大洋是很偶然的，西方大航海时代跨越印度洋、太平洋最初都非常偶然。而且，当时的所有航行主要基于贸易问题，沿途一站一站地交换商品。以前海路的政治性不如陆路政治性强，海路的政治性到明代以后才凸显。两者性质上有些区别，但并不是完全相互隔绝。此外，由于当时我们的都城主要位于北边，所以更多走陆路。海路就是商贸往来，由商业利益驱动。以前很多人讲中国不是海洋经济，这是以偏概全，不了解历史。

◇◇ 12 现在"一带一路"建设的海上贸易占据绝大部分，这是否意味着未来陆上"一带一路"建设将主要围绕文化领域展开？

古代丝绸之路发展也未达到那么快的速度。"一带一路"建设仅有十年，取得今日这样的成绩已经非常了不起。在"一带一路"提出时，全球地缘冲突还没有现在这么严重。但是，地缘冲突加剧的时候，同样是"一带一路"发展的时候。这说明"一带一路"具有内在生命力，其他国家对其认可度越来越高。这更能证明"一带一路"的价值，而不能只看重量。

（薛：在地缘政治方面，我认为中国正在用多元包容的文明替代西方的排他性文明。）

中国在西亚推动伊朗与沙特和解，就是在向世界传达一个很强烈的信号，即中国鼓励文明间的交流和解，而非对立。

（本文以《"一带一路"与文明共存——访北京大学考古文博学院教授陈凌》为题，发表于《克拉玛依学刊》2024年第5期）